经济所人文库

陈其广集

中国社会科学院经济研究所学术委员会 组编

中国社会科学出版社

图书在版编目（CIP）数据

陈其广集/中国社会科学院经济研究所学术委员会组编.—北京：中国社会科学出版社，2022.5

（经济所人文库）

ISBN 978-7-5203-9776-6

Ⅰ.①陈… Ⅱ.①中… Ⅲ.①经济学—文集 Ⅳ.①F0-53

中国版本图书馆 CIP 数据核字（2022）第 031015 号

出 版 人	赵剑英
责任编辑	王　曦
责任校对	殷文静
责任印制	戴　宽

出　　版	中国社会科学出版社
社　　址	北京鼓楼西大街甲 158 号
邮　　编	100720
网　　址	http://www.csspw.cn
发 行 部	010-84083685
门 市 部	010-84029450
经　　销	新华书店及其他书店
印刷装订	北京君升印刷有限公司
版　　次	2022 年 5 月第 1 版
印　　次	2022 年 5 月第 1 次印刷
开　　本	710×1000　1/16
印　　张	21.5
字　　数	315 千字
定　　价	126.00 元

凡购买中国社会科学出版社图书，如有质量问题请与本社营销中心联系调换
电话：010-84083683
版权所有　侵权必究

中国社会科学院经济研究所
学术委员会

主　任　高培勇

委　员　（按姓氏笔画排序）
　　　　龙登高　朱　玲　刘树成　刘霞辉
　　　　杨春学　张　平　张晓晶　陈彦斌
　　　　赵学军　胡乐明　胡家勇　徐建生
　　　　高培勇　常　欣　裴长洪　魏　众

总　序

作为中国近代以来最早成立的国家级经济研究机构，中国社会科学院经济研究所的历史，至少可上溯至1929年于北平组建的社会调查所。1934年，社会调查所与中央研究院社会科学研究所合并，称社会科学研究所，所址分居南京、北平两地。1937年，随着抗战全面爆发，社会科学研究所辗转于广西桂林、四川李庄等地，抗战胜利后返回南京。1950年，社会科学研究所由中国科学院接收，更名为中国科学院社会研究所。1952年，所址迁往北京。1953年，更名为中国科学院经济研究所，简称"经济所"。1977年，作为中国社会科学院成立之初的14家研究单位之一，更名为中国社会科学院经济研究所，仍沿用"经济所"简称。

从1929年算起，迄今经济所已经走过了90年的风雨历程，先后跨越了中央研究院、中国科学院、中国社会科学院三个发展时期。经过90年的探索和实践，今天的经济所，已经发展成为以重大经济理论和现实问题为主攻方向、以"两学—两史"（理论经济学、应用经济学和经济史、经济思想史）为主要研究领域的综合性经济学研究机构。

90年来，我们一直最为看重并引为自豪的一点是，几代经济所人孜孜以求、薪火相传，在为国家经济建设和经济理论发展作出了杰出贡献的同时，也涌现出一大批富有重要影响力的著名学者。他们始终坚持为人民做学问的坚定立场，始终坚持求真务实、脚踏实地的优良学风，始终坚持慎独自励、言必有据的学术品格。他们是经济所人的突出代表，他们的学术成就和治学经验是经济所最宝贵的财富。

　　抚今怀昔，述往思来，在经济所迎来建所90周年之际，我们编选出版《经济所人文库》（以下简称《文库》），既是对历代经济所人的纪念和致敬，也是对当代经济所人的鞭策和勉励。

　　《文库》的编选，由中国社会科学院经济研究所学术委员会负总责，在多方征求意见、反复讨论的基础上，最终确定入选作者和编选方案。

　　《文库》第一辑凡40种，所选作者包括历史上的中央研究院院士、中华人民共和国成立后的中国科学院学部委员、中国社会科学院学部委员、中国社会科学院荣誉学部委员、历任经济所所长以及其他学界公认的学术泰斗和资深学者。

　　《文库》第二辑共25种，在延续第一辑入选条件的基础上，第二辑所选作者包括经济所学术泰斗和资深学者，中国社会科学院二级研究员，经济所学术委员会认定的学术带头人。

　　在坚持学术标准的前提下，同时考虑的是入选作者与经济所的关联。他们中的绝大部分，都在经济所度过了其学术生涯最重要的阶段。

　　《文库》所选文章，皆为入选作者最具代表性的论著。选文以论文为主，适当兼顾个人专著中的重要篇章。选文尽量侧重作者在经济所工作期间发表的学术成果，对于少数在中华人民共和国成立之前已成名的学者，以及调离经济所后又有大量论著发表的学者，选择范围适度放宽。为好中选优，每部文集控制在30万字以内。此外，考虑到编选体例的统一和阅读的便利，所选文章皆为中文著述，未收入以外文发表的作品。

　　《文库》每部文集的编选者，大部分为经济所各学科领域的中青年学者，其中很多都是作者的学生或再传弟子，也有部分系作者本人。这样的安排，有助于确保所选文章更准确地体现作者的理论贡献和学术观点。对编选者而言，这既是一次重温经济所所史、领略前辈学人风范的宝贵机会，也是激励自己踵武先贤、在学术研究道路上砥砺前行的强大动力。

《文库》选文涉及多个历史时期，时间跨度较大，因而立意、观点、视野等难免具有时代烙印和历史局限性。以现在的眼光来看，某些文章的理论观点或许已经过时，研究范式和研究方法或许已经陈旧，但为尊重作者、尊重历史起见，选入《文库》时仍保持原貌而未加改动。

《文库》的编选工作还将继续。随着时间的推移，我们还会将更多经济所人的优秀成果呈现给读者。

尽管我们为《文库》的编选付出了巨大努力，但由于时间紧迫，工作量浩繁，加之编选者个人的学术旨趣、偏好各不相同，《文库》在选文取舍上难免存在不妥之处，敬祈读者见谅。

入选《文库》的作者，有不少都曾出版过个人文集、选集甚至全集，这为我们此次编选提供了重要的选文来源和参考资料。《文库》能够顺利出版，离不开中国社会科学出版社领导和编辑人员的鼎力襄助。在此一并致谢！

一部经济所史，就是一部经济所人以自己的研究成果报效祖国和人民的历史，也是一部中国经济学人和中国经济学成长与发展历史的缩影。《文库》标示着经济所90年来曾经达到的学术高度。站在巨人的肩膀上，才能看得更远，走得更稳。借此机会，希望每一位经济所人在感受经济所90年荣光的同时，将《文库》作为继续前行的新起点和铺路石，为新时代的中国经济建设和中国经济学发展作出新的更大的贡献！

是为序。

于 2019 年 5 月

编者说明

《经济所人文库》所选文章时间跨度较大，其间，由于我国的语言文字发展变化较大，致使不同历史时期作者发表的文章，在语言文字规范方面存在较大差异。为了尽可能地保持作者个人的语言习惯、尊重历史，因此有必要声明以下几点编辑原则：

一、除对明显的错别字加以改正外，异形字、通假字等尽量保持原貌。

二、引文与原文不完全相符者，保持作者引文原貌。

三、原文引用的参考文献版本、年份等不详者，除能够明确考证的版本、年份予以补全外，其他文献保持原貌。

四、对外文译名与今译名不同者，保持原文用法。

五、对原文中数据可能有误的，除明显的错误且能够考证或重新计算者予以改正外，一律保持原貌。

六、对个别文字因原书刊印刷原因，无法辨认者，以方围号□表示。

作者小传

陈其广，男，1949年10月18日生，1985年进入中国社会科学院经济研究所工作。经济学博士、研究员。

陈其广青年时期曾在西北农村从事体力劳动近八年，后进入国有大型矿山企业，从事一线采掘到计划统计等多个岗位的工作。1978年考入南开大学历史系，同时在经济系选修课程，两系所修课程数量相近。本科毕业后考入中国社会科学院研究生院经济系，师从经济史学家聂宝璋先生，同时在北京大学选读陈振汉等先生的课程，以中国近代外国在华投资为研究方向。1985年获硕士学位后进入中国社会科学院经济研究所工作，同年考取著名经济学家、世界经济史学会原任会长吴承明先生的博士生，成为吴先生在国内、所内亲自全程指导的第一位博士研究生，专攻工农业相互关系研究。1988年年末获得博士学位后在时任经济所所长董辅礽先生关心下，曾同时获得去英国剑桥大学和牛津大学的进修学习机会。1989年5月接受英国学术院（British Academy）王宽诚（K. C. WONG）基金的资助，以博士后身份到英国剑桥大学应用经济系研修，主要从事中国农业经济改革方面的研究。1992年荣获剑桥大学政治经济学系琼·罗宾逊纪念讲师（Joan Robinson Memorial Lectureship）（研究）资格，主要成果是《土地改革、农村经济改革和改革的反思》（英文）的专题论文。在英期间，陈其广还曾担任过英国中国经济学会剑桥地区代表，参与发起剑桥大学中国经济问题定期研讨会，多次举办讲座和参加国际学术会议，并为《剑桥经济学》《农村研究》《新左派论坛》（均为英文）等较有影响力的学术杂志担任过论文审稿人。1993年年末回国。

20 世纪 80 年代初，陈其广在从事经济发展史研究时期，受经济所严中平先生等前辈学者启迪，和其他青年学者一起提出学术研究要在"三新"（新问题、新材料、新观点）基础上增加"新方法"，扩展为"四新"，得到前辈学者的重视和支持。他还强调作为经济学分支的经济史研究要避免"述而不作"的倾向，致力于综合运用历史知识、经济理论和统计分析方法来研究问题。1988 年陈其广转入发展经济学和微观经济学研究，主张学术理论研究面向经济建设和社会发展实际，避免从理论到理论，单纯就生产关系研究生产关系。经济学家应关注自然科学包括科学技术的进步对社会其他领域的影响。

陈其广早期的研究领域为中国近代经济史，其中侧重中外贸易与投资、工农业相互关系；转入当代经济研究后，涉及的主要领域有农村农业改革、科技创新与国民经济发展相互关系、战略与决策管理。其间，1995—1996 年组织完成了北京市科委和国家科委分别设立的科技成果转化调研项目，获得好评。1997—2004 年参加了所在微观经济研究室"国有企业产权交易行为分析"、"90 年代中国公有企业产权制度改革的效果评价和前景分析"等重点研究项目。2005 年参加国家社科基金重大项目"中医典籍研究与英译工程"，担任秘书长。2007 年年底开始承担中国社会科学院有关中医药国情调研的工作，是 2008—2015 年院立重大国情调研项目"中医药国情调研"及院老干局相关项目的主要负责人和第一完成人。2018 年 1 月该项调研的重大成果"中医药国情调研总报告（2007—2017 年）"以《战略的中医药：国情分析和国策建议》为名，用学术专著的形式由社会科学文献出版社出版。截至 2019 年年初，陈其广共获得中国社会科学院优秀对策信息对策研究类和情况报告类奖项 22 个，其中一等奖 2 个，二等奖 8 个，三等奖 12 个。

目 录

上海地区对外贸易、外资设厂的发展变化及其相互
　关系初探（1895—1914年） ……………………………（1）
创新是经济发展的重要推动力
　——论熊彼特创新理论的合理性 ………………………（30）
从中外对比角度看近代中国人口的社会经济影响 ……（43）
1992—1994年北京地区科技成果转化为现实生产力
　状况分析及对策建议 ……………………………………（69）
"八五"期间我国部分主要科技成果转化应用中的
　若干问题和对策建议（节选）…………………………（114）
国企改革中若干值得注意的倾向性问题 ………………（136）
中国百年工农产品交换比价变化的成因 ………………（145）
产权改制与职工在企业中的地位和作用 ………………（207）
农业经济发展研究中的若干方法问题探讨 ……………（234）
城乡协调发展视野下新型农村合作医疗体系的目标探讨 ………（259）
人文社会科学研究可以助力中医药生存和发展 ………（270）
重塑生存模式的有效途径
　——关于中医药的文化定义 ……………………………（288）
实施宪法和贯彻党中央、国务院基本方针，应以真正
　落实"中西医并重"为医药卫生工作中心任务 ………（292）
中医药作为国家战略构成的六大特性和价值 …………（300）
编选者手记 ………………………………………………（325）

上海地区对外贸易、外资设厂的发展变化及其相互关系初探（1895—1914 年）

19 世纪和 20 世纪之交，主要资本主义国家陆续进入帝国主义阶段，甲午战败的清廷则被迫于 1895 年签约承认外国资本有在中国通商口岸开办加工制造业的权利。中外经济关系乃至整个中国社会经济发生了一系列变化。

1895 年前中国处在向半殖民地半封建经济转化初期，商品经济发展不普遍、不充分，清廷也未给外资设厂以法律认可，故外资在华主要活动领域是商业。截至 1894 年，外资工厂不过一百余个，资本总额在 1900 万元左右。[1] 资本主义发展到垄断阶段后，列强渴望完全控制中国经济以为利源，冲破清廷圈划的藩篱将在华经济势力延伸到工业领域已是当务之急。1891 年英国的"中国协会"明确提出：所有通商口岸的欧洲人均应享有制造及其他行业的完全自由。[2] 日本则趁清廷甲午战败之机逼使承认日本臣民得在中国通商口岸任便从事各项工艺制造。一国得手，各国均沾，在华外资从此取得投资工业或商业的自由选择权。给外资设厂权后，民族资本也取得较前自由和充分的发展机会。外资设厂不合法，民族资本办厂受限制，只有少数官办或官僚买办资本工矿充门面的局势改变了。因而此时期成为我国民族工业初步发展和我国工业近代化的真正起步时期。

从地区上看，上海在国内商业、对外贸易和外资设厂方面均处于

---

[1] 孙毓棠：《中国近代工业史资料》第一辑，附录一、二。
[2] 中国协会议事录，引自伯尔考维茨：《中国通与英国外交部》，中译本，第 194 页。

全国领先地位。反映内地商品流通量的厘金收数,在1870—1900年全国收数最高的七省中,余五省面积都比江、浙大,但上海所在的江苏厘金收数一直名列榜首。① 外贸方面,1853年上海口对当时中国主要外贸对象英国的进出口总值已超过广州,成为全国第一大口岸。② 1890年海关关册载外贸报告的口岸23处,上海一口进口洋货(含复出洋、不含转运进口)值占各口总数51.45%,出国土货(径、复出合计)占37.57%。③1910年全国通商口岸已增至82处,上海所占上述比重仍达41.61%、46.13%。第一大口岸地位并未改变。外资设厂方面,1895年前上海外贸(含中外合资)厂数占全国总数的62.38%,④ 资本额占61.27%。⑤ 1895—1913年开办资本十万元以上外资(含中外合资)大厂中上海厂数占全国的43.43%⑥,1936年各国在华工业投资中上海竟占67.1%。⑦ 同时,上海现存有关统计亦较系统翔实。

据此,本文拟以1895—1914年上海地区为典型,对近代中国对外贸易、外资设厂的发展变化趋势及其相互关系作一初步研究。

一 对外贸易发展的主要趋势

1895—1914年上海对外贸易有较大发展。将洋货与土货进而复出数量减去,由洋货进口实销净数、本口土货径运出洋合计而成的外贸

---

① 见罗玉东《中国厘金史》,第464—465页,七省是江、浙、粤、闽、赣、鄂、湘。
② 黄苇:《上海开埠初期对外贸易研究》,第71页表。
③ 据海关贸易统计与报告总册,1890年。本文引用海关资料甚多且多加统计处理,以下海关数不详列出处。
④ 据严中平主编《中国近代经济史统计资料选辑》第116—122页表计算。
⑤ 据《历史研究》1954年5期孙毓棠《中日甲午战争前外国资本在中国经营的近代工业》一文全国数与本人研究所得上海有关数计算。
⑥ 据汪敬虞《中国近代工业史资料》第二辑,第7—11页表计算。
⑦ 杉村广藏:《列国对支投资概要》(日文),东亚研究所,1943年,第11页。

净数在此 20 年中增长了 1.13 倍。表 1 是各年情况统计。①

本口土货径运出洋发展速度低于洋货进口实销净数发展速度，洋货进口实销净数占全国比重基本稳定，而本口土货径运出洋占全国比重下降，是此时期上海外贸发展一个值得注意的趋势。我们采用以五年为一期，各期进行环比的简捷方法来说明。1890—1914 年以第一个五年为比较基期，上海末期洋货进口实销净数增长了 315.65%，本口土货径运出洋只增长了 105.82%。洋货进口实销净数各期环比速度为170.70%、131.25%、135.50%、136.91%；本口土货径运出洋各期环比速度是递减的，分别为 158.84%、116.76%、109.71%、101.15%。全国情况与上海不同，末期洋货进口实销净数较基期增长了 258.90%，本口土货径运出洋增长了 252.63%，两项差距不大。各期环比速度的变动亦较上海小。1895—1914 年上海洋货进口实销净数与本口土货径运出洋分别占全国比重两栏以五年为期的各期统计结果看，前者变动幅度仅 1.72%，且末期较基期略有增长，而后者变动幅度是 10.36%，各期下降趋势很明显。

表 1　　　　　1890—1914 年江海关对外贸易统计　　单位：海关两,%

年度	洋货进口实销净数		本口土货径运出洋		合计
	数量	占全国比重	数量	占全国比重	
1890	14379701	11.3	14919416	17.0	29299117
1891	17928346	13.4	20733949	20.4	38662295
1892	15017485	11.1	23831501	23.1	38848986
1893	19613967	13.0	24544359	21.0	44158326
1894	30485714	18.8	29373344	22.8	59859058
五年合计	97425213	13.7	113402569	21.1	210827782
1895	23864285	13.9	39702266	27.7	63566551

① 为保持行文原貌，文中涉及的图表样式、数据除有考证外，均不作修改。全书下同。

续表

年度	洋货进口实销净数		本口土货径运出洋		合计
	数量	占全国比重	数量	占全国比重	
1896	42466210	21.0	25721277	19.6	68187487
1897	31725393	15.6	38007827	23.3	69733220
1898	29426510	14.0	31177831	19.6	60604341
1899	38823995	14.7	45519032	23.3	84343027
五年合计	166306587	15.9	180128233	22.7	346434820
1900	38729112	18.4	33587296	21.1	72316408
1901	41663387	15.5	36501943	21.5	78165330
1902	53394947	16.9	51149816	23.9	104544763
1903	39205714	12.0	37885568	17.7	77091282
1904	45288100	13.2	51191801	21.4	96479901
五年合计	218281260	14.9	210316424	21.1	428597684
1905	92207173	20.6	38841094	17.0	131048267
1906	74972150	18.3	44746129	18.9	119718279
1907	46328982	11.1	50003369	18.9	96332351
1908	35386234	9.0	44315481	16.0	79701715
1909	46884187	11.2	52833070	15.6	99717257
五年合计	295778726	14.2	230739143	17.2	526517869
1910	53123940	11.5	62712109	16.5	115863049
1911	81119205	17.2	51599516	13.7	132718721
1912	73067301	15.4	40462534	10.9	113529835
1913	98567484	17.3	41722517	10.3	140290001
1914	98665753	17.3	36904505	10.4	135570258
五年合计	404943683	15.9	233401181	12.4	638344864

各国在上海外贸中所占比重发生变化,英国比重下降,日本比重上升,是此时期上海外贸发展又一值得注意的趋势。因1904年后上海关不再作外贸国别统计,我们只好根据已有材料分析(见表

2)。统计表明：上海对英国进出口比例都有较大幅度下降，但自英国进口洋货下降幅度比土货自上海出口、复出口至英国及洋货经上海复出口至英国下降幅度小。日本则相反，进出口比例都在增长，自上海出口、复出口至日本的土货、洋货增长幅度较上海自日本进口洋货增长幅度大。这意味着上海对英国而言主要是商品销售市场，对日本则主要是原料采购市场。上海关内地贸易1894—1914年洋货入内地值增加了2.87倍，土货出内地值增加了2.78倍。各国比重变化也体现在内地贸易上，从各国所交税额比例可知：1890—1904年洋货入内地税额中英国所占比例从67.60%降至13.57%，日本则从0.02%升至0.73%；土货出内地税额中英国从46.54%降至29.02%，日本则从0.13%升至2.04%。从同期全国外贸中也可看出对华贸易增长速度日、德、俄都比英、法快。1914年后各国所占比重更证实此时期英、日比重的变化是一种长期趋势而非短暂现象：1919年日本已占上海进口洋货的26.8%，跃居第一，美国继起成为第二，英国落至第三。

表2　　　　1890—1904年上海关对外贸易各国所占比重统计　　　单位：%

年度	洋货直接进口自			土货直接出洋至			洋货进口后复出洋至			他口土货经上海至		
	英	日	美	英	日	美	英	日	美	英	日	美
1890	34.7	10.3	5.3	11.1	20.4	12.4	15.6	25.7	0.1	38.7	3.9	22.9
1891	37.9	6.6	9.8	10.5	18.9	10.2	11.2	23.2	0.5	36.3	3.6	21.6
1892	36.0	7.4	7.4	5.5	21.8	9.7	5.7	23.0	1.5	30.6	5.5	25.5
1893	32.1	7.5	6.2	7.3	22.0	7.3	8.9	25.2	0.7	23.3	6.5	24.2
1894	30.1	8.0	9.2	1.9	19.5	14.5	3.1	40.3	0.5	24.1	5.3	24.5
1895	33.1	7.5	4.9	3.7	26.7	14.9	2.5	15.9	0.3	23.5	6.4	22.6
1896	33.0	7.4	9.0	4.9	20.0	13.4	3.7	19.2	0.9	26.6	7.7	22.1
1897	28.6	10.3	8.4	3.2	19.2	19.0	2.3	22.5	0.3	24.4	8.0	23.1
1898	25.9	12.2	12.7	4.6	12.7	15.6	1.7	22.3	0.2	18.8	11.0	16.2
1899	23.6	13.3	13.1	6.8	9.9	22.7	1.5	14.7	2.2	16.9	6.4	22.7

续表

年度	洋货直接进口自			土货直接出洋至			洋货进口后复出洋至			他口土货经上海至		
	英	日	美	英	日	美	英	日	美	英	日	美
1900	31.6	13.4	12.7	5.1	23.7	16.1	4.8	18.1	2.0	15.1	9.0	18.0
1901	25.1	11.3	14.0	3.9	14.1	22.3	5.3	18.3	1.1	14.1	7.4	17.3
1902	29.0	8.6	15.3	3.5	22.6	21.7	3.3	11.5	1.4	13.7	11.7	20.7
1903	24.9	13.9	12.3	2.5	24.6	15.3	4.5	8.9	3.2	12.6	14.6	20.1
1904	27.3	14.4	13.3	2.9	29.9	17.3	1.9	33.4	0.8	11.2	19.8	21.8

外贸商品构成发生变化。出口货中原材料及半制品比重迅速上升，进口货中制成品比重上升远远快于原材料和半制品，是这一时期上海外贸发展第三个值得关注的趋势。这一趋势与全国外贸变化趋势一致。表3是中、英、日、美四国的比较。

表3　　　　　1890—1914年四国外贸商品构成变化比较　　　　单位：%

年度	进口贸易								出口贸易					
	原料及半制品				制成品				原料及半制品			制成品		
	中	英	日	美	中	英	日	美	中	日	美	中	日	美
1890	8.6		31	38	47.2		38	29	11.3	55	42	42.9	18	16
1895	8.6		44		44.3		36		17.7	52		46.3	28	
1900	12.8	33	48	49	50.0	24.5	32	24	21.9	57	36	41.8	28	24
1905	9.1	33	52		65.7	25.4	27		26.4	51		45.4	32	
1910	10.7	39	68	55	53.4	23.1	22	24	36.1	58	49	35.1	30	29
1914	12.1	34	71		58.0	23.0	15		35.0	60		33.5	28	

注：中国部分据杨端六等《六十五年来中国国际贸易统计》第27页表，为便于比较，将食物烟草、杂货类舍去。英国部分据中国科学院经济所《主要资本主义国家经济统计（1848—1960）》，世界知识出版社1962年版，第236页计算，原资料缺进口贸易1890年、1895年数，且无半制品率，出口全无资料。日本部分据上书第408—409页整理。出口中主要是半制品率上升，原料率是下降的。美国部分据上书第125页。原资料中原料与半制品分列，进口中原料率上升，出口中主要是半制品率上升。

工业化初期，主要资本主义国家就只有德国原料自给程度较高，英、日等国则国内市场狭小，原料供给不足。在生产力发展较快，国内市场不能满足资本扩张需求时，制成品出口和原料进口的压力不断增长。国际市场上价值规律的作用也使得劳动生产率高的资本主义国家在与其他国家进行贸易时有利可图。帝国主义借助政治军事力量对殖民地半殖民地国家的经济侵略，压迫、摧残了当地民族工业，更为这种输出制成品、输入原料的掠夺性外贸创造了条件。正是这个原因，造成中国在此时期内进口货中制成品上升远快于原料与半制品，出口货物中原料及半制品比重迅速上升，1910年时已经超过制成品。与此形成鲜明对照的是英、日、美各国的逆向变化趋势。上海的情况也比较明显，不妨以进口棉花、棉纱、棉布，出口蚕茧、丝类和绸缎分别作为原料、半制品和制成品的代表进行分析（见表4）。从表列数字看，进口情况比较复杂，各种商品皆有起伏，但棉布增长较棉花、棉纱稳定。出口货中蚕茧年增一年，丝类、绸缎起落不定，且增长幅度较蚕茧小得多。择取几种商品也许不能完全反映上海外贸商品结构的变化，但作为大宗商品其代表性不容否定。

表4　　　　　江海关外贸商品结构变化统计　　　　单位：千担

五年平均	进口洋货净数			出洋土货（径出、复出合计）		
	棉花	棉纱	棉布	蚕茧	丝类	绸缎
1890—1894	0.59	37.67	1433.59	5.99	64.04	4.04
1895—1899	68.32	92.67	1617.34	7.91	74.15	7.08
1900—1904	93.18	79.08	1950.48	8.47	69.61	6.17
1905—1909	44.85	140.05	3930.62	10.18	73.92	5.10
1910—1914	130.79	72.60	2653.93	16.40	89.21	6.66

注：1. 实际进口棉布数量较此表数量大，因有数年无明细表，此处用大宗货物表示。

2. 计算平均值时，进口项1890—1894年平均值按实际有发生额年度计算。

资料来源：据海关 Return of Trade and Trade Reports, Part Ⅱ Shanghai 计算。

二 外资设厂发展变化的一些趋势

本文主要分析外资开设各业工厂情况,从商品生产角度考察外资设厂与外贸相互关系,商业、金融业、运输业等外资暂不讨论。受资料条件所限,对外资名义下的中国资本数量、外资工厂资本的真实国别比亦不深究。

我们将 1895 年前上海外资工厂资本按国别、业别整理得表 5（1894 年前停业者不在内）。① 从国别看,英资有明显优势,占 68%,除纺织（当时只有机器缫丝）及造纸、印刷业外,其余各业均处领先地位。其他国家资本远较英国少。日本只在四国合资的轧花厂中占一席之地。从业别看,资本量最大的是纺织（即机丝）、船修与机械,城市公用、造纸印刷、食品医药次之。

1895 年,外资设厂的新时期开始了。此后 20 年间上海设立开办资本十万元以上的外资、中外合资工厂 49 家（1894 年年末仅 25 家）。49 家企业分类见表 6。国别上,英资比重最大,日本次之,余为美、德、法等;业别上,纺织一业即占过半,大于其他各业之和。国别、业别合而论之,英国非但投资量大,面亦宽,独占了船修与机械业,在食品医药、杂类工业、进出口加工业等方面也居先。日本资本量只占英国的 63.22%,但集中于纺织、造纸印刷及进出口加工三业,故在前二业中已位居第一,成为名副其实的投资大国。

此时期外资设厂除表 5 所列大厂外还有不少小厂,可惜后者无完整资料可直接引用。就我们所见星散材料,已知此时期上海所设外资工厂未纳入汪敬虞先生《中国近代工业史资料》统计者尚有 38 厂（1914 年开办的十万元以上大厂不在内）。有意义的是,38 厂的国别、业别比例与大厂基本相同：国别以英、日为多,业别上将杂类工业除外,领先的也是纺织与食品医药。这对外资大厂的分析是有力的旁证。

---

① 据孙毓棠《中国近代工业史资料》第一辑整理。

表5　1894年年末上海外资工厂资本国别、业别　　　　　　　　　　　　　　　单位：万元；%

业别	英国			美国			德国			葡萄牙			法国			英美日德合资			各国合计		
	厂数	资本	占同业比	厂数	资本	占同业比	厂数	资本	占同业比	厂数	资本	占同业比	厂数	资本	占同业比	厂数	资本	占同业比	厂数	资本	占总资本比
船修与机械	9	334.84	100.0																9	334.84	27.70
纺织	4	144.90	36.7				1	66.24	16.8				2	183.54	46.5				7	394.68	32.66
城市公用	3	147.07	100.0																3	147.07	12.17
食品医药	8	69.62	64.9	1	27.60	25.7	1	10.00	9.3										10	107.22	8.87
进出口加工	3	20.21	66.1													1	10.35	33.9	4	30.56	2.53
造纸印刷	6	40.58	34.8	2	69.00	59.2				1	6.90	5.9							9	116.48	9.64
建筑材料	3	31.94	100.0																3	31.94	2.64
杂类	6	32.49	71.0				2	13.25	29.0										8	45.74	3.78
合计	42	821.65	68.0	3	96.60	8.0	4	89.49	7.4	1	6.90	0.6	2	183.54	15.2	1	10.35	0.9	53	1208.53	100.00

注：合计栏中占同业比一栏为该国资本合计占外资工厂资本总计的比例。

表6　1895—1914年上海外资大厂（开办资本十万元及以上）开办资本统计

单位：万元；%

	英国			美国			德国			葡萄牙			法国			其他国家			各国合计		
	厂数	资本	占同业比	厂数	资本	占同业比	厂数	资本	占同业比	厂数	资本	占同业比	厂数	资本	占同业比	厂数	资本	占同业比	厂数	资本	占总资本比
船修与机械	3	135.6	100.0																3	135.6	4.60
纺织	6	652.7	40.6	1	109.6	6.8	1	139.9	8.7				7	683.3	42.5	1	21.0	1.3	16	1606.5	54.51
城市公用										1	113.6	100							1	113.6	3.85
食品医药	3	242.2	67.0	2	79.5	21.2	1	400	11.1										6	361.7	12.27
进出口加工	2	39.2	38.0	2	29.0	28.1							2	35.0	33.9				6	103.2	3.50
造纸印刷	1	14.7	8.3	1	62.9	35.4							1	100.0	56.3				3	177.6	6.03
建筑材料	2	50.0	33.3	1	100.0	66.7													3	150.0	5.09
杂类	7	160.0	53.5	1	14.0	4.7	1	500	16.7	1	50.0	16.7				1	25.0	8.4	11	229.9	10.15
合计	24	1294.4	43.9	8	395.0	13.4	3	229.9	7.8	2	163.6	5.6	10	818.3	27.8	2	46.0	1.6	49	2947.2	100.00

注：1. 中外合资厂均计入合资中之外方国，国别不详者计入其他国家一栏。

2. 合计栏中占同业比例一栏数据为该国资本合计占外资本总数的比例。

资料来源：1913年及以前开办厂据前引汪敬虞《中国近代工业史资料》第二辑上册，1914年数据系研究其他多种资料所得。

有关资料中还有不少工厂开设年代不明。仅日本东亚研究所《诸外国的对支投资》一书中上海英资工厂不明设立年代者即有33个，也不应排除内中有在此期开办者的可能。

前后两个时期比较，国别比重变化较明显：英资比重下降，日、美比重上升。此期英资投入量比前一时期增长57.54%，比日资投入量多58.18%，国别比重却由68%降为43.9%。这说明日本经济扩张更为迅速。1895年前日本在上海只有1/4个轧花厂，而1914年年末日资开办资本十万元以上的大厂即有10个，开办资本818.3万元，比1894年年末猛增200余倍！后来居上，超过了法、德、美。业别结构也有变化，从表面看两时期都是纺织业占第一位，且比重加大，实质上前一时期7个厂全是丝厂，后一时期则仅中日合资上海绢丝公司1家与制丝有关，① 其余15厂都是棉纺织厂，且以纱厂为主。船修与机械、城市公用两业下降，食品医药、杂类、进出口加工三业上升。纺织、食品医药二业领先的状况，此后至1936年仍未改变。

各业资本所占比重变化反映了外资设厂的阶段性。在主要工业部门的生产能力与社会经济条件特别是社会需求已较适应情况下，新的尤其是资本较少的投资者必然为确保投资利益向补充利益薄弱部门及挖掘新投资部门方向努力。1895年前各业资本所占比重差距较大，投资方向相对集中，1895年以后，除新投资部门棉纺织业外，各业比重差距明显缩小，表明投资方向相对分散。按业别细考，纺织业经历了由缫丝到棉纺织的大转变。船修与机械，城市公用业原居第二、第三位，此时退居第六、第七位。两业比重下降绝非因外贸衰落，亦非社会对此两业的需求绝对下降。事实上，1895—1914年进出上海船只仍在迅速增加，对城市公用水、电、气的需求也在增加。两业开办资本比重下降，既与此两业有基础设施工业性质且已有较多建设有关，也因前一时期所建大厂用增资改组等方法扩大生产能力排挤小厂和新厂。如：耶松船厂资本，19世纪60年代开办之初仅10万两，1892

---

① 小厂情况不明，此就大厂而言，以下处理方法同此。

年时已达 75 万两，① 1910 年年初更增至 557 万两。② 1901 年与祥生合并后的耶松控制了上海港的全部造船业。城市公用业如几经易手的工部局电气处，1900—1907 年售电度数增加了 4.24 倍，③ 工业用电仅在 1910—1914 年即增加了 34.1 倍。④ 这些行业垄断性企业的出现清楚地说明了外资设厂的阶段性。再就杂类工业看，前一时期已有化工、金属器皿、肥皂、火柴、制冰、家具等部门，此时期连珐琅器、乐器部门都出现了开办资本十万元以上的大厂，小型杂类工厂就更多。

三　对外贸易与外资设厂之相互关系

外贸与外资设厂有密切关系。外贸的作用，首先表现为通过瓦解中国原有自然经济，打击中国新生的民族工业，从而替外资工厂创造收购原料与销售产品的有利条件。1894 年同 1870 年比，全国洋货进口净数增长 2.55 倍，土货出洋增长 1.32 倍。同期上海关洋货进口（非净数）增长约 1.87 倍，⑤ 土货出洋（复出口在内）增长 1.7 倍。于是中国原有自然经济逐渐解体，越来越多的自给自足的小生产者变成进口商品消费者和出口商品生产者，社会经济商品化程度提高了。与此同时，一个外国资本家控制的商品流通剥削网随着通商口岸的增加、买办及买办化商人活动的普及、深入而日趋扩大。从上海占全国外贸比重及上海关内地贸易量之大、进出地区之广可看出，上海就是这个网络中的一个枢纽。承销代购、包购包销直至现代商业与银行的

---

①　汪敬虞：《十九世纪西方资本主义对中国的经济侵略》，人民出版社 1983 年版，第 366 页。
②　汪敬虞编：《中国近代工业史资料》第二辑，第 355 页。此时耶松已与祥生合并，但 90 年代两厂资本合计不过 155 万两。
③　同上书，第 257 页。
④　Shanghai Municipal Report，转引自罗志如《统计表中之上海》，国立中央研究院 1932 年编印，第 71 页。
⑤　1873 年前海关按银两计值，此处 1870—1872 年原统计未折成关两，土货同此。

信用都被用来为之服务。① 在外贸对外资设厂的促进作用方面，清政府的外贸政策、制度如协定关税等起了助纣为虐的作用，使进出口贸易不仅成为外国资本主义破坏中国原有生产方式的利器，也是外资对付在华设厂可能的竞争者——中国民族工业的法宝。因初创的民族工业在资金、技术、设备、经营管理各方面都比外资厂落后，如政府采取保护贸易政策，则民族工业尚可据劳动力廉价、原料丰富、运输便捷等有利条件谋得发展。列强自身工业化时都曾实行保护关税。但当时中国关税自主权已失。一方面，进口正税名义上值百抽五，每次改订税则采用的货价标准却总是低于实际时价，1903年修订前实际税率约为3.5%，甚至修订后也不足4%。② 远较日本甚至朝鲜低。③ 洋货如入内地，据苏沪杭三关1890—1904年资料计算，只加1.57%—2.5%的子口税，1890—1904年全国子口税率平均仅为1.9%。这使民族工业在产品销价上难与进口洋货抵敌。另一方面，外商大量收购农副产品出洋，如棉花、蚕茧，造成价格上涨，又对力薄势微的民族工业形成不堪承受的成本负担。因为经济损害的承受力是与企业自身经济力量成正比的，外资厂以大厂居多，民族资本工厂则相对弱小。何况外资厂在技术管理与经济管理上有诸多长处，更有经济政治特权可恃。1898年上海机丝业的情况就很典型。当时蚕茧出口需求大，缫丝厂又大量开办，茧价日见腾贵，销售利润可达成本的40.6%。需求大、行情好，茧农放松了质量管理，使每担成丝需用原料量增加了37.5%—50%，"凡业此者故皆亏累不浅"。上海的5家外资丝厂无一倒闭，而20家华商丝厂竟有11家停业，"将机器房屋招人盘顶"，"经年开工者则寥寥无几"。④ 在廉价洋货与高价土产原料夹击下华资厂生计维艰。而华资厂的衰败有利于外资厂销售产品，收购原料。

---

① 此类情况参见聂宝璋、汪敬虞、黄逸峰等先生有关专著。
② 莱特：《中国关税沿革史》，中译本，商务印书馆1963年版，第428、435、363页。
③ 日本对各国、各类商品税率不同，但未见有5%之低者。朝鲜除个别粮、果、杂物为5%，余为8%—30%。
④ 《海关、贸易统计及报告》，1898年，上海口论略。

其次，在销售洋货与收购土货中，不同商品的供需情况、价格和利润水平为外资提供了在华设厂方向决策所需的重要信息。同时，为外贸服务的各类工业也发展起来。中国"工价较他国为最廉，而工程则较他国为最优"①。外资则有资金、技术、设备、管理等有利条件及各种政治经济特权。因此，进出口商品有资源等便利条件的品种，如需求大就可考虑设厂。从1895年前后两时期外资设厂业别变化来看：19世纪后期生丝出口发展很快，1889年超过茶叶成为中国第一大宗出口商品。故从80年代起上海建立了大量外资机丝厂。1895年前外资丝厂之多，资本之大，考虑到当时外资设厂尚无条约权利的背景，不可谓不可观。但1895年后情况渐变：日本丝业的发展加强了它在国际丝市特别是美国丝市上的竞争力，意大利丝业也在发展，华丝出口因之受挫。另外，在洋纱、洋布长期打击下，中国耕织结合的自然经济日渐解体，洋纱、洋布市场不断扩大，出现华棉出洋，洋纱、洋布进口的现象。如1895年全国输出棉花（主要向日本）1.2亿磅，输入洋纱1.4亿磅。售出华棉与购入同量洋纱间价格差额约60万英镑。如用华棉在华纺纱，这一差额支付工资及利润绰有余裕。②故1895—1914年外资设厂明显转向棉纺织业。在洋纱、洋布进口续增情况下，③外资棉纺织厂每年仍获10.3%—29.9%的丰厚利润。④1897年上海外资纱锭已超过华资厂，1913年竟占上海纱锭总数70.5%。⑤当然，并非需求大就可设厂生产。进口中如煤油增长迅速，但受资源开发条件限制，当时就不可能设厂。出口中如叫"南京"（Nakeens）的土布增加也很迅速；又如杭州纸扇1914年比1896年增长13.85倍，但此类商品是传统手工或工艺产品，不适于大规模机器生产，需求弹性又大，因而也未设厂。外贸引起外资设厂还有数种情况：如原来出

---

① 愈之：《外人在华投资之利益》，《东方杂志》15卷1号。
② 《北华捷报》1897年7月23日，载英领事詹美生言，其中忽略了固定资产折旧。
③ 全国情况见井村薰雄《中国之纺织业及其出品》，中译本，第39—49页，上海见表4。
④ 据汪敬虞编《中国近代工业史资料》第二辑，第383—390页计算。
⑤ 龚书铎：《帝国主义对中国的经济侵略》，《北京师范大学学报》1959年第5期。

口皮革是生皮，质量较差，销路不畅，外商就设厂采用化学新方法和机器鞣制熟皮出口，① 利用中国工艺水平低的条件设厂谋利。又如豆油贸易发展，油桶需求增加，出现了用于焊接的氧气制造业。② 这是适应外贸发展需要的辅助器械生产。1895年前外资工厂一般分为船修与机械、进出口加工、城市公用等四类，都直接间接与外贸有关。我们也可根据外资工厂对外贸的作用区分为两大类，即外贸替代型，产品与进口或出口商品品种相同，因而对外贸有替代（补充）作用，如丝厂、棉纺织厂等；辅助型，产品不单独作为商品进出口，或并不直接生产成型产品，但对外贸起促进作用的工厂，如包装、船修、水、电业。外贸与外资设厂间这种关系，从一些大商业资本集团在华设厂种类上也可获得印证：1914年怡和集团至少有保险、船坞、航运、糖厂、丝厂、纱厂、仓库、制材、打包、牛奶、地产、电灯、毛织、铁路、电车、铁矿16个行业的32个关系企业，③ 其中制造业工厂的产品都是当时的外贸商品。外商大资本之所以投资于种类如此之多的企业，正是因为在进出口贸易中既建立了自己操纵的商品购销体系，又及时准确地掌握了供求信息的缘故。其他如太古、安利几个大资本集团情况也相似。④ 海关报告指出，由于贸易增加，使制造业表现了更大的能动性。⑤

最后，外贸对外资设厂的促进作用是积累设厂资本。一般说，国外投资是资本所有国从其本国出发通过国际金融或国际贸易等渠道向被投资国输出资本，资本输出明确包含资本在国别间作地域转移的规定性。经济史学家强调19世纪末外国在华投资是帝国主义"过剩"资本输出的表现，并指出用在华掠取商业利润、战争赔款、吸收华人资本、欺骗勒索等手段积累的资金投资于中国是帝国主义在华投资特

---

① 转引自汪敬虞编《中国近代工业史资料》第二辑，第318页。
② 《北华捷报》1911年10月14日。
③ 据严中平主编《中国近代经济史统计资料选辑》，第255—256页资料整理。
④ 同上书，第258页。
⑤ *Decenial Reports* 1892 – 1901, Vol. 1, p. 471.

点之一。然而，本文的研究发现，这样的结论似不够完整。史实说明：当时帝国主义对华投资并非完全因"过剩"资本压力引起。俄、日在自身还是债务国时就迫不及待地对华投资，一手向英、法借债，一手向中国放债。以自由资本主义时期在殖民地半殖民地所攫取财富做资本就地投资，决非中国特有。印度、拉美、非洲、大洋洲都不乏其例。这是帝国主义国外投资的一种类型而不是中国的特殊现象。说帝国主义对旧中国的投资不只是一种资本输出制度，也是资本掠取制度，具有双重超经济剥削性质，① 非常正确。

外资工厂资本来源无确切统计。1895—1913 年外资在华大厂开办资本约 10315 万元，② 加上中小工厂为数就更巨。但海关统计同期全国金银入超仅合 5171 万元，显然开办资本并非全部自国外输入。而同期外贸入超约合 266027 万元。正是在对外贸与国际收支平衡的分析中，前辈学者得出了部分投资系由外贸入超转化而成的结论。③ 不过上海情况略有不同：1895—1914 年外资大厂开办资本约 2947 万元，同期上海关金银入超即约合 17830 万元，此数远比上海全部外资工厂资本量大。进口金银去向无载，不能判定上海外资厂资本均由国外输入。我们认为上海外资厂资本中亦有商业资本积累，其理由是：其一，1895—1914 年上海外贸入超 23032.5 万海关两，此款应归外国商业集团所得。④ 如不考虑其中一部分存留中国作为外贸流动资本，应全额汇出国外。然而同期上海金银出超之年出超总额仅 6589.3 万海关两，约占外贸入超额的 28.61%，即使上述出超金银全由对华贸易外商汇出，也还有 16443.2 万海关两外贸入超款未汇出。其二，更重要和直接的是前述兴办各类工厂的怡和等外资大集团多数系商业起家，用所得商业利润而非求借告贷投资设厂，顺理成章。因此，有人

---

① 见吴承明《帝国主义在旧中国的投资》，第 89 页。
② 汪敬虞编：《中国近代工业史资料》第二辑，第 3 页。
③ 武堉干：《中国国际贸易概论》，第 192—193 页；郑友揆：《中国的对外贸易和工业发展》，第五章三节。
④ 此为一般理论分析，不考虑实际参与结算的其他有关费用。

说近代中国纯粹的外资商业资本和"企业资本"间并无多大区别，"较大的商家本身除了它们在银行的直接利益之外，还都是从制糖厂到船运企业等主要企业的投资者"。①

现在我们再来看外资设厂对外贸的影响。

资本输出是鼓励商品输出的手段。关于铁路的条约允许修路器材设备免税入境，②导致此类洋货进口增加。开办工厂也增加了外国商品的输入：机器设备、部分原材料及燃料当时都依赖进口。1890—1914年各年全国机器进口值占进口总值比例为0.25%—2.4%，而上海为0.22%—5.69%。25年中就有18年上海的比例明显高于全国，这与上海外资厂集中直接有关。在国际贸易中，进口设备本与进口原材料、燃料并无必然联系，近代中国则不然，因科技与经济发展水平远远落后于资本主义国家，中国只能依靠进口机器。当时世界科技水平也有限，要求机料严格配套。机料配套有多种方法：改洋机以适应土料，改土料以适应洋机，进洋机又进洋料，方法各异，利害关系不同。当时往往采取最不利于中国平衡外贸收支、最不利于中国经济独立自主发展的进机又进料方法。如中国棉花纤维较短，不能直接用于进口纺织机器，有的要两种混用。因而在外商掠买中国棉花的同时又不得不进口洋棉；又如国产煤质较差，不适用于进口动力锅炉，也要进口。以上海外资设厂较多的1897年、1903年、1904年三年情况作典型调查，各年自国外进口的机器及零件、煤、棉花、水泥四项净值合计分别占年进口洋货净值的11.7%、8.23%、9.47%。当然，此四类之外还有其他工业用料，在此我们只是意在对外资设厂引起的进口提供一个基本印象而已。前已提及：上海洋货进口净数占全国比例基本稳定，这表明上海洋货进口增长速度较其他口岸快，不能不说也与外资工厂集中有关。

从价值量考察，外贸增长情况难免受价格变动影响。为避免结论

---

① 伯尔考维茨：《中国通与英国外交部》，商务印书馆1959年版，第164—165页。
② 王铁崖：《中外旧约章汇编》第一册，第757页第十条，第二册第114页第十四款，等等。

偏差，再从价格与货物量两方面略事论述。已有的此时期的物价指数，①或据此时期海关记载反算所得外贸商品价格，都表明价格确在上涨。价格上涨既受货币金融影响，也受外资厂与出口需求增加引起供求变化的影响，如前述蚕茧的情况。但从与设厂有关进口原材料、燃料实物量看外贸量也确在增长。原料如棉花，上海关 1895—1914 年五年为一期各期进口净数为 34.16 万担、46.59 万担、22.42 万担、65.39 万担。② 从长期趋势看洋棉进口是明显增长的。燃料以煤为例，1890—1914 年各期进口洋煤净数为 84.40 万吨、120.61 万吨、164.47 万吨、209.36 万吨、254.02 万吨。当然，进口原材料及燃料的增加也与民族资本工厂的开设有关，但从资本量看，1895—1914 年上海外资大厂开办资本量为 28845 万元，同期上海万元以上民族资本工厂资本量仅约 2320 万元。③ 两相对照，民族资本工厂在外贸变化中的影响就微乎其微了。

外资设厂对外贸的另一影响是外资厂业别结构、产品种类不同会影响外贸有关商品进出口量的变化。试从 1895 年前后两时期来比较：1895 年前，上海外资厂产品直接与外贸有关的有烟草、水泥、火柴、轧花、缫丝，前三种有关进口，厂家、资本量都很少，影响进口商品市场作用很小。轧花、缫丝有关出口，厂多且大。缫丝一业即占各业资本总量的 32.27%，居各业之首。仅 1890—1894 年本口丝出口就增长 65.95%。机器轧花厂 1888 年创办，1890—1894 年本口土货出洋中就数棉花增长显著，五年中增长了 134.6%。1895 年后，外资设厂最大变化是棉纺织厂从无到有，大量开办，占各业总开办资本泰半，需要大量棉花做原料，除增加外国及国内他处棉花进口，本地棉花出洋也受影响。外资开办棉纺织厂高潮在 1897 年，设平均基建期两年则 1900 年投产。1900—1914 年以五年为期的年均棉花出洋量（径、复

---

① 例如：何廉指数、南开经济研究所指数等。
② 第三期突减，一则因其中某些年份往国内他口出口量突减，上海存量增加；二则因此时起国棉开始持续供应上海。
③ 据汪敬虞编《中国近代工业史资料》第二辑有关表计算。

出合计）在下降，分别为 74.33 万担、72.54 万担、72.39 万担。综合考虑国际商业竞争和外资设厂对中国外贸的影响，就可进一步明白此时期上海洋货净入增长速度大大高于本地土货出洋、上海在全国所占比重洋货净入基本稳定而土货出洋明显下降的成因。然而，由于 1895 年后外资设厂重点是以往进口最大宗的棉纺织品制造，各类工厂产品的主要销售方向又是中国国内市场，因而尽管外资设厂有带动国外机器、原料及燃料进口，推动加工产品出口的作用，但洋货进口、土货出洋的各期环比速度如前所述又都呈现停滞或减慢的趋势。

诚然，除外资设厂以外，影响外贸的因素还很多。如出口土货流通的转手环节比进口洋货与国产机制品多，压价幅度比后两者加价幅度大，陋规亦多，损害了出口商品生产者利益。① 又如当时金贵银贱，官定汇率又常低于市场汇率，进口货以金计价，从价征税并不能切实征得 5%，从量差距更大。出洋土货以银计价，从价征税就实在得多。② 两税虽从一率，实际却是进轻出重。这与同期朝鲜出口税一律 5%，进口税则以 8% 为中心税率的奖出限入政策迥异。③

外贸与外资设厂虽有较大的相互促进作用，但二者也存在利益矛盾，主要反映在外资厂产品销售与洋货进口之间。当时中国政府已为列强所慑服，不可能规定外资厂类别、产品内外销方向、比例，以保障民族工业权益。以同在中国销售而言，外资厂产品至少可比进口洋货省去国际远程运费、运输保险费。1890 年有人估计：孟买所产棉纱销至中国可获利 13.33%，如在上海设厂制造，仅节省运费、煤火费两项，利润率就可增至 24.44%。④ 何况中国劳动力较欧美价廉。以

---

① 吴承明：《论我国半殖民地半封建国内市场》，《历史研究》1984 年第 2 期。
② 罗玉东：《光绪朝补救财政方策》，《中国近代经济史研究集刊》一卷二期，第 233 页。
③ 前引王铁崖《中外旧约章汇编》第一册，第 909—922 页，"朝鲜国海关税则"。
④ 《北华捷报》1890 年 7 月 11 日，转引自前引严中平《中国棉纺织史稿》，第 101—102 页。

棉纺为例,当时每磅棉纱工价中国为美国的 38.72%—91.54% ,① 越是细纱工价相对越低。廉价劳动力的充分供应成为外资设厂的重要利源和竞争手段。连不起眼的"洋蜡"利用新式机器和低廉工资在上海制造,也足以抵制进口商品的竞争。② 同时,所征外资厂产品税率一般全低于进口商品,即或税率相近或相同,是否利用中国廉价原料与劳动力、是否承担远程运费等原因也会造成商品完税价格不同,还是有利于外资在华工厂。两类商品间还存在着对市场的争夺。近代中国,在自然经济被破坏,大量独立生产者沦为雇佣劳动者及其后备军的同时,不可能以同等速度和规模形成商品需求;亿万劳动者生活每况愈下,有支付能力的需求扩大速度远不及商品输入、生产扩大速度快。角逐于同一市场的外资在华工业和对华贸易间必然产生利益矛盾。西方学者曾用戏剧色彩的词汇描绘外国商人在华地位的衰落:从1840年大规模侵入中国初期的商人"王子"变为19世纪末的委托代理人,进入20世纪后更趋向成为一个售货员。③ 这种变化追根溯源,固然与外国对华商品输入、输出迅速扩大有关,但外资厂大量开办,产品以其有利条件直接、迅速涌进中国市场,也是重要原因之一。外国经济侵华势力内部这种矛盾为列强资本追逐殖民地半殖民地超额利润的贪欲所决定,不可避免。在外资设厂浪潮中,连插足较晚的美国政府也站在进出口商一边反对奖励在华棉纺织业投资,认为它的"利益是在保持国外市场的开放",使美国制造品"得以输入"。④ 它竭力要求"门户开放",即与此目的紧密联系。随着竞争加剧,越来越多的外国工业家派代表来中国自己开办事处进行贸易,而不依靠一向从事中国贸易的那些外商,⑤ 以便直接了解中国市场,开展在华机制品

---

① 据陈真、姚洛编《中国近代工业史资料》第二辑,生活·读书·新知三联书店 1958 年版,第 837 页资料计算。
② 转引自汪敬虞编《中国近代工业史资料》第二辑,第 310 页。
③ 雷麦:《中国对外贸易》,中译本,生活·读书·新知三联书店 1958 年版,第 61—96 页。
④ 中国社会科学院经济研究所图书馆馆藏:《美国外交政策》,1897 年,第 92 页。
⑤ 雷麦:《中国对外贸易》,第 97 页。

的竞争。由于外资设厂与外贸的矛盾是在中国商品市场逐渐扩大中产生和激化的,因而在外贸统计中反映不明显。但将1895—1904年上海关入内地洋布、洋纱与入内地在华机制布、机纱分别加总,前项值59.33万海关两,后项值53.65万海关两,差距不大,可见在华机制品对进口洋货内地市场侵夺之烈。

外资设厂与外商掠买土货出洋间也有利益矛盾。随着帝国主义本国经济的发展,对殖民地半殖民地原料的需求越来越大。外资在华工厂也要使用大量原料。而在当时的生产关系的束缚下,中国生产者缺乏扩大再生产的能力。这样就产生和强化了工业原料购买上的利益对立。从上海关土货进口值与土货转运出口、出洋值统计可知:上海截留销用的外地土货越来越多,这对外商掠买中国工业原料输出当然不是福音。① 尽管外资厂和外贸商人都竭力压价收买中国工业原料,价值规律却不体恤他们的初衷,使这些商品呈现涨价趋势。如棉花,1890—1914年,每五年年均担出口价依次为10.11、12.80、17.22、17.80、20.70海关两,这种南辕北辙的局面使双方从收购中商品量方面的争夺又发展到价格上的互相侵害。总之,两者间的矛盾在商品销售方面主要因需求限制供给引起;在商品(原材料)收购方面则主要因供给限制需求造成。

对外贸易量和外资厂资本量在国别比重方面有相似之处。我们试从变动趋势和所占比重两方面入手分析。此时期上海外贸国别比重中英国比重下降,日本比重上升,与1895年前后两时期上海外资厂资本量国别比重的变化趋势相同。两个领域同一趋势的根本原因在于此时期两国政府对华经济政策基本方针不同。有国外学者指出:1902年英国政府与日本缔结《英日同盟条约》及与中国签订《中英续议通商行船条约》后,希望把扩张贸易和发展铁路的计划交给有直接利益关系的资本集团。政府除支持汇丰银行及其有关团体外,从此时起在保

---

① 上海截销他口土货值1894年、1900年、1905年、1910年、1914年分别为626.9万、873.6万、1266.8万、2489万、2464.5万海关两。

护和推进英国在华利益方面做得很少。① 日本则相反。掠得甲午战争巨额赔款的日本政府在明治维新后经济迅速发展的基础上，全力支持扩大对华经济侵略。不但对某些输华商品的进口原料免税、出口成品减免税，对有利于扩大在华经济势力的各种事业予以资金扶助；而且在培养了解中国文化与政治的人才等长远措施方面做了许多推动工作。从所占的比重考察，外贸方面，因上海关1904年后不再做国别贸易统计，我们只好从外商商行数来了解各国在上海的商业势力情况。1914年上海有英商商行202家，日商商行117家，虽行数不及英商多，但大商行不少，故人数已占上海外侨首位，英籍外侨居第二。② 外资设厂如前所述，大厂开办资本量也是英日两国为大。不但上海如此，1914年全国外贸中贸易量最大的是英、日两国，而各国在华企业财产中也是英国占33.62%，日本占19.95%③。原因在于：其一，帝国主义对华经济侵略主要依仗各自经济力量，在资本主义发展初期，有大量可供资本铁犁开垦的处女地，中国政府又未对外资投资方向做任何规定或用经济杠杆加以调节，对外贸则"洋人"皆可享受同等优惠，因此给资本主义平均利润率原则以充分表现机会，驱使外资不断开拓和扩充在社会经济各部门的领地。资力雄厚者既可大量投资商业，也可大量投资产业。其二，在华外资很难严格区分为商业和产业两个资本集团。前已提及怡和等以商业剥削起家的资本集团大量投资工业的情况。商业企业兼营工业的情况长期、普遍存在。1936年年末全国外资商业兼营工业的资本量在金属机械业中占该业总资本的27.82%，在化工、纺织、制革、制材、造纸等业中都有一定比例。大商业资本如要设厂加速资本增值，有力量也有必要建立大厂；大产业资本因生产规模大也必然要求大规模商业与之适应。

还需指出：不能根据此时期对华外贸与在华设厂英、日的比重变

---

① 欧弗莱区：《列强对华财政控制》，中译本，第37页。
② 张肖梅：《日本对沪投资》，中国国民经济研究所丛书，1937年，第4页。
③ 外贸中不考虑转运中心口岸香港，企业财产数据据吴承明《帝国主义在旧中国的投资》一书第52页计算。

化趋势就认为英国国内经济已衰落。事实上，1894—1914 年英国国民收入（当年价格）增长 64.56%，并不低于 1879—1899 年的增长速度。① 国外投资亦增长 81.8%，② 还高于 1890—1900 年的 66.79% 的增长速度。③ 英国外贸进口量 1900—1910 年增长 29.67%，也高于 1890—1900 年 24.34% 的速度。④ 上海乃至全国外贸与外资设厂中英、日比重的变化，与两国对中国商品市场和投资市场的依赖程度不同也有关。以自中国进口为例，1914 年日本对华贸易进口占其外贸进口总额的 15.2%，⑤ 而英国同一比例还不到 1%。⑥ 再看 1913 年外国在华投资（工、商等业均在内）占其全部对外投资总额比例，日本高达 66.67%，德国为 4.17%，而英国仅为 3.24%。⑦ 当然，日本尽管在华投资不少，但 1904 年前其对华经济侵略重点仍在贸易而非设厂。日本人口密度大、工资低。当时日本新兴工业纺织业的工资仅为美国同业的 20%—30%，低于印度工资，甚至低于中国。此外，日本市场利润率较欧美各国高 2—3 倍，日商也不满足于欧美在华企业的利润水平。《马关条约》签订不久，日本原打算在上海设一纺织公司，后因本土设厂更有利，遂将设备改运神户建成钟渊第二厂。⑧ 其后，日

---

① 据《主要资本主义国家经济统计》，世界知识出版社 1962 年版，第 182 页资料计算。

② 缅捷列松：《经济危机与周期的理论与历史》，1894 年数仅为 30.9 百万英镑；斯泰雷（E. Staley）《战争与私人投资者》，1890 年数已达 20 亿英镑；苏国荫：《世界主要资本主义国家工业化的条件，方法和特点》（英国部分）引英人包利推算，1914 年为 40 亿英镑。各处统计口径不一。此处采用吴承明《帝国主义在旧中国的投资》，1900 年为 25 亿英镑，1890 年为 20 亿英镑，按等量增长估 1894 年为 22 亿英镑，再以 1914 年 40 亿英镑之数除之。

③ 据前引吴承明《帝国主义在旧中国的投资》一书，第 9 页计算。

④ 因无外贸总量资料，故用进口一项，据前引《主要资本主义国家经济统计》第 235—236 页。

⑤ 雷麦：《外人在华投资》，中译本，商务印书馆 1959 年版，第 345 页。

⑥ 英外贸进口总值据前引《主要资本主义国家经济统计》，自中国进口值据中国海关统计按当年汇率折合。

⑦ 据高平叔、丁雨山《外人在华投资之过去与现在》，中华书局 1949 年版，各有关部分摘汇。

⑧ 前引龚书铎文，第 36 页。

本国内利润率渐低，出现同一纱厂"上海分厂的利润要比在日本的纱厂平均超过10%—15%"的情况，① 日商才连续在上海开办大型棉纺织厂，并陆续吞并了兴泰、大纯、九成等华商纱厂。但日本资本的纺织业主要仍在其本土。当时纺织业占其本土工业的49.5%，高于其他任何工业。② 1913年日本对华输出普通棉织品比1909年增长3.07倍，③ 占对华输出总值的33.9%，且货价比西方国家产品更低廉。④ 日本在华纺织厂有些只是其本土厂的分厂，这也与上述原因有关。在华经济势力的强弱除受自身经济力量和对外政策影响外，还有其他因素。如日本与中国一衣带水的地理位置及了解中国地理文化、风俗民情等条件，在扩大对华经济侵略上有很大作用。说明以上各点或可免对各列强自身经济力量及在华经济力量认识片面之误。

19世纪和20世纪之交，正是帝国主义瓜分势力范围时期。以往的研究多数从全国范围论述此问题。本文的研究表明：上海所在长江流域虽应属英国势力范围，但在上海外贸与外资设厂中英国比重却在下降。外贸值增长速度超过英国的不仅有日本，还有美、德、俄等国。非但日、美、德等国继续在上海设厂，且所占工厂资本国别比重提高。我们认为：帝国主义在华瓜分势力范围只是一个浪潮。如以1896年签订《中俄密约》作起点，仅三年，美国就提出"门户开放"对瓜分这种方式表示异议。1900年义和团运动更是让帝国主义的罪恶图谋破灭，使之认识到"瓜分之事，实为下策"。⑤ 再则，即便在瓜分浪潮中，各国主要目标也在铁路、矿山及租借港湾一类，而并非设厂，更未对外贸市场作出过区域分割协议。何况上海作为第一大口岸，1895年前许多国家即已程度不等地打下了扩大自身经济势力的基础，决不会允许某一强国来独占这个对华经济侵略中枢。囿于对时代

---

① 汪敬虞编：《中国近代工业史资料》序言，第10页。
② 日本通产大臣官房调查统计部"工业统计五十年"，1961年公布。见"食货"十三卷第11、12期合刊，第76页。
③ 雷麦：《外人在华投资》，第346页。
④ 据前引雷麦《中国对外贸易》第116页资料计算。
⑤ 瓦德西语，见中国史学会主编《义和团》，第三册，第244页。

大背景的一般了解，从主观出发认识问题就容易使具体问题的研究偏离实际。

为了能对外贸和外资设厂的相互关系有较为直观的了解，我们绘制了1890—1914年上海外贸及外资设厂统计示意图（见图1）。由图中可见：洋货净入值和外资大厂开办资本两曲线的起伏有相似之处：1898—1904年错位一年相似，即洋货净入值起伏变化较外资大厂开办资本早一年，1905—1914年则同步起伏，但变动幅度不同。本口土货出洋与外资大厂开办资本两曲线的关系则相反：只有1897年、1898年、1908年、1909年四年是相同趋向，1902年、1912年、1913年三年亦可勉强称同，余13年则显然呈现反向变化状态，土货出洋高峰年就是外资大厂开办低潮年，反之亦然。目前尚无充分证据说明这种现象纯属偶然或确有其根源所在。不过，这一时期对华贸易和在华设厂主要是由外国私人资本进行的。大资本集团的投资方向在外贸与设厂间又无明确界限。造成这种现象的原因或许主要在于外国在华资本家所支配资本（包括控制和利用的华人资本）的收支平衡关系的影响。从会计方法着眼，洋货进口与在华设厂分别发生在收、支两项，会有差额但决不同项（设厂所需进口商品与设厂投资视为一体）。而土货出洋与在华设厂都发生在支出项目。用静态分析方法，在外资总量一定的情况下，土货出洋与在华设厂间必有此大彼小的关系。当然，实际原因是复杂的。可用以平衡收支关系的至少还有短期资本流动引起的金银货币进出口。但整理上海有关材料未发现在金银进出口与外资设厂曲线间有如洋货进口、土货出洋与外资设厂那样明显的变化状态关系（见图2）。将1895—1914年上海金银出入超、洋货进口净数、本口土货径运出洋及外资大厂开办资本各年数作为随机变量，分别进行相关性分析，结果也表明：金银出入超与外资大厂开办资本的相关系数尚不到0.19，低于洋货进口净数、本口土货径运出洋分别与外资大厂开办资本的相关系数值。

[图表：1890—1914年上海对外贸易与外资设厂变化情况统计示意]

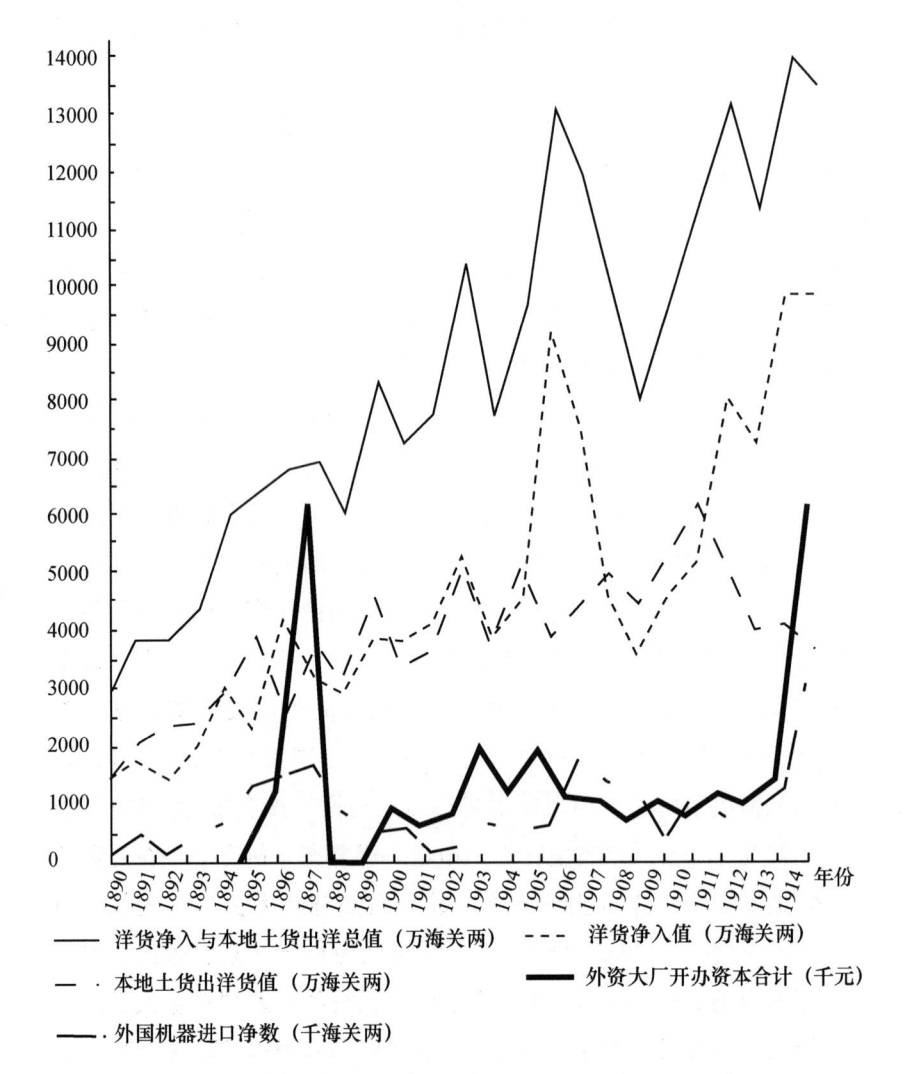

—— 洋货净入与本地土货出洋总值（万海关两）　　---- 洋货净入值（万海关两）

— · 本地土货出洋货值（万海关两）　　▬▬ 外资大厂开办资本合计（千元）

—— 外国机器进口净数（千海关两）

图1　1890—1914年上海对外贸易与外资设厂变化情况统计示意

注：由于图中五类数据的计量单位不一致，各年之间数值变化幅度很大，按照常规统计图表无法准确显现，所以本表用系数换算方法对不同类别的数据进行调整后，才得以在一个示意图中同时呈现此五类数据的变化情况。图中横坐标为相关年份，纵坐标为根据系数换算后五类数据的数值。

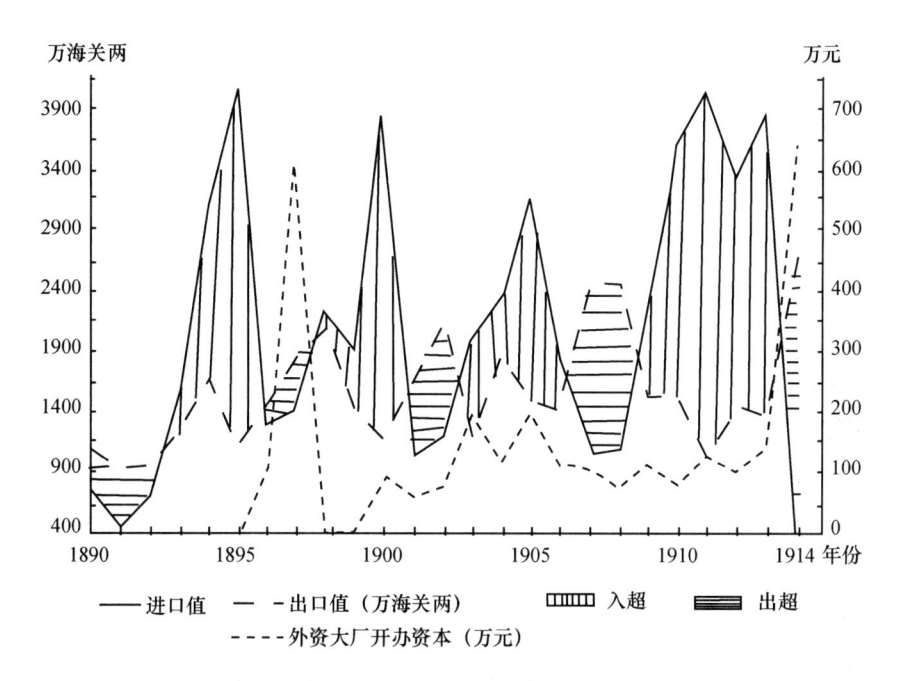

图 2 1890—1914 年江海关对国外金银及其他货币进出口数值统计示意

注：由于图中三类数据的计量单位不一致，而且各年之间数值变化幅度很大，按照常规统计图表无法准确显现，所以本表用系数对不同类别的数据进行调整后，才得以在一个示意图中同时呈现此三类数据的变化情况。图中横坐标为相关年份，纵坐标为根据系数换算后三类数据的数值。

结语

上述研究表明：近代中国对外贸易与外资设厂间确有以互相促进为主的种种关系，故 1895 年给外资以设厂权后，外贸和外资设厂都有较大发展变化。二者虽然也有矛盾，但最大受害者是中国民族工业。这种发展变化与二者间的联系反映了当时中外经济关系的基本状况，即：帝国主义对华经济侵略的加强与中国社会经济半殖民地半封建化的加深，也反映了当时世界范围内各国经济力量的变化与帝国主义在掠夺中国商品市场、投资市场中分割比例的消长。在华设厂是外国资本家1840年侵华之初即已冀求的权利,1895年设厂权的取得使其具有将经济侵华方式由以商品输出为中心向以资本输出为中心转变的现实可能性,但转变过程并非捷径坦途,在设厂资本量与外贸量的比较上表现最明显。到1914年止,外资在华制造业投资11060万美元,而进出口业投资14260万美元。矿业、制造业、交通及公用业三业投资共19630万美元,只相当于该年全国进出口净数总值的31.66%。① 外资设厂资本量相对于外贸量的微小地位,虽与设厂权取得之初中国资本主义才获正当生存和发展机会的时代背景相关,大规模投资工业的社会经济条件如商品经济普遍发展、基础设施较完善、工业劳动技术一定程度的普及、健全的国家经济法规等尚不具备,但最根本的是当时中国经济已被纳入世界资本主义经济体系,成为帝国主义的商品市场、原料产地。帝国主义固然也在中国进行直接与间接投资,用资本输出扩大经济侵略,然而资本输出与商品输出相比,投资风险更大:一部分资本要转变成固定资产而减慢周转速度,国际范围平均利润率的形成又很困难,从而影响利润收入。同时,资本输出又要更多地受输入国政治经济条件变化的制约,并要求输出国自身经济有较充分的发展。因此,当时中国作为投资场所的职能是附属于商品市场和原料产地职能的。外资在华设厂决不是要在中国发展自由资本主义经济,更不考虑中国国土资源合理开发利用、国民经济部门结构与地区结构的综合平衡等。而近代中国既已丧失独立国家应有的主权,更无法利用各类政治、经济手段来调节外资数量、结构、布局,发展社会与民族经济,实现外贸和国际收支的积极平衡。结果只能是:此时期外资设厂固有不小发展,但外贸入超与商品结构之不利于中国的情况却依然如故,甚至每况愈下。20年中全国外贸入超增加了6.5倍,而商品结构里进口货中制成品比重从44.32%升至57.95%,出口货中原材料及半制品比重则从17.69%升至34.99%。② 这种现象

---

① 据前引雷麦:《外人在华投资》,第51页资料计算。
② 前引杨端六等《六十五年来中国国际贸易统计》,第27页。

直到新中国成立之前仍无根本改变。20世纪40年代中国币制混乱多变，外贸统计也不完整，无法做外贸出入超变化情况比较，但1900—1948年中只有两年出超。1946年进口货中原材料、半制品、制成品的比重分别为26.58%、16.62%、46.13%；出口货中上述比重则为41.90%、23.60%、19.91%。[1] 商业掠夺仍然是帝国主义对殖民地半殖民地经济侵略的基本手段，外国资本获得在华设厂权后上海对外贸易和外资在华设厂的发展变化及二者相互关系的分析对此予以了充分的证实。

（原载《中国经济史研究》1986年第2期）

---

[1] Hsiao Lianglin, China's Foreign Trade Statitics.

创新是经济发展的重要推动力

——论熊彼特创新理论的合理性

熊彼特（J. A. Schumpeter）的动态经济发展理论和社会制度过渡理论，是以"创新"理论为核心的。它不仅在 20 世纪上半期的西方经济学界产生过重大影响，是近几十年西方经济学家探求五六十年代资本主义经济持续高涨的推动力所在，而且在 80 年代以后资本主义经济的发展趋势等方面，仍然存在重大影响。在研究这些问题的过程中，一些西方经济学家把对资本主义经济运行的症结所在的分析重点，从有效需求方面重新转向合理供给方面，从崇奉凯恩斯主义转向吸收与发展熊彼特的经济思想。他们不但提出了"熊彼特革命"的概念，甚至预言了"熊彼特时代"将会到来。面对这种情况，我们有必要对熊彼特的创新理论进行认真的客观的认识和再认识。

一 创新——经济发展的重要推动力

熊彼特的经济发展概念不同于经济增长。他认为经济增长没有产生新性质的现象，只是如同自然条件变化一类的适应过程，即只是传统过程基础上的重复和继续。而经济发展是革命，是在社会经济活动中打破原有平衡，改变与代替传统方式的自发的、不连续的变化。①

熊彼特是以假定存在着"循环流转"状况为出发点来引入创新理论的。这种从分析在经济发展的任何特定阶段中经济机制和组织的作

---

① 熊彼特：《经济发展理论》，哈佛大学 1939 年英文版，第 63—64 页。

用出发，而不是从分析我们可以实际挖掘的经济发展的历史出发来谈及的"循环流转"①，属于静态分析的范畴，实质是一种通过完全竞争实现了一般均衡的资本主义简单再生产体系。然而，历史变化既不构成一种循环往复的过程，也不是在一个中心附近做钟摆运动。② 经济运动如何脱离与恢复均衡状态，如何改变其运行轨道，这是必须研究、回答的问题。静态分析不仅不能预示行事处世的传统方法中那些不连续的变化的后果，而且不能解释这些生产力的革命以及与之相伴的种种现象。熊彼特指出，资本主义就本质而言是经济变动的一种形式或方法，它不仅从来不是静止的，而且也不可能静止。资本主义过程的这一进化特征不仅是由于有这样一个事实，即经济生活是在一个变化着的社会的和自然的环境中进行的，并通过它的变化改变着经济活动的条件；这一事实是重要的，而且这些变化（战争、革命等）经常决定着产业的变动，但它们不是产业变动的原动力。这一进化特征也并非由于人口和资本方面的类似自动的增长或由于货币体系的古怪行为而产生。开动并保持资本主义发动机运转的根本推动力来自新的消费品、新的生产或运输方法、新的市场、资本主义企业所创造的新的产业组织形式。③

在经济发展的历史中，储蓄和投资的增长与此相比黯然失色，新的生产方法在从19世纪下半期到20世纪之初的50年中改变了经济世界的面貌。④ 这里，熊彼特已把"创新"与资本主义的发展密不可分地直接联系在一起了。对"创新"亦即建立一种新的生产函数，或者说将一种生产要素的"新组合"引入资本主义生产，熊彼特在《经济发展理论》中做了详细说明：谈及生产手段的新组合，我们只是指具有发展特性的现象这一情况而言，发展在我们来说限于实行新组合的范围。这个概念包括下列五种情况：（1）一种消费者尚不熟悉的新产

---

① 熊彼特：《经济发展理论》，第10页。
② 熊彼特：《经济发展理论》，第50页。
③ 熊彼特：《资本主义、社会主义和民主主义》，伦敦1961年英文版，第82—83页。
④ 熊彼特：《经济发展理论》，第68页。

品或一种商品的新特质的引入。(2) 一种新的生产方法的引入，这是尚未为有关制造部门的经验所验证的新方法，这种新方法也并不需要建立在一种科学上的新发现的基础上，而且可能是以获利为目的的经营一种商品的新方法。(3) 新的商品市场的开放。这是所论及的国家的那些特定的制造部门先前尚未进入过的市场，不论这市场是否以前就存在。(4) 一个新的原材料或半制品供应来源的取得，同样不拘此来源是否早已存在或是否初次被创造出来。(5) 任何产业新组织的出现，像一种垄断地位（如通过托拉斯化）的创造或垄断地位的结束。① 在上述引文中，第二种情况的论述含义不十分清晰，结合熊彼特在他的著作中的其他有关论述来看，可以理解为新技术或新生产方法的引入。在此应注意的是，熊彼特强调只有引入到生产实际中去的发现与发明才是创新，必须把生产工具的创造过程与一旦创造出来后的应用过程相区别。②

对于熊彼特的这一思想，以往我国学术界的基本评价是：熊彼特把社会经济的发展归功于"创新"，而"创新者"又被规定为那些预见到潜在利益，敢于冒险把"新发明"引入经济活动的企业家，这样，资本家就成为社会历史前进的根本动力，这种观点是历史唯心主义的。它完全抹杀了生产关系及其变革，撇开了生产关系和生产力的矛盾在历史发展中的作用。但从马克思主义也重视生产技术和方法的变革在历史发展中的作用，从熊彼特强调"变动"和"发展"的观点，认为"创新"和"发展"是"内在的因素""内部自身创造性"这些方面来看，他的思想又在某些方面有其可取之处，在研究新技术有关问题时不是没有意义的。应该说，这种评价并不失于偏颇，功过均有评说。但我们认为，其中的某些论点仍有商榷的余地。

人类经济与社会发展的根本动力是什么？这是历史发展观的核心问题。熊彼特主要研究的是资本主义社会，因此，他没有直接回答这

---

① 熊彼特：《经济发展理论》，第66页。
② 熊彼特：《经济发展理论》，第37页。

个问题。但如前所述，他是把创新作为资本主义发展的根本动力的。那么，按照我们久已习用的将生产方式分解成生产关系与生产力的方法，熊彼特所说的"创新"究竟是哪一方面的"创新"呢？很明显，新产品或产品的新特质的产生，新技术或新的生产方法在生产中的运用，新的原材料或半制品供应来源的赢得，都是与生产力的发展直接相联系的。新的商品市场的开放在此无法直接归入生产力或生产关系之中的任何一部分，因为熊彼特所说的"新"主要是指市场在量的方面的扩大。如果要说间接联系，那么只能说它与生产力的发展联系得更紧些，它表明的是交通运输能力和商品生产能力的提高。关于企业新组织的出现，无论按熊彼特所说的垄断，还是他举例中所提及的泰罗制、百货商店等，无非都是生产组织形式在技术意义上的变革。由于并不牵涉作为生产关系基础的生产资料所有制的变革，因而不应将之视为生产关系的变革。至此，我们不难看出，"创新"五种情况的基本内容是作为生产方式的物质内容的生产力的革新，而不是作为生产方式的社会形式的生产关系的革新。循此而进，说熊彼特实质上是把生产力的进步作为经济和社会发展的根本动力，是不歪曲其本意的。

如果说受时代和社会环境的影响，我们曾经长时期地把人类发展的全部历史仅仅当作一部阶级斗争的历史来认识，并把经济与社会发展的根本动力也归结为阶级斗争，或归结为生产关系与生产力的矛盾（这种矛盾的最高表现形式和最终解决方法仍然可以归结为阶级斗争），那么在今天，在实事求是原则的指导下，经过科学方式的冷静研究以后，我们完全可以而且应该光明正大地宣称：生产力的进步是经济与社会发展的根本动力。这比讲生产力是生产方式中最活跃、最革命的因素更彻底、更明确。它是一种唯物主义历史观而不是历史唯心主义。马克思曾将怎样生产、用什么劳动资料生产作为区分各种经济时代的重要标志，并把物质生产的发展视为整个社会生活以及整个现实历史的基础。① 为此，列宁总结说："马克思的历史唯物主义是科学思想中的最大成果。人们过去对于历史和政治所持的极其混乱和武断的见解，为一种极其完整严密的科学理论所代替，这种科学理论说明，由于生产力的发展，从一种社会生活结构中会发展出另一种更高级的结构。"② 试问：阶级斗争也好，生产关系和生产力的矛盾也好，这种矛盾和斗争究竟缘何而起、随何发展呢？阶级斗争对于科学技术的进步究竟有多大的促进作用，是一个尚待深入研究的问题。而在迄今为止的历史中，生产力在它与生产关系的矛盾中常常处在主导地位。

二 企业家——创新的推行者

在熊彼特的著作中，对谁是创新的推行者这一问题，有着明确无误的回答。但我国以往的研究中几乎无一例外地在这一问题上持强烈的批判态度，认为熊彼特把创新者规定为将"创新"引入经济活动的企业家，这样一来，资本家（或称企业资本家）就成为推动社会历史前进的根本动力了。因此，熊彼特的观点是历史唯心主义的。笔者虽然对这些学者的其他观点多有赞同之处，但在这一点上却不能不持有异议，对熊彼特的"企业家"概念必须从社会性质和社会功能等方面做一番不曲解原意的认识工作。

首先，熊彼特所说的"企业家"与资本家在社会性质和社会功能上是有重要区别的。为了准确地说明这一点，我们应该尽可能直接而简要地引用他本人的论述。他说：直到小穆勒时期（19 世纪中期）为止的大部分经济学家都未能将资本家与企业家相区别，因为在一百年前（即小穆勒时期）一个"制造家"是一身二任的。我们不接受那种把广义的"经营"当然地作为企业家的定义的观点，这很简单，

---

① 参见《资本论》第 1 卷，人民出版社 1975 年版，第 204 页。
② 《列宁全集》第 19 卷，人民出版社 1955 年版，第 5 页。

因为它没有揭示出我们认为是突出之点的东西和唯一能将企业家和其他活动相区别的要点。① 企业家的职能不是别的，只是利用一种新发明生产新商品，或更一般地，利用一种新方法生产老商品，通过开辟原料供应的新来源或产品的新销路，通过重组产业等来改革生产模式或使它革命化。②

简言之，企业家的典型任务就是打破旧传统、创造新事物。这样，虽然在生产中企业家和资本家都处在指挥的地位上，但企业家的指挥具有创造性。因而，在熊彼特看来，实现"新组合"是一种特殊的功能，并且是较所有有客观可能性来实现新组合的人远远为少的一种类型的人的特权。③ 每一个人只有当他实际推行"新组合"时才是一个企业家。而只要他一旦建立起他的企业并像其他人一样去经营企业，他就失去了这一特性，这是一个规律。企业家不是一种职业，并且作为规律也并不是一种持久的地位。从技术意义上讲，企业家并不形成一个如同地主、资本家或工人那样的阶级。当然，企业家的功能将把成功的企业家和他的家庭引向一个确定的阶级地位，但这个可能达到的阶级地位不是企业家一类的地位，而是根据企业的所得是如何使用而被赋予土地所有者或资本家一类特性的阶级地位。

熊彼特还指出，在创新过程中，资本家不过起提供货币资本和定期收取利息的作用，是依赖于企业家的。"企业家"的功能不能遗传，而资本家的功能则可以遗传。够了！至此我们所做的阐释应该足以使读者清楚地了解熊彼特的"企业家"概念了。概括地讲，企业家是指"新组合"的具体推行人。当然，为了推行"新组合"，他必须有一定的生产资料可供其支配使用。但这种支配使用权既有以自己对必要的生产资料的所有为基础的（或通过交换），也可通过取得资本家的信贷来获得。很明显，在"企业家"和"资本家"间画等号是不符

---

① 熊彼特：《经济发展理论》，第77页。
② 熊彼特：《资本主义、社会主义和民主主义》，第132页。
③ 熊彼特：《经济发展理论》，第90、20、81页。

合熊彼特本人的原意的。就连马克思也曾反对过那种把资本家和他的经理混同起来的看法。他说："只要资本家参加劳动过程，他就不是作为资本家来参加（因为他的这个性质体现在利息中），而是作为一般劳动过程的职能执行者，作为劳动者来参加，他的工资就表现为产业利润。这是一种特殊的劳动方式——管理的劳动，而劳动方式一般来说是彼此各不相同的。"①"当然，产业利润中也包含一点属于工资的东西（在不存在领取这种工资的经理的地方）。资本家在生产过程中是作为劳动的管理者和指挥者出现的，在这个意义上说，资本家在劳动过程本身中起着积极作用。"② 马克思在这里所说的"作为一般劳动过程的职能执行者"的产业资本家虽然与熊彼特的"企业家"还有差别，但对于将"企业家"和"资本家"混为一谈的观点显然是一种间接的批评。

在"企业家"和"资本家"之间画等号，不仅有碍我们正确了解熊彼特的经济思想，而且在实际研究工作中，将把资本主义经济运行过程中更多的当事人划入资本家的范围，把对生产资料的所有权与支配权、使用权混为一谈。在当今资本主义世界资本股权持有者成分日趋复杂、资本所有权与经营权日趋分离等新情况下，把"企业家"和"资本家"混为一谈，对于我们了解、分析和掌握资本主义经济和社会的运行机制，正确制定我们的对外政策，也将产生不利的影响。

我们认为，企业家推行创新，主要就是推行生产力的革新与革命。对于企业家的创新，应从宏观效益角度和微观效益角度做不同的评价。正如马克思在评价资本主义取代封建主义、英帝国主义在印度推行的经济侵略等问题上所持的辩证态度一样，从有利于经济发展和社会进步的意义上讲，企业家推行创新的社会功能和宏观效益应予肯定。这和对企业家剥削工人、获取私利的个人动机的批判，是并行不

---

① 《马克思恩格斯全集》第 26 卷Ⅲ，人民出版社 1974 年版，第 548 页
② 《马克思恩格斯全集》第 26 卷Ⅲ，人民出版社 1974 年版，第 550—551 页。

悖、不可偏废的。如果因为成功了的企业家往往变成资本家就把二者直接等同起来，从哲学上看，岂不是把行为动机、行为本身和行为结果直接等同起来了吗？熊彼特在他用英文写作的《资本主义、社会主义和民主主义》一书中论及企业家的职能等问题时，多次使用了"exploit"一词，该词本来就有"利用……谋私利、剥削"之意。由此，说熊彼特对资本家的剥削行为完全视而不见，是否也应再做考虑呢？

其次，再来分析一下把企业家说成创新的推行者是否属于历史唯心主义的问题。无论是科学技术的发现发明还是它在实际生产中的运用（包括有关的劳动资料和劳动对象的具体操作和具体管理），都离不开人的作用。肯定人（先从较抽象的角度来讲）在经济与社会发展中的作用与认为生产力是经济与社会发展的根本动力的观点并不矛盾，是完全可以统一的。难道离开了人，生产力还能有什么物质实在的内容和形式吗？即使是阶级斗争、生产关系与生产力的矛盾，不也是要由人来进行和解决的吗？那么，是否把经济与社会发展进步的推动者归结为哪一个阶级来作为划分历史唯物主义和历史唯心主义的标准呢？笔者认为，同样是谈人们在经济与社会发展中的作用，只是依据阶级性质的不同，就可以判定一种发展观是唯心主义还是唯物主义的，这种把哲学上严格对立的两种世界观加以区分的判断标准，现在看来是超出了正常逻辑概念所能接受的范围，准确地讲，将经济与社会发展的推动者归于哪一个阶级的问题，属于"英雄史观"和"人民群众是历史的创造者"之争的范围，并不是唯心还是唯物的问题。至于剥削阶级充当历史进步不自觉的工具，这更是人类历史经验的总结所得出的结论之一。另外，熊彼特确曾强调过"企业家精神"的重要性。然而笔者认为，我们完全可以在马克思主义关于物质与精神的辩证关系学说范围内来理解这种强调的合理性，而无须求助于社会心理学和"生理需要层次塔"一类的理论。

三 经济发展在时序上的形式展开——熊彼特的周期理论

熊彼特所概括的经济发展周期理论是与创新紧密联系在一起的。这也是熊彼特的经济思想具有特色和积极意义的一个方面。

在熊彼特之先，西方资产阶级经济学家中的某些人已提出了一些关于经济周期的理论。仅 20 世纪之初，就有杜冈—巴拉诺夫斯基、施皮特霍夫、卡塞尔以及阿富太林等人。熊彼特本人的经济周期理论也是建立在康德拉季夫、尤格拉和基钦的研究成果的基础上的。熊彼特的经济周期理论的长处或特点，不仅在于他把经济的周期变动与以生产力的变革为实质的创新联系到一起来进行分析，还在于他把这种变动周期系统化了。熊彼特认为，创新在时间上不是均匀分布的，创新与创新之间也不连续。[①] 不同的创新被引入经济生活实际中所需要的时间不同，有长有短；不同的创新对经济、生活发生影响的范围也不同，有大有小。创新的利用呈现出非连续和不平稳的状况，创新的引入、追随者的模仿以及旧的创新浪潮的消逝与新的创新的酝酿等因素造成了社会经济发展的周期性，这种周期表现为繁荣、衰退、萧条、复苏四个阶段。从时序上说，经济周期可分为长周期（亦称长波或康德拉季夫周期，约 50 年）、中周期（亦称中波或尤格拉周期，约 10 年）、短周期（亦称短波或基钦周期，约 40 个月）三种形式。这三种周期并存交织。

我们认为，熊彼特的周期理论是建立在对经济历史和经济统计资料大量占有和系统分析的基础上的，它比那种单一周期理论更有效地解释了资本主义经济实际经历过的兴衰变化过程。从熊彼特的长周期理论来看，他将资本主义经济发展的历史过程划分为以下三个时期：18 世纪 80 年代到 1842 年是"产业革命时期"，1842 年到 1897 年是

---

① 熊彼特：《经济发展理论》，第 223 页。

"蒸汽和钢铁时代",1897年后到熊彼特去世之前仍未结束的时期是"电气、化学和汽车时代"。任何一本完整、客观地记载了经济发展历史事实的著作都会清楚地向我们表明：在熊彼特所划分的这三个时期中,社会生产力的重大变革先后推动了资本主义制度的创建与确立、各项工业生产的全面技术革新、资本主义生产由小规模企业生产进入大规模社会化生产的资本主义社会经济的历史变化阶段性。作为主要是生产力变革的创新与社会经济乃至政治、文化发展间的关系清晰可见。因此,经济增长阶段理论的创立人罗斯托、民主德国工人运动理论家库钦斯基也都从考察生产力的发展入手,提出了经济发展的阶段划分理论。我国经济学界也开展了这方面的研究。

我国经济学界对熊彼特经济思想的批评之一,是熊彼特把创新作为经济周期产生的唯一原因。在笔者看来,这种批评是有失公允的。如前所引,熊彼特在其《资本主义、社会主义和民主主义》一书中指出：经济生活是在一个变化着的社会的和自然的环境中进行的,并通过它的变化改变着经济活动的条件。在《经济周期》一书中,他还更具体地指出：推动经济变革的力量有外部与内部两类。外部因素如自然灾害、战争、革命、社会动乱、国家关税政策或税收制度的改变、外国经济波动的影响,等等。并且进一步概括说：很明显,经济变化的外部因素是如此众多和如此重要,以至于如果我们看到一张完整的外部因素目录,或许我们会对在经济波动中是否还有任何事物可从别的方面考虑感到茫然。[①] 我国有的学者也已指出："熊彼特也看出,最短的周期也许是'存货周期',它们不是'创新'的结果。"[②]

在熊彼特的周期理论中,关于创新的引入、主动模仿创新(即熊彼特所说的模仿)及被动模仿创新(即熊彼特所说的适应)三步骤学说,[③] 也很值得我们注意。当然,这方面的研究的推进与熊彼特之后

---

① 熊彼特：《经济周期》,纽约1939年英文版,第6—13页。
② 胡代光、厉以宁：《当代资产阶级经济学主要流派》,商务印书馆1982年版,第261页。
③ 熊彼特：《经济周期》第1卷第4章"经济发展的轮廓"。

的曼斯菲尔德、卡曼、施瓦茨、列文、保罗·戴维、格里列希格在技术创新问题以及戴维斯和诺尔斯在制度创新问题上的努力是分不开的。熊彼特将创新推动经济从衰退走向繁荣的过程大致描述为三个阶段：为谋取他人未能看到或看到了但不敢承担投资风险的获利机会（在马列主义政治经济学中是获取超额利润的机会），企业家进行创新；为分享这种利益，继起者掀起模仿浪潮，与新产品、新技术或新生产方法、新的原料来源和市场、新的生产组织形式有关的经济行为在社会上开始推广；旧企业为了在这种不是损害它的利润和产量，而是打击它存在的基础和生命的竞争下继续生存，不得不进行适应变化，否则就被摧毁、挤垮。这样三个步骤，在我们看来，基本上就是在市场经济条件下，创新推动全社会生产力水平提高的过程。而熊彼特的后继研究者在影响模仿的基本因素和补充因素，技术创新与市场结构的关系，采用新技术的企业规模"起始点"以及推广 S 形增长曲线、制度创新等方面所进行的探索，使创新的机理脉络更细致周密，有了强烈的应用经济理论色彩。

熊彼特的思想理论客观上是一个庞大繁杂的体系，他的"学问视野远远超出经济学一门学科的传统范围，而是深入扩展到了历史以至哲学领域"[①]。笔者无意在此对他的整个体系进行全面的分析和评价。本文所要指出的是：对于这样一个既非某一资产阶级经济学派的直接继承人，亦非某几个资产阶级经济学派经济思想的组装家（虽然熊彼特受到奥地利学派及其分支洛桑学派、新历史学派、制度学派的影响）的著名西方经济学家，我们固然应该像批判其他资产阶级经济学家一样批判他的错误观点，例如他对资本收益性质、资本主义生产关系的作用、资本主义经济危机的根本原因等问题的错误认识，然而更重要的是深入研究他在生产力进步方面所阐发的理论，发掘其中可以为我们的社会主义建设所用的有积极意义的部分，弥补以往我们在生

---

① 陈振汉：《熊彼特与经济史学》，载《经济思想史论文集》，北京大学出版社 1982 年版，第 87 页。

产力问题上研究的不足。

　　本文所分析的熊彼特关于创新、企业家以及经济周期的理论，在剔除其为资本主义的剥削作辩护的内容之后，实质上是这样一些观点的表述：(1) 经济与社会发展的根本动力，是生产力以及与之有关方面（如商品市场、生产在技术意义上的组织形式）的革新与革命。(2) 实现这种革新与革命，要靠一批有预见和判断能力，敢于创新并对一定的生产资料具有支配权、使用权的企业家人才。(3) 生产力的革新与革命必将推动经济与社会的发展。这种推动力与革新、革命的重要性（在质的方面——推进方向）、适用性（在量的方面——推广范围）呈正相关关系。阻碍和干扰创新的引入和推广必然损害经济与社会的发展。稍加思索，我们就可以发现熊彼特的创新理论对我国社会主义建设和经济学研究工作的有益启发。

　　从社会主义生产方面讲，要发展以生产资料公有制为基础的有计划的商品经济，就必须切实重视发展科学技术、发展社会生产力的工作；就必须发现和培养一大批具有强烈的社会责任感和进取精神，有创见、敢挑重担的社会主义企业家，使社会主义的企业在他们的领导下真正成为富有活力的经济实体，使整个社会主义经济在企业之间合理竞争、在优胜劣汰的过程中不断发展。同时，必须主动利用社会主义制度的优越性，运用国家的力量，创造有利的环境和条件，促使创新特别是与全社会生产力进步有关的重大创新不断地出现和推广，促使社会主义的企业家大量涌现，克服消极和阻碍因素的负面作用。由于科学技术的使用没有不可跨越的国界鸿沟，我们还可根据对资本主义经济周期的正确分析，在国际经济交往中采取积极态度，适时、有力地引入创新，避免陷于"适应"以致被淘汰的地步，在新技术革命挑战中迎头赶上世界先进的科技、经济、文化等方面的发展水平。

　　从经济学研究工作方面看，如果只了解、分析生产关系的发展变化，不了解、分析生产力的发展变化，就不可能正确了解生产关系乃至社会经济形态的发展规律，不可能透彻、合理地解释几千年来人类社会发展的历史，也不可能对今后人类社会的发展趋向作出较为准确的判断。熊彼特的创新理论对经济内部因素作用下生产力发展问题的研究，无疑有其不可否认的贡献。此外，在具体问题的研究上，熊彼特的创新理论也有其积极意义。如：怎样从正确分析第二次世界大战以来资本主义国家经济发展和周期变化的原因入手，对现代社会中资本主义经济的运行机制有更全面更深入的了解；怎样认识新技术革命形势下社会各阶级、阶层在经济与社会发展中职能的变化；怎样认识资本主义国家中国家机器在生产力发展中的作用；在经济史学研究中，如何认识生产力在社会历史发展中的作用，创新在不同经济形态、不同发展阶段的国家中的出现和推广有什么不同的特点。特别有意义的是，在为何帝国主义对旧中国经济、政治和军事侵略的几次重大事件都发生在长周期的终了年代（如1840—1842年的第一次鸦片战争，1897年后帝国主义在华瓜分势力范围的活动）一类问题的研究上，都不乏发人深省之力。

（原载《中国社会科学院研究生院学报》1987年第4期）

从中外对比角度看近代中国人口的
社会经济影响

近代中国是四亿多人口的大国，也是贫穷落后的半殖民地半封建大国。这二者间究竟有无内在联系？如有，这种联系存在的原因及表现形式又是什么？对与此有关的一些问题，在中华人民共和国成立前后，国内外都曾有所研究，一些观点也似乎已成定论。但依笔者所见，随着近年来人口经济学、中外经济史等学科的发展，特别是学术研究中"实事求是"指导思想的确立，有再作深入探讨尤其是理论分析的必要。

一

我们先约略回顾一下以往讨论中的不同观点。国内外部分学者特别是国外一些人士认为，近代中国的贫穷落后主要是人口在18世纪、19世纪两个世纪里增加了一倍，使土地不堪负担压力造成的，① 亦即认为两者间有直接因果关系。一些国外学者作比较经济史研究时也把日本近代经济发展水平高于中国及东南亚归结为其人口增长率较低之故。② 而部分国内马克思主义学者认为：近代中国的贫穷落后完全是帝国主义、封建主义和官僚资本主义的压迫和剥削造成的。为驳斥外

---

① 如《毛泽东选集》合订本，人民出版社1964年版，第1399页引艾奇逊的话，亦可参见中华人民共和国成立前一些国内外学者的专著及论文。

② C. D. Cowan, *The Economic Development of China and Japan*, George Allen & Unwin Ltd., 1964, p. 17.

国人士的观点,他们从近代中国人口密度小于西欧、存在大量荒地且逐年增加、农田单产可以提高等方面进行了分析。① 倾向于认为人口多完全不是一个相关因素,二者间并无内在联系。他们认为:人口过剩问题无非是特定社会环境的产物,是社会财富分配不平等的产物,是劳动人口没有得到合理安排的结果,② 归根到底只是与生产关系相联系的一个问题。很明显,外国人士搬用马尔萨斯人口理论所做的结论,其目的是要根本否认帝国主义对近代中国经济与政治的侵略,否认近代中国社会经济制度的落后性,亦即否认帝国主义、封建主义和官僚资本主义阻滞中国社会经济发展的罪责,把近代中国的贫穷落后完全归咎于自然的、物质关系的因素。国内马克思主义学者的观点则与之针锋相对,指明了近代中国贫穷落后最真实的根源所在。

社会经济生活是由生产、分配、交换和消费各环节组成的,生产是决定性的一环。但通常人们谈及生产往往只关注物质资料生产,忽视了人类自身生产的问题。这或许是因为这类生产中包含了动物物种繁衍的自然性因素,也可能与对于人既是生产者又是消费者的两重性认识不全面不透彻有关。实际上,任何生产方式下都存在着人类自身生产和物质资料生产两种生产。前者是后者的前提:物质资料生产要由人来进行,人以生产者的面貌出现;后者是前者的基础:没有物质生活资料,人类就不能生存,因此人又具有消费者的身份。一般而言,物质资料生产处于主导地位,决定和制约着人类自身生产,但也不能忽略人类自身生产的反作用。此外,物质资料生产过程又包含两方面关系,即体现社会生产力水平的主要是人与自然的关系、表明社会生产关系性质的人与人的关系。总之,社会经济活动的过程和结果就是人和物、生产力和生产关系等多种因素、多对矛盾共同作用的过程和结果。任何社会概莫能外。当然,诸多因素虽同时存在和起作用,但存在范围和作用方向、大小不同。抓住本质之点固然是解决问

---

① 参见薛暮桥《旧中国的农村经济》,农业出版社1980年版。
② 如王亚南《马克思主义的人口理论与中国人口问题》,科学出版社1956年版,第2页。

题的关键，问题解决得圆满与否则还取决于对各侧面、各因素的研究是否充分。

研究一个时代的社会经济，特别是研究全局性问题，应该对诸有关因素尽可能地进行充分研究，并对其在整个经济生活中的作用予以恰如其分的评价：既包含对质的正确判定也包含对量的可靠测评。从这个角度讲，我们认为：那些外国人士对近代中国贫穷落后主要原因的分析是根本错误的，因为他们的结论没有揭示最深刻的原因是帝国主义、封建主义和官僚资本主义的残酷剥削压迫这一本质之点。而以往国内一些马克思主义学者的观点也还有做进一步研究的可能，因为他们虽然抓住了本质之点——生产关系的性质和作用，但把其他因素的存在及作用，各因素间的相互作用及影响在很大程度上忽略和否定掉了，所以使问题解决得不够充分、完整。

对外国人士的有关错误结论，前此已有许多深刻有力的批判，本文不再做此工作。而对以往国内马克思主义学者的观点做进一步研究却是一项很繁重的任务：近代中国的贫穷落后还可以从、而且应该从政治、经济、文化、军事等多方面探查原因。由于笔者学识与精力所限，本文拟采用以中外比较研究为主的方法从近代中国人口与耕地比例着手，就人口问题的存在及其影响做一初步的分析。

二

我们对近代中国人口的社会经济影响是从人口与耕地比例入手分析的，而外国一些人士认为近代中国贫穷落后是因人口增长过快造成土地不堪负担，看起来这二者在形式上相似，实质上却存在着根本的原则区别：我们是在肯定帝国主义、封建主义和官僚资本主义的剥削压迫是造成近代中国贫困落后的罪魁祸首这一基本前提下来探讨近代中国人口对社会经济发展的影响的，人口与耕地比例仅是一个具体研究工作的入口。选择这样一个入口的原因是多方面的：

第一，"超过劳动者个人需要的农业劳动生产率，是一切社会的基础，并且首先是资本主义生产的基础。"① 农业劳动生产率是由农业劳动者、耕地和农产品的量值等因素决定的。

第二，在一定生产力水平下，人类自身生产与物质资料生产间客观上有一个比例关系是否恰当的问题。仅就此比例而言，比例恰当可促进社会经济发展，比例失当则对社会经济产生消极影响。物质资料生产的基本前提是要有生产者与生产资料，而两种生产间比例是否适当在很大程度上也表现为生产者与生产资料的比例是否适合于当时的生产力水平及其近期内发展的需要，人口与耕地的比例是生产者与生产资料的主要比例。

第三，人既是生产者又是消费者，但双重身份的产生和实现有区别：作为消费者主要是由人自身生理机能所决定，不能、不愿从事生产的人仍然需要消费。作为生产者主要是由外部的、自然的和社会的经济条件决定的。人口与耕地比例是自然经济条件的基本表现之一。从社会经济条件而言，在剥削制度下，对绝大多数人来讲，不与一定质和量的生产资料相结合，不成为生产者，就无法维持其消费者身份、无法生存。在近代中国这样工业不发达的国家，约有90%的人口是农业人口，农业产值直至1949年仍占国民生产总值的70%左右。②分析农业状况对分析近代中国经济所具有的重要性可以想见，而其中最重要的生产资料莫过于耕地了。

第四，以往国内马克思主义学者采用的人口密度一类指标用以分析人口问题的社会经济影响是不够准确、充分的。因为对社会经济起重要作用的是作为生产资料的耕地、可耕地，而不是一般意义的国土面积。有些时候，运用不同指标会对同一问题得出不同的结论。近代中国与西欧相比人口密度确实要小，③ 但不能以此说明中国经济发展

---

① 《资本论》第3卷，人民出版社1975年版，第885页。
② 张纯元：《人口经济学》，北京大学出版社1983年版，第446页。
③ 有关资料如：每平方英里的平均人口：中国102人，英格兰615人，德国351人，荷兰454人，意大利306人，比利时588人，日本336人。见《东方杂志》23卷16号，1926年8月，许仕廉《民族主义下的人口问题》一文。

特别是发展农业生产的自然条件就优于西欧。欧洲平均海拔只有300米,海拔200米以下的平原占总面积的60%,海拔500米以上的高原、丘陵和高山只占17%,几乎全洲都处在宜农的温带。而中国海拔500米以下的土地只占1/4强,甚至海拔3000米以上的高原、高山也占1/4。① 全国至少可划分为五种气候类型。在近代中国的国土面积中,平原占10%,盆地占16%,丘陵占9%,而高原占34%,山脉占30%。② 我们在本文所做的中外人均耕地面积比较,将清楚地表明与中外人口密度比较在结论上的巨大差别。地貌问题还在中华人民共和国成立前就受到一些涉猎人口问题的著名自然科学家的注意,③ 一些国外人口学者研究近代印度人口问题时也批评过这种从人口密度出发来考察经济发展的自然条件优劣的思考方法。④ 有关土地利用的情况还可以查看一些专业图片资料。⑤

第五,各国农业生产在国民经济中所占比重不同,农业人口占总人口比重也不同,如以农业人口人均耕地指标做比较,不能说明各国整个社会生产条件的丰歉优劣,不如用全国人均耕地指标更有可比性。

有比较才有鉴别。但多年来,我们的一些学者习惯于做一国社会发展的纵向比较,忽视在各国间做横向比较研究的重要性,这也是以往近代中国人口社会经济影响问题研究不够深入的原因之一。为准确、清楚地阐明近代中国人均耕地情况,我们先用典型的资本主义国家英国的情况做对比看看19世纪后半叶的情况。材料表明:中国1863年至1900年人均耕地面积约为2.49市亩至1.86市亩,各期简单算术平均约为2.27市亩,加权算术平均约为2.26市亩。而英国

---

① 《中国农业地理总论》,科学出版社1980年版,第3页。
② 见翁文灏《锥指集》,全国图书馆文献缩微中心收藏,其中《中国地理区域与其人生意义》一文。在翁文灏另一文《中国人口与土地利用》中估计,当时已开垦平原及盆地人口密度每平方英里为600—1000人,丘陵地区为350人。
③ 如竺可桢《论江浙两省人口之密度》,《东方杂志》23卷1号。
④ [英]卡尔—桑德斯:《人口问题》,商务印书馆1983年版,第297页。
⑤ 如:Rand McNally, *Cosmopolitan World Atlas*, 1972。

1861年至1881年人均耕地面积则为9.78市亩至3.44市亩，简单算术平均约为6.11市亩，加权算术平均约为6.13市亩。亦即按平均值计算，英国人均耕地面积约为中国的2.7倍。即便以英国人均耕地面积的最小值3.44市亩与中国的最大值2.49市亩相比，差距也很大。①再看看20世纪上半叶各国的对比：20世纪初，德国人均耕地约合7市亩，法国为9.1市亩，意大利为5.95市亩，比利时为3.5市亩。②稍后至30年代左右，美国人均耕地约为16.8市亩，法国约为8市亩，德国约为4.7市亩，③而在此期间中国人均耕地只有2.5—3.4市亩。④因此，近代中国人口不仅在绝对数量上比其他国家多，而且用人均耕地的相对指标来与英国等欧美国家比，人口也显得要相对地多。那么，这种人口状况在半殖民地半封建制度下对近代中国社会经济产生了哪些影响呢？以下主要从剥削率和劳动生产率两方面分别进行探讨。

三

近代中国人民比同时期资本主义国家劳动人民所受的剥削压迫更残酷更深重。这一点我们可用静态和动态两种比较方法分别来看农业和工业中的情况。

先用静态比较方法看农业劳动人民生活状况。目前我们并无可靠、全面的各国地租率资料，只是大略知道日本和中国的平均地租剥削率都在50%左右。⑤我们不妨假设欧美各国的地租率亦为50%且单位耕地面积产量相近。那么，由于中国农业人口比重大于欧美（容后

---

① 见本文末附表及说明。
② 据《东方杂志》22卷2号张慰慈《世界人口与粮食问题》一文资料换算。
③ 据《东方杂志》33卷5号童时进《在中国何以须节制生育》一文资料换算。
④ 其中2.5市亩数出自上注资料，3.4市亩数录自商务印书馆1960年编《人口问题资料》第94页。另有张印堂、翁文灏等估为3市亩。
⑤ 原出《日本的人口压力和经济生活》，转自G.C.艾伦《近代日本经济简史1867—1937》，商务印书馆1959年版，第64页。

文详述）而中国人均耕地面积小于欧美，中国每一单位农业劳动人民（人或户）平均所得的农产品实物量就必然少于欧美国家的农业劳动人民。这也就是说，中国农民的收入水平要低于欧美国家的农民。考虑到以上估测方法准确性不足，我们再用耕地的地租购买年指标来对比。资料表明：我国辽宁省辽中县1894年时地租购买年为五年，1912年又减为两年半。江苏一些县份，20世纪20年代中期为8年至16年，个别的只有6年。更有甚者，直隶、山东一些地区，据1922年的调查，"有时一年之租可能购得该田。"而英德两国在第一次世界大战前后地租购买年为20年至30年。① 可见，中国的地租剥削率高于欧洲国家。当然，地租购买年是一个相对数指标，同一数据既可用以说明地租剥削率高，也可反过来说明地价低，但如若我们注意到英德人均耕地面积大于中国，耕地供求关系相对平衡缓和，上述资料反映的又是中国人口较稠密的东部沿海地区的情况，对我们以上所做的结论就无存疑的必要了。更何况当时中国农民除了受正租剥削外，还要受押租、预租、附加租、高利贷及名目繁多的苛捐杂税的剥削。

工业中的情况相似。20世纪30年代有人曾做过比较，在中、美、印、日等11个国家中，工人家庭人均月收入美国占第一位，为31.77美元，日本为7.39美元，印度为5.68美元，中国只有1.76美元。② 由于其中存在着物价水平不同的因素，难以直接做比较，我们再用中英两国的比较来佐证：我国工人工资和英国同业工人相比，英国工人工资要高5倍或7倍。但因两国物价不同，所以中国工人要购买能维持正常生活的食品需花费英国工人工资的1/3。③ 再从一个具体生产部门看，尽管旧中国的棉纺织业的劳动生产率不及美国高，然而有材料表明：旧中国每磅棉纱工价10支纱，为美国的53.23%—91.54%，

---

① 见南开大学经济所、经济系《中国近代经济史》（初稿）第74页。李文治：《中国近代农业史资料》第二辑，生活·读书·新知三联书店1957年版，第112页。

② 陈达：《人口问题》，商务印书馆1934年版，全国图书馆文献缩微中心收藏，表88。

③ 陈达：《中国劳工问题》，商务印书馆1929年版，第263—266页。

12支纱为58.25%—87.86%，14支纱为0.34%—64.04%，16支纱为48.79%—64.24%，20支纱为38.72%—49.90%。① 由此可见，不论是工业各部门的总平均还是同一工业部门，不论就名义工资还是就实际工资来讲，中国工人都低于外国工人。

中国的工农劳动者不仅收入水平低于外国，而且随着时间的推移，这种低收入水平还在不断下降，这是我们用动态方法观察所得的结论。

还是先看农业。在同样是人口稠密的日本，1914—1929年，农民实际收入的增长程度虽不及工人，但仍有改善。② 而在中国，黑龙江的农业雇工1909—1923年实际工资下降58.6%，河北盐山农业雇工1914—1920年的实际工资下降了37%。③

工业中情况又如何？先看一则英国工人工资指数资料④（见表1）：

表1　　　　　　英国工人工资变动情况

时间	名义工资指数	实际工资指数	时间	名义工资指数	实际工资指数
1850—1854年	55	50	1880—1884年	77	65
1855—1859年	60	50	1885—1889年	79	75
1860—1864年	62	50	1890—1894年	87	85
1865—1869年	67	55	1895—1899年	92	95
1870—1874年	78	60	1900—1904年	100	100
1875—1879年	80	65			

甚至在以工资低廉闻名于近代资本主义世界的日本，工人的实际

---

① 陈真等：《中国近代工业史资料》第二辑，生活·读书·新知三联书店1958年版，第837页资料计算。
② 前引G.C.艾伦《近代日本经济简史1867—1937》，第120页。
③ 上引南开大学经济所、经济系《中国近代经济史》（初稿），第80页。
④ 录自L.C.A. Knowles《十九世纪产业革命史》，台湾银行经济研究室，1971年，第155页。

收入在较长的时期中也曾有过上升。如1914—1929年日本全国产业工人的实际工资估计增加了50%—60%。① 中国的资料很缺乏,只能以工人最集中的上海为例,如以1930年实际工资为100,则1938年已降为62.8。②

中国工人非但工资低,而且工作条件之恶劣、工作日时数之长在各国亦属少见。在一些资本主义国家已较普遍地实行、国际劳工会议也已正式承认八小时工作制十年之后的1929年,上海21个行业28.6万工人中还只有1.07%是八小时工作,67%的工人工作11个小时以上。③ 这是因为人均收入所影响的工作小时数弹性是负数:工资收入越少,日工作时数就越多。

在近代中国,工农劳动者由于受到比其他国家劳动人民更残酷的剥削压迫,根本无法维持正常的生活。

还是先从农业生产状况来分析农民的生活。据当时各种调查结果估计,全国耕地平均亩产粮食在一百斤左右。④ 又据当时的中央农业试验所对22个省891个县情况的汇总统计,61%的农户耕地面积在20亩以下,⑤ 即使此61%的农户按户均15亩计算,交纳50%的地租后可供自食自用的粮食只有700斤左右。再以每户五口人计之,人均只有140斤,根本不足以让农民饱肚,所以当时农民群众过"糠菜半年粮"以至于吃"观音土"的生活也就不足为怪了。

城市中工人的生活也很悲惨。1923—1924年京沪两地调查证实,北京西郊工人家庭每家每月不敷生活费3.5元,北京人力车工人家庭

---

① 前引G. C. 艾伦《近代日本经济简史1867—1937》,第120页。
② 陈达:《上海工人的工资与实在收入》,《教学与研究》1957年第4期。
③ 于颖:《有关旧中国劳动日和工资的一些材料》,《教学与研究》1962年第4期。
④ 1934年《地理学报》创刊号载张印堂《中国人口问题之严重》一文中引三种不包括蒙、藏、青和康等省的全国耕地调查数为11.4亿亩、16.8亿亩、13.3亿亩,以三数之算术平均再加10%为全国数则约为15亿亩,该文提及当时全国平均年粮食产量只有1330亿斤。又查许涤夫《中国近代农业生产及贸易统计资料》,上海人民出版社1983年版,第12页至第89页资料,按主要粮食品种情况看结论亦如此。
⑤ 《人口问题资料》,商务印书馆1960年版,第180页。

不敷 3.22 元。上海工人每人月收入 8—15 元，而以当时物价计算，夫妇两口之家每月生活至少要 16 元。大多数工人的工资不能维持最低限度生活。① 有调查表明 82.3% 的工人家庭入不敷出。② 由此可知，这些工人所得工资低于其劳动力价值的劳动收入使劳动阶级家庭无力抚养子女成人。中国当时的幼儿死亡率在 60% 以上。不仅如此，过低的劳动收入和过于恶劣的劳动条件还导致了劳动者自身寿命的缩短。当时中国人均寿命是 22 岁，而瑞典、挪威是 50 岁，英国是 45.25 岁，法国是 44.5 岁，普鲁士是 39 岁，奥地利与西班牙是 33 岁。③

旧中国劳动人民所受的剥削压迫要比其他国家残酷，"三座大山"三重剥削的存在无疑是一个基本的原因，但我们还可以再深入一步思考这种现象能长期存在的原因。对直接生产者的剥削在任何剥削制度下都存在，它是这类制度存在的结果。但剥削过于残酷而使直接生产者不能维持其劳动力的再生产，就会导致社会生产规模的日益萎缩并最终使剥削制度本身难以续存。因之，能够维持对直接生产者的剥削又是剥削制度存在和延续的基础，剥削不能脱离剥削对象存在和延续，二者互相对立但又互相联系。古罗马曾在残酷剥削压迫奴隶的基础上使奴隶制经济盛极一时，然而当其主要奴隶来源——战俘数量骤减时，这一制度也就走向了崩溃。正因为如此，封建主和资本家在剥削直接生产者时往往又不得不以不同方式允许劳动者取得他所创造的一部分劳动产品，作为维持剥削对象生存和延续，同时也维持剥削阶级生存的手段。这种社会机制是在人类社会发展过程中自然地历史地形成的。但近代中国工人和农民的劳动收入却不足以维持基本生活需要，这是研究近代中国经济、近代中国人口必须作出解释的问题。

---

① 前引陈达《中国劳工问题》，第 263—266 页。

② 《上海市工人生活程度》，中华书局 1934 年版，全国图书馆文献缩微中心收藏，第 16—20 页。

③ 《东方杂志》23 卷 16 号许仕廉《民族主义下的人口问题》，另据 1965 年出版的 Glass 和 Eversley 著 *Population in History* 第 21 页有关资料，证明许仕廉文中的数是可靠的。

劳动力价值是一个平均值或基准值。在剥削制度下作为商品的劳动力的价格（在非资本主义农业中是它的实物表现）往往会发生偏离。偏离程度主要取决于剥削阶级与被剥削阶级之间的力量对比。政治力量的对比取决于被剥削阶级的觉悟和团结程度等因素，经济力量的对比则取决于劳动力的供求关系，即受价值规律支配。在两类力量对比中起主要作用的是经济力量的对比。下面我们分别从农业和工业两大部门进行观察。

如前文所述，近代中国农业剥削率相当高。这是因为在半殖民地半封建生产关系和当时的生产力水平下，与耕地面积相比，农业劳动力在客观上供给过多。地主制经济以土地租佃关系区别于实行份地制的领主制经济。在地主制经济下，生产者与耕地的结合、生产者对封建地主的人身依附关系都比领主制经济要松弛得多。但这种松弛的关系恰好给予地主选择剥削对象、决定剥削条件的自由。与其他国家相比，近代中国人口集中于农村的现象很突出。农村人口占全国总人口的比重在近代资本主义国家是逐渐下降的趋势：在英国，1851年是49.9%，1921年降至12.7%；[①] 在德国，1882年占42.5%，1907年降至28.6%；[②] 在日本，1893年占84%，1913年降至72%，1930年日本总人口比1914年增长了25%以上，而农户数只增长2.9%，很明显，农业人口比重还在下降。[③] 就连以农业为主的法国1906年时这一比重也不过57.9%，[④] 而1932年的中国为74.5%，[⑤] 在1949年反而增至89.4%。[⑥] 与外国学者库兹涅茨测定的不同收入水平国家在1950年的就业结构情况相对照，可以说近代中国农业人口占总人口的比重

[①] 前引薛暮桥《旧中国的农村经济》，第88页。
[②] 董之学：《世界农业史》，昆仑书店1930年版，全国图书馆文献缩微中心收藏，第113页。
[③] 前引G. C. 艾伦《近代日本经济简史1867—1937》，第61页及120—121页资料。
[④] 上引董之学《世界农业史》，第88页。
[⑤] 前引薛暮桥《旧中国的农村经济》，第88页。
[⑥] 前引张纯元《人口经济学》第330页，但有可能与薛暮桥书统计口径不一致。

在低收入水平国家中也位居前列了。① 与联合国测定的材料相对照，也会得到相似的结论。②

由于人均耕地少，供求矛盾突出，集聚在农村的大量人口不可能都成为现实的农业生产者。在人口稠密地区这一现象尤为突出。30年代对浙江嘉兴地区的调查表明：农业劳动者人数只占农家总人数的44.48%，占农家总人口25%的少壮农民被从农业生产中排挤出去。③1927年全国农村无业游民已达2000万之多。④ 查阅统计资料可见：近代中国的农户数和农业人口数都趋向于增加，⑤ 而耕地面积却往往不能相应比例地增加，越来越多的农业人口被从耕地上排挤出去。⑥

事实表明，当时这些相对于耕地数量而言的农村过剩人口既不能种地度日，也不能都通过开荒、搞家庭副业、去城镇做工等途径解决生计问题。在此不妨让我们对这几种"出路"做一具体的考察：

其一，开荒。中国土地面积虽远大于耕地面积，但我们不应忘记前述地貌情况。据当时学者的研究，平原中只有松辽平原和西北的一些小面积平原尚有开发的余地，然而东北地区移民垦殖的活动一直在进行，至多只能稍稍缓解华北东部的人口问题。西北的小平原多风沙少雨雪，交通不便。盆地中条件最好的四川盆地人口密度已达每方里600—1000人，其他三个盆地耕作条件皆不甚好，丘陵区人口已无可再加，高原与山脉则决无殖众民的希望。⑦ 事实上，进入20世纪后我

---

① 库兹涅茨的统计是：农牧渔业就业人数占就业总数比重，低收入国家为56.4%，中等收入国家是39.5%，高收入国家是18.6%，虽然就业人数结构与人口结构概念有区别，但在此还是有密切联系的。

② 见联合国 *The Determinants and Consequences of Population Trends*，Vol. I, p. 527。

③ 前引薛暮桥《旧中国的农村经济》，第89页。

④ 前引张纯元《人口经济学》，第330页。

⑤ 前引许道夫《中国近代农业生产及贸易统计资料》第6页表，调查的20个省如以1914年农户数为基数，则1949年为158%。

⑥ 前引许道夫《中国近代农业生产及贸易统计资料》第7页，相应年代耕地数如以1916年为基数，则1947年为110%。

⑦ 《独立评论》周刊3—4号，翁文灏《中国人口分布与土地利用》，平原部分分析为本文作者所作。

国耕地面积就没有出现过较大幅度的增加。在研究近代人口问题时，一些学者总习惯以日本为例说明人口密度大、人均耕地少等原因不一定会造成经济停滞，我们且不谈当时日本帝国主义对外经济侵略这一重要原因，即便单就农业生产看，从1877年到第二次世界大战日本的耕地一直在稳步增长。① 甚至20世纪30到40年代日本增产大米1/4也同样是因为耕地面积扩大所致。② 有关问题研究者还指出，回顾近代亚洲经验，使人认识到：即使在该地区人口最稠密的国家里，土地投入的增加在很大程度上也是导致粮食产量增加的原因，如上述日本以及印度、菲律宾等国。荒地的开垦不仅要受制于生产力水平，还必然要受生产关系的制约。19世纪30年代中国已经有人就广东荒地未能充分开垦的原因从官府豪富侵夺民利、开垦资本的筹措不易等四方面做了极好的说明，对我们了解近代荒地不能充分开垦的原因也很有帮助③。

当然，我们不能把生产关系的阻碍作用绝对化。同样在广东省，1932—1949年，农户数增加了37.5%，农业人口数增加了20.9%，④由此造成的对耕地需求压力迫使农民在半殖民地半封建生产关系的重重阻碍下仍不得不设法开垦荒地，从而使同期该省耕地面积增加了

---

① K. Oikawa 等：《农业和经济增长：日本的经验》，普林斯顿大学1970年版，第11、18、22页。

② J. B. Andrus：《缅甸的经济生活》，斯坦福大学1948年版，第245页。

③ 原出《南海县志》同治十一年卷第十四页四十条。原文如下："查阅全省舆图，南面濒临大海，东、西、北三面，民皆近山而居，其间圹衍原隰，类多矿土，苟能垦殖，所利甚薄。而民之不尽垦者，其难有四：一则官司侵民之利。承垦于官，必有勘丈之费，造册申详，又有驳准之文，往往承垦之所费不赀，而地亩之利终无一获，此一难也。一则富豪与民争利。垦荒之时，姑置弗问，及至成熟，或私立卖契，或勒令退耕，不遂所欲，控告申理，官司惟凭契核断，其业遂为富者所夺，此一难也。一则承垦必先筹借工本，工本之银，利息较重，丰年有收，尚可偿补，偶遇荒歉，岁入之数不能敷工本之息，此一难也。一则地本官山，其祖先何年开垦，原无印照可据，偶有强猾奸民，知其无契，即借升科为名，构讼不休。官司不察，或断为分管，或断入充公。以世守之业而终非己有，此一难也。有此数难，民何乐垦？"

④ 据前引许道夫《中国近代农业生产及贸易统计资料》第6页表3及第6—10页有关数字计算。

6.1%，①即使从更长的时期来看，农户数和耕地面积增长的趋势也都存在。但由于农业人口增长速度超过耕地增长速度，因而农业人口的人均耕地面积呈现缩小趋势。仍以广东省为例，该指标数1932年为2.18亩，1946年为2.11亩，1949年则为1.91亩。②这种情况对剥削阶级提高剥削率无疑是有利的。我们应考虑的情况还有：生产者开垦能力较强，荒地所处自然条件较易垦殖的地区当时往往已是人口密度大、垦殖历史长因而荒地较少的地区，荒地面积较大的地区则又往往是人口少、自然条件差、生产力低的地区，这种情况也妨碍了垦荒乃至移民垦荒的开展。

其二，农村工副业。从事农村工副业的路自外国资本主义侵华以来渐被五光十色的洋货堵塞。农副业产品非但不能在市镇稳定与扩大市场，就连农村人口自用这块地盘也日渐缩小。洋布洋纱之例即是明证，此事因系周知，无再详述必要。剩下去城镇谋生一条路也并非通畅之路。近代中国，由于帝国主义的政治、经济势力强大，官僚资本主义又与帝国主义沆瀣一气，有利于经济发展的中国民族资本主义始终不能正常发展。1949年时新式工业的产值也不过占总产值的10%—17%，③吸收劳动力的能力很有限。据各类估计，1913年全国产业工人只有70万人，1927年不过200万人左右，只占全国总人数的0.4%，1949年时也不超过1000万人。农村人口向城市工业人口转变的可能性有多大？据1935年所做的21个省1001个县的调查，全家离村的农户占总农户的4.8%，有青年男女离村的农户则占总农户的8.9%，但全家离村的农户能在城市做工谋生的只有36.7%，离村青年男女能在城市做工谋生的则为47.8%，④即每百户农家只有1.76户全家或4.2户的青年男女能在脱离农村后到城市做工谋生。而留在农

---

① 据前引许道夫《中国近代农业生产及贸易统计资料》第8—9页表2计算。
② 据前引许道夫《中国近代农业生产及贸易统计资料》第6—10页有关数据计算。
③ 多数学者认为是10%，但丁世洵、吴江等学者认为应是17%左右，党的七届四中全会公报发表的也是17%。
④ 前引薛暮桥《旧中国的农村经济》，第91、93页。

村能有土地耕种（不论自有或租有）的农民也不能完全靠土地收入谋生。

按西方学者推算，在当时中国生产力水平下，需耕作6.5亩地才能满足一个农民的生活需要，而实际上当时一个农民平均只有4.8亩耕地。国内有学者曾批判过这种推算，认为这是纯粹从自然条件出发来研究问题。但我们认为这则材料仍有可用之处。其一，尽管它没有也不可能论及扩大耕地面积所受到的阻碍，特别是生产关系方面的阻碍，但其推算是依据一定的统计资料而来，这些资料多少反映了当时的社会现实。其二，如若推算以不存在残酷的地租剥削为依据，由于实际上存在此种剥削，单个农民生活所需的耕地数字岂不还要增加？农民生活之穷困岂不更加突出？其三，即便西方学者是要仅以"人口繁密"和"耕地不足"来说明近代中国的贫穷落后，我们又为什么不能在肯定三座大山的剥削压迫是罪魁祸首的前提下利用这些资料来具体分析我国近代人口的社会经济影响呢？

实际调查表明：按照"就业"的经济学概念衡量，近代中国农村有田地可耕种的农民也实际上处在半失业状态。20世纪30年代江浙某些地区富农平均每人耕田约5.9亩，中农3.6亩，贫农3.2亩，而每年富农从事农业劳动仅需181日，中农152日，贫农148日。[①] 北方的人均耕地面积虽稍多于南方，但农民的生活却并不稍好于南方。以河北定县为例，该县人均耕地面积约4亩。早先县内缺井，时感荒旱，20世纪初至30年代先后打井约6万口，灌溉田地百万余亩，农产品因而较无井时增加1/3，但"人民之生活程度不但未能提高，反有日渐低落之趋势"。由于当时该县已无可耕而未耕之地，不得不离乡背井外出谋生的农村青壮年甚至一个季度就有一万余人。[②] 农业生产者的状况既如此，地主阶级就不可能不利用这种条件来加强剥削。押租、预租的产生即与此有关。太平天国失败后一些地区永佃制的复

---

① 前引薛暮桥《旧中国的农村经济》，第89页，为无锡和嘉兴农村的调查。
② 李景汉：《定县农村人口的分析与问题》，转自前引《人口问题资料》一书，第144—145页。

起对此也是一个有力的反证。

在人均耕地面积大于中国的西欧情况就不同。由于缺乏农业劳动力，德国地主只能用法律将农民紧紧地束缚在土地上。尽管如此，仍无法解决劳动力不足问题，于是又不得不依靠外国劳动力输入。在外籍劳动力仍不敷需要时只好请士兵帮助收获。① 法国农业人口较多，但也要靠雇佣外国劳工务农。② 甚至在英国，后来也出现了农业工人相对缺少的现象，因此工资增长率落后于生活费上涨幅度异常之小，虽然没有超过生活费的上涨幅度。③

如果我们不想过分强调封建宗法关系等因素对劳动力流动所起的羁绊作用，那么，从宏观角度看就应该承认：在商品经济较发达的社会中劳动力在行业间的流动主要是以经济利益为指向的，这种经济利益变动的总趋势又是由劳动力的总供求状况决定的。具体到本文所研究的课题，也即应明确：农业生产者的上述情况势必要影响到工人的状况。英国原始积累时期，仅用圈地运动强迫农民与土地分离还不够，在破产农民不能适应工业资本的残酷剥削而流为游民时，资产阶级不得不使用酷刑来驱使他们接受资本的奴役。法国工业化时期，因劳动力不足，除用高薪、永远免税等优惠条件招聘外国熟练技术工人外，还鼓励工厂吸收农民和失业者工作，对于长期在工厂工作的工人给予津贴，一户有几个人同时在工厂做工即可免征人头税。④ 简言之，在英、法一类国家为了保证工业劳动力的供给，在工业化时期分别采用了惩罚或奖励的方法。但在中国，无须采用这些手段就存在着极其庞大的常备失业队伍，即使在战乱不断、灾荒连年、人民大量死亡的情况下也没有明显减缩。这一现象不是用一般的农民、小手工业者破产的理由所能完全解释清楚的，

---

① 前引董之学《世界农业史》，第 113—115 页。
② 前引董之学《世界农业史》，第 89 页。
③ 约翰·克拉潘：《现代英国经济史》，商务印书馆 1964 年版，第 127 页。
④ 杨异同等编著：《世界主要资本主义国家工业化的条件、方法和特点》，上海人民出版社 1959 年版，第 55 页。

而与中国人口众多有直接关系。在上述情况下，在业工人与资本家的斗争力量就大为削弱，而资本家则可借机压低工资，以开除、辞退相威胁，肆意加强剥削。当时的《大公报》曾评价说："所可慰的，中国工人都是埋头苦干的，是耐劳忍苦的，都愿做长久的工作，得到很低廉的工资，肯和资本家同甘苦，以维持困难的局面。甚至工人自动减薪，自动延长工作时间，以扶助资方，全没有一些怨言。"[①] 这样一来，明明是迫于生计不得不做牛做马，却被说成是心甘情愿受剥削了。在近代中国，正是这种饥饿的强制甚至迫使中国劳动人民接受包身工、养成工这种非人待遇的剥削。

总之，劳动人民受剥削，这是生产关系的性质决定的。而受剥削程度如何，则取决于多种因素，其中包括与生产力有关的劳动力供求关系的重要影响。过去的经济史研究较多地集中于生产关系方面的问题而忽略了与生产力有关的各种问题，强调超经济强制的作用而轻视经济强制的作用。从辩证唯物主义的原则立场出发，我们应该认识到：剥削制度往往都以经济强制作为基础，尽管超经济强制的强弱程度可以成为剥削制度之间相互区别的特点。分析近代中国劳动人民受剥削的问题同样必须注意这一点。

四

帝国主义、封建主义和官僚资本主义的剥削束缚了社会生产发展，造成了近代中国生产力水平的低下和社会生产规模的狭小，这是显而易见的事实。然而，近代中国相对于耕地等生产资料而言众多的人口，不仅使剥削阶级得以加强对劳动人民的剥削，提高剥削率，而且转而又使整个社会的劳动生产率停滞在低下的水平上，这也是不应否认的事实。

在人口增长情况下，要维持和提高生活水准就必须增加社会产

---

① 《大公报》1937年4月7日社评。

品的生产，而扩大再生产不外乎增加劳动投入数量和提高投入劳动的质量、效率两条途径，前者是外延的扩大再生产，它在人类文明与科学发展历史中不起决定性的作用，后者是内涵的扩大再生产，所依靠的是劳动工具的改进、社会与劳动者个人劳动知识和技能的进步，结果必然是劳动生产率的提高及人类文明和科学技术的进步。在近代中国采行上述各种途径和方法究竟有多大可能性？这是值得研究的问题。

增加劳动投入数量，不仅是活劳动的追加，也必然需要劳动工具、劳动对象等生产资料的相应增加。近代中国，在人地矛盾突出的农业部门，活劳动投入的增加受到耕地面积扩大很困难这一客观情况的限制。工业部门因生产资料的可迁移性强，供需弹性大，情况虽稍有不同，如：可将原来由城乡家庭手工业生产的某些产品改为集中的工业化生产，扩大外贸出口商品的生产，依靠国外资金、设备、技术以至原料新建或扩建某些工业部门从而容纳一部分新的劳动就业人口，但从根本上说，无论是全国的未就业适龄就业人口，还是城市未就业的适龄就业人口都不可能完全用以上方法消化，从而也就不能避免人民受剥削程度加大和生活水准的下降。

劳动工具改进的可能性如何？农业方面，受人地比例影响，耕地经营单位面积要比欧美国家小得多，其中尤以小规模经营为主。以下是20世纪30年代前后对中、英、美、日四国农家经营规模情况的统计（见表2）。从表中可见：小规模经营比率数中国最高。从各时期变化情况也可看出近代中国耕地地权有日趋集中而耕作使用却日趋分散的倾向。[①] 小块土地经营方式或许对劳动密集型集约生产有利，但对当时改善劳动者生活状况于事无补，更重要的是在当时科技水平下已成为使用农业机械、实行系统排灌等现代耕作方法的严重障碍。加之地租剥削苛重，租地农民根本无资金积累可言，农业劳动力又相对

---

① 参见严中平主编《中国近代经济史统计资料选辑》，科学出版社1955年版有关农田各表。

过剩,因此,即便有适用的农业机械,农民也是既无足够资金又无十分必要去购买,这就使得农业劳动工具的改进受到阻碍。

表2　　　　　　　中、英、美、日四国农家经营规模比较

单位:中国市亩,%

中国		英国		美国		日本	
耕地面积	占农户比	耕地面积	占农户比	耕地面积	占农户比	耕地面积	占农户比
10 亩以下	35.8	30.4 亩以下	19.3	121.4 亩以下	12.4	7.4 亩以下	34.63
10—20	25.2	30.4—121.4	27.6	121.4—297.4	24.3	7.4—14.9	34.21
20—30	14.2	121.4—303.5	19.2	297.4—600.9	22.9	14.9—29.8	21.91
30—50	16.5	303.5—607	14.5	600.9—1056.2	22.5	29.8 亩以上	9.23
50 亩以上	8.3	607—1821	16.1	1056.2—3035	15.6		
		1821 亩以上	3.3	3035 亩以上	3.3		

注:原资料英、美、日耕地面积单位分别为英亩及町,为明了起见,均已折合成中国市亩。

资料来源:中、英、美资料引自《独立评论》15 期,1935 年 6 月,吴景超文;日本资料引自前引 G.C. 艾伦《近代日本经济简史》,第 121 页。

工业方面,在资本家看来只有在机器价值小于机器所代替的劳动力价值时使用机器才有利可图。而近代中国工人工资极低,资本家更乐于使用廉价劳动力来扩大生产。当时工业生产力水平低,机械化程度差,单个工人的装备费很少,也使得这种主要靠增加劳动力、掠取绝对剩余价值来扩大剥削的方法能够实现。资本家在这一点上的自供有时是赤裸裸的,旧中国开滦煤矿总经理、英国人杨嘉立的话可算一个典型。他说:"无论何项事业,莫不以减少雇工为目的,而减工之宗旨实在于减轻成本。今在工价低贱之国,经济方面而论,实无利用省工机器之必要。况且中国内战连年不息,百万人民皆将饿死,工商业凋敝,处此情形,试问以利用来自外国之省工机器为有利,或仍以

雇佣大批工人为有利乎？"① 当时的开滦，一名死亡矿工的抚恤金远远低于一匹矿井役畜的价格，无怪乎帝国主义分子说："在中国用人工比用牲畜更有利。"② 劳动力供给与劳动工具改进之间存在着内在联系。国外的经济史学家曾指出：工业革命发生于英国而不是法国，大体是因为英国的人口不多，不能以手工业满足增加的需要，故为对抗已经发达的输出贸易，迫切需要机械。而19世纪英国人口的激增则又延缓了机械发明的速度。③

劳动知识和技能的进步，一方面要靠社会有组织力量的推进，如政府号召动员、设置机构、制定法规、提供人财物力条件，社会团体以至企业自身的奖掖赞助，等等。另一方面要靠劳动者个人的学习和提高，无论是迫于就业需要的压力，或受传统、社会环境等方面的影响。近代中国官僚政府连年发动内战，掠尽民财尤恐军费之不足，为"江山永保"，又不惜采取愚民政策。达官贵人、工商巨擘则以对人民敲骨吸髓、聚财敛宝为能事，至于外国资本主义，虽在中国办了一些学校，一来就学人数极其有限，二来多数办学目的仍在于培养自己在中国的代理人。因此，一般劳动者几乎不可能从社会方面得到任何受教育的帮助。再就劳动者本身情况来看，从理论上讲，劳动收入除供维持劳动力再生产的物质生活需要之外尚应包括就业所需的必要学习、训练费用，但事实上后一内容并无现实可能，这里不妨看看各国情况的比较。20世纪20—30年代，澳大利亚工人在食物上的花费只相当于其全部消费的34.8%，美国工人家庭为38.2%、农民家庭则为41.2%，而中国工农劳动家庭如前所述，入不敷出者甚多。有的统计则表明中国工农家庭的食物开支要占60%—80%。④ 当时的中国，

---

① 转引自闫光华、丁长青《关于开滦煤矿工资问题》，1980年10月南开大学经济史学术讨论会文稿。
② 王真、刘立凯：《一九一九年至一九二七年的中国工人运动》，工人出版社1953年版，第11—12页。
③ 前引Knowles《十九世纪产业革命史》，第22—23、60页。
④ 吴景超：《世界上的四种国家》，《独立评论》第75期。但陈达在《人口问题》第22章的数是56.7%。

一个人从出生到中学毕业要花费3000元以上，只有月收入在50元以上的家庭其子女才有可能入学。① 因此，绝大多数中国工农家庭的子女是无望进入学校大门的。从适龄儿童入学率也可清楚地看到中外劳动人民子女受教育程度的差别：1920年，小学入学率美国为78.98%，中国为12.54%；中小学合计美国为74.14%，中国为9.36%。② 到1925年，英国适龄儿童入学率为93%，中国仍然只有9%。③ 从另一角度看，由于劳动工具的改进和劳动知识技能的提高受到阻碍，社会生产对就业人员知识、技术水平的要求也就不会提高，从而在客观上不易形成逼迫劳动者进行学习、至少是重视下一代人的教育问题的社会压力。近代世界，科技发展对社会经济繁荣与政治进步的意义日渐重大，而恰好是在这个阶段，中国开始落后于世界先进行列，这是我们必须加以认真分析和深刻吸取的沉痛教训。

了解了上述情况，我们也就不难理解近代中国劳动生产率低而不前的原因了。在农业劳动力向城镇转移较难的情况下，一方面农业总人口和每户农家平均人口在逐渐增加，④ 另一方面却是耕地总面积没有相应扩大、耕地经营单位面积日趋缩小。由遭受残酷剥削而使生产、再生产条件不断恶化的农民所进行的农业生产只能停留在繁重的体力劳动阶段，大大影响了劳动生产率的提高。旧中国各类农产品生产所需人工与美国相比，小麦多费人工22倍，谷米多费12.8倍，高粱多费12.2倍，黄豆多费6.1倍，棉花多费4.6倍，红薯多费4.7倍。⑤ 不仅如此，统计资料还表明：1914—1947年，每一农业劳动力生产的谷物下降了19.4%，豆类下降了7%，花生下降了34.3%，棉花下降了59.6%，其他作物则处于停滞水平或仅有微量增长。⑥ 这与

---

① 前引《人口问题资料》，第164—165页。
② 前引《人口问题资料》，第16页。
③ 张印堂：《中国人口问题的严重》，《地理学报》创刊号。
④ 前引许道夫《中国近代农业生产及贸易统计资料》，第2—5页表1。
⑤ 前引薛暮桥《旧中国的农村经济》，第124页。
⑥ 前引许道夫《中国近代农业生产及贸易统计资料》，据第341、342页有关资料计算。

19世纪中期到20世纪中期发达国家人均产量增长的情况形成鲜明对照（见表3）。

表3　　发达国家一个世纪内的人口增长和人均产量增长　　单位：%

国别	起止年代	每十年人口增长率	每十年人均产量增长率
法国	1861—1870年至1963—1966年	3.0	17.0
瑞典	1861—1869年至1963—1967年	6.6	28.9
英国	1855—1864年至1963—1967年	8.2	13.4
挪威	1865—1869年至1963—1967年	8.3	21.3
丹麦	1865—1869年至1963—1967年	10.2	20.2
德国	1850—1859年至1963—1967年	10.8	18.3
日本	1874—1879年至1963—1967年	12.1	32.3

资料来源：西蒙·库兹涅茨：《各国的经济增长》，商务印书馆1971年版，第11—14页。

农业劳动生产率下降，全国人口却仍在不断增长，结果又造成了人均所得生活资料减少。1914年至1947年全国人均分得的谷物下降24.1%，棉花下降59.1%，食不果腹、衣不蔽体的劳动人民越来越多。工业劳动生产率由于相对过剩人口大量存在也同样受到影响。我国学者的统计说明：1949年前我国工厂工人的生产效率只相当于美国工人的十九分之一，矿工相当于八分之一，纺织男工为美国纺织女工的八分之一，为美国纺织男工的三十分之一。[①]

旧中国的主要劳动方式是手工劳动，扩大生产首先要追加活劳动。但劳动力充分而廉价的供给却又妨碍了机器的使用，从而使得手工劳动方式得以长期延续，造成了阻碍劳动生产率提高的恶性循环的局面。

---

① 巫宝三等人统计，转引自黄逸平《中国近代经济史论文选集》（一），第36页。

五

通过以上分析，我们认为：在近代中国的人口众多和贫穷落后之间存在着内在联系。但这种人口和经济之间的联系并不像一些国内外学者所认为的那样是直接的唯一的因果关系，而是一种被当时的生产关系的作用放大了的间接的联系。这种联系的存在，并非为中国所特有，也并非为近代社会所特有，而是为人类社会一切历史阶段、一切国家所共有的，是由在一定的生产力水平下人口数量与生产资料之间及二者的增长之间必须有一个适当的比例关系这一客观规律所决定的。这种联系在近代中国的表现则是：众多的人口由于处在半殖民地半封建生产关系占统治地位、生产力发展受到严重阻碍的社会条件下，因而产生了劳动人民受到比当时某些资本主义国家劳动人民更残酷的剥削压迫、社会劳动生产率长期停滞在低下的水平上等一系列不利于社会经济发展的后果。广大劳动人民的穷困和社会物质产品总量的贫乏亦即国家民族的贫穷，而劳动生产率的停滞则意味着落后。

应该指出的是：长期以来，我国学术界对于中外劳动力价值对比差的产生及其存在理由的理论思考和史实论证不够深入和充分，似乎是把中国劳动力价值低于资本主义国家的劳动力价值作为一种自然历史的产物来承认和接受了。近代中国劳动人民无论从货币形态还是从实物形态来看，收入水平都低于同时期资本主义国家的劳动人民，这究竟是为什么？我们说，劳动力价值的决定不仅包括维持和再生产劳动力的物质需要，还受到道德的和历史的因素影响。在数个以至十数个世纪里，中华民族在思想文化、生产力水平、科技发明等多个方面曾领先于世界各国，仅从历史角度而言，近代中国劳动力价值无疑应高于多数资本主义国家。而维持和再生产劳动力的食物、衣着和居住等生活必需物质虽因自然环境、生活习俗和历史传统而异，但这种已经被不同自然环境、生活习俗和历史传统的各国物质生产结构的差别所抵消，并不应该经由各个国家之间商品价格结构的差别而归结成劳动力价值对比差距存在的正当理由。因此，我们必须注意诸多不同社会因素的影响，这也是本文写作过程中涉及剥削率、劳动生产率等问题时引起笔者深思并自觉有所收获的一个方面。

每一种特殊的、历史的生产方式都有其特殊的、历史地起作用的人口规律。近代中国的社会经济形态是既不同于完整的封建主义，也有别于完全的资本主义的半殖民地半封建经济形态。我们不能用封建社会或资本主义社会的人口规律来代替半殖民地半封建社会的人口规律。只有对近代中国的社会历史事实做认真的分析研究，方能得出正确的结论。在这方面，马克思曾为我们做过极好的示范。他不仅研究了资本主义社会的人口问题，而且对人类历史发展不同阶段上的人口问题做过一些比较研究。他指出，不同的社会生产方式有不同的人口增长规律和过剩人口增长规律，"这些不同的规律可以简单地归结为同生产条件发生关系的种种不同方式"[①]。我们认为，马克思所讲的"生产条件"不仅仅是"生产关系"，其含义是指同生产力和生产关系两方面条件发生关系的种种不同方式。正因为如此，他才又指出，都是移民，但"从性质来看，由变成移民的自由雅典人构成的过剩人口，同收容在贫民习艺所里的工人构成的过剩人口极不相同"[②]。古代人口大迁徙是由于生产力不足造成了人口过剩，是人口压迫生产力。我们可以把这种情况理解为人口主要是对于生产力水平过剩。而资本主义则是生产力的提高相对减少了对劳动力的需求，借助于饥饿或移民来消除过剩人口，是生产力压迫人口。也就是说，资本主义的相对过剩人口显然主要是相对于生产关系而言的过剩。因此，如有人认为明清以来我国东南沿海不少人民群众出洋做"苦力"、当"猪仔"的情况同工业革命后欧洲向亚、非、拉、北美大量移民的情况是同一性质的，那么，想必在学术界是不易找到赞同之人的。

我们认为：近代中国确实存在着相对过剩人口。这种过剩主要是

---

① 《马克思恩格斯全集》第46卷（下），人民出版社1980年版，第104页。
② 《马克思恩格斯全集》第46卷（下），第107页。

针对生产力发展水平而言的过剩,虽然不能完全排除与生产关系而言过剩的成分。因此,这与马克思分析资本主义时指出的相对过剩人口还是有所区别的。资本主义相对过剩人口是"绝对地隶属于资本,就好象它是由资本出钱养大的一样"①。而近代中国的相对过剩人口是在资本主义尚不发达的情况下产生的,多种社会经济成分的并存决定它隶属于整个剥削者集团:帝国主义、封建主义、官僚资本主义和民族资本主义共同主宰着它的命运。资本主义条件下相对过剩人口主要是生产力发展缩小了对劳动力的需求造成的,过剩的人口不受实际增长的限制,为不断变化的资本增值需要创造出随时可供剥削的人身材料。而近代中国由于资本主义发展的不成熟,资本主义生产的周期性不可能明显地表现出来,生产条件还未形成猛烈扩大和缩小的变动规律,相对过剩人口的数量就容易受人口自然变动、迁移变动等因素影响。

近代中国人口的社会经济影响问题是一个复杂的有争议的问题,作为坚持辩证唯物主义和历史唯物主义立场的经济史研究工作者,我们应该有科学的、实事求是的分析,明确、圆满而有说服力的结论。因此,笔者诚恳地期待着读者的批评与指正。

附表

附表1　　　　　　　近代中国人口与耕地统计

单位:千亩,千人,亩/人

年份	耕地总计	人口总计	人均耕地
1863	751762	404946	1.88
1872	755536	329563	2.29
1882	840642	337590	2.49
1900	847784	366810	2.31
(1887)	911976	377636	2.41
(1887)	840842	377636	2.23

注:① 1887年出现两行数字是因为用不同出处资料校订该年数。

① 《马克思恩格斯全集》第23卷,人民出版社1972年版,第692页。

②前四行数转引自许道夫《中国近代农业生产及贸易统计资料》，上海人民出版社1983年版，第7页。

③ 1887年第一行耕地数引自梁方仲《中国历代户口、田地、田赋统计原论》，《学术研究》1980年第2期，第380页，人口数引自朱贤枚《中国历代人口统计》，《江西大学学报》1982年第3期。1887年第二行耕地数用许道夫书中的数，人口数用朱贤枚文中的数。

附表2　　　　　　　　近代英国人口与耕地统计

单位：英亩，万人，英亩/人，中国亩/人

年份	耕地总计	人口总计	人均耕地（英制）	人均耕地（折合华制）
1861	18400000①	3250.7②	0.57	3.44
1881	47876814③	3890.0④	1.23	7.47
（1881）	47876814	2970.9⑤	1.61	9.76
（1881）	18400000	2970.9	0.62	3.76

说明：①此为1871年英国耕地数，前引董之学《世界农业史》，第53页。

②此数系推算所得。参见前引马克思《资本论》第3卷，人民出版社1975年版，第701页提到，1861年英格兰和威尔士总人口为20066244人。当时爱尔兰及北爱尔兰均属英国本土，假设英国各大地区（英格兰、威尔士、苏格兰、爱尔兰、北爱尔兰）人口密度相同，由此按国土面积推算出全英人口为32507282人，实际上英格兰、威尔士人口密度大，故此期英人均耕地数计算所得偏小。

③引自中国人民大学经济系国民经济史教研室《外国经济史参考资料》（近现代）第一册，第116页，此为1888年英国耕地面积总计。

④［英］约翰·克拉潘：《简明不列颠经济史》，上海译文出版社1980年版，第259页，1881年英格兰、威尔士人口2400万人，苏格兰440万人。余按②原则推算。

⑤［英］约翰·克拉潘：《现代英国经济史》下卷，商务印书馆1964年版，第13页。

［原载《平准学刊》第四辑（上），光明日报出版社1989年版］

1992—1994 年北京地区科技成果转化为现实生产力状况分析及对策建议

背景说明：1995 年北京市科学技术委员会在全国率先立项（RK95-12），对 1992—1994 年北京地区各类科研机构承担的科技项目的成果具有直接转化可能的实际转化情况进行了较为全面、系统的调查。陈其广承担了课题负责人和报告第一执笔人的责任。[①] 课题成果由北京市科委按国家科委规定程序组织国内专家（中国社科院经济研究所赵人伟教授等人参加）进行了鉴定。鉴定认为：报告"从方法上保证了课题报告具有较高的可靠性"，"将成果使用（或潜在使用）单位引入选题决策的建议抓住了目前科技成果转化情况不够理想的重要原因"，"具有较高理论和政府决策参考价值"，"为北京市政府各有关部门的决策提供了有益的参考"。此项成果受到国家科委成果司的好评和重视。

调查报告中的观点只代表课题组在完成课题时的观点。

前　言

（一）北京地区科技概况

北京是全国科技力量最强的地区。据国家统计局资料，1994 年年

[①] 项目由北京市科学技术委员会成果处、北京市科技成果推广服务中心和北京敬业咨询有限公司共同承担。课题负责人：陈其广；组员：马春秋、王瑞丹、杜凤超、王志辉、郑义；报告执笔人：陈其广、马春秋。

末北京地区各类自然科学研究开发机构、情报文献机构的数量以及科学家、工程师人数分别占全国的 7.3% 和 21.5%。这些科研单位的经费收入占全国的 25%，经费支出占全国的 24%，其中基本建设支出占全国的 29%，各项比例均占全国首位。北京地区高等学校 67 所（其中综合类和理工农医类高等院校 34 所），占全国的 6%，和江苏一起并列全国第一。

改革开放以来，通过贯彻党中央、国务院"坚持科学技术是第一生产力的思想，经济建设必须依靠科学技术，科学技术工作必须面向经济建设，努力攀登科学技术高峰"的基本方针，北京进行了科技体制改革，实施了一系列科技发展计划，使科研水平和科技人员素质明显提高。

在促使科技成果转化为现实生产力方面，1990 年以来北京市科委组织实施了重大科技成果推广计划。每年推出 100 项重大科技成果，市财政拨出专款建立科技成果推广基金予以支持，使有关成果在相关领域大面积推广使用，取得明显经济效益和社会效益。

目前北京地区科技成果转化为生产力的实际情况究竟如何（如：转化率是多少）？制约成果转化的关键原因和能够进行实际操作的针对性政策又是什么？虽然此前国家和北京市的有关部门曾分别作过一些调查研究，也取得了一些成果，但随着形势的发展变化，尤其是在最近党中央、国务院作出了"科教兴国"的重大战略部署的情况下，仍有必要对以上问题继续进行调查研究。

（二）调查分析方法及主要指标含义

1. 调查与分析目的
- 准确了解北京地区科技成果转化情况
- 客观分析制约科技成果转化的主要因素
- 提供具有可操作性的对策建议

2. 被调查的项目成果范围

完成时期：1992 年 1 月 1 日—1994 年 12 月 31 日

项目类别：基础理论和软科学研究以外的已完成科研项目

完成单位：具备科技开发能力的单位，具体包括：

- 大专院校（其中分为综合及农林医类和理工类两类）
- 科研院所（其中分为中央在京和北京市属两类）
- 国有大中型企业（其中分为特大及大型企业和中型企业两类）
- 高新技术企业（其中分为20强及50优企业类和一般企业类两类）

3. 调查内容及主要指标含义

3-1 已完成项目的转化率及转化程度

项目成果进入实际应用即被认为进入转化过程，计算在转化率的范围内。在此基础上进一步考察转化深度亦即应用于实际（特别是生产）时所达到的规模或阶段。因为此项指标是科技成果转化所产生的效益的标志。此部分的主要考察内容分以下几方面：

（1）可能影响成果转化的某些项目特征：项目来源（立项途径）、经费来源、项目类别、项目技术水平，等等；

（2）成果转化的渠道及转化深度：

- 转化渠道：分为内部转化（自行或合作开发利用）和外部转化
- 转化深度：分为未形成规模生产、已形成规模生产和产业化三个阶段，此外尚设有转化情况不明一项

3-2 制约成果转化的有关因素：

（1）内部因素：成果的成熟程度、科技人员待遇、单位内部的成果收益分配体制及管理体制，等等；

（2）外部因素：与科技有关的各项政策、成果推广机构的运行机制、专利及各项科技奖别对成果的保护与激励作用，等等。

3-3 对策建议：针对主要制约因素提出的若干对策建议。

4. 调查方法

- 以随机抽样方法进行的问卷调查
- 对被调查单位的入户面访
- 针对有关问题，不同类型单位参加的小型座谈会

5. 质量保证体系

· 随机抽样方案设计的误差在±5%的范围之内，置信度为95%

· 问卷填报数字经填报单位自核确认，课题组复核后录入数据库，入库试运算后再一次核实

· 对被调查单位的协作进行评比并给予适当物质奖励

（三）调查问卷发放及回收情况

根据抽样方案，本次调查应发放问卷164份，但部分单位因各种原因无法接受调查，为保证调查质量，加上补抽单位，实际发放问卷191份，回收147份，其中无项目单位3个，无细分内容或细分不明确单位6个，有效问卷138份。有效问卷数占应发数的84.1%，占实发数的72.3%。具体分布情况见表1：

表1　　　　　　　　不同类型科研单位分布　　　　　　单位：个，份

单位类别	大专院校		科研院所		国有大中型企业		高新技术企业		合计
	综合及农林医	理工	中央在京	北京市属	特大及大型	中型	20强及50优	一般企业	
总体单位个数	14	31	223	113	158	268	70	2750（注）	3627
样本单位个数	7	12	42	21	7	11	45	19	164
问卷发放份数	8	15	47	21	8	13	53	26	191
有效回收份数	5	11	32	18	7	10	37	18	138

注：北京市高新技术企业1994年年末为5000余家，其中海淀高新技术开发实验区约占80%。由于本次被调查的成果完成时间范围定为1992—1994年，而其他高新技术开发实验区历史较短，因此不列入本次调查范围。目前在海淀高新技术开发实验区管委会编印的名录上登记的只有2820家企业，为确保样本落实，以此作为高新技术企业的抽样总体。统计理论表明：在如此大的样本情况下，上述抽样方法将不会影响调查结果的统计分析。

本报告中被调查单位分类之英文大写字母代码如下：

A——大专院校　A1——综合及农林医类　A2——理工类

B——科研院所　B1——中央在京院所　B2——北京市属院所

C——国有大中型企业　C1——特大及大型企业　C2——中型企业

D——高新技术企业　D1——20强及50优企业　D2——一般企业

T——被调查单位总体

第一部分　北京地区科技成果转化的现状及存在问题

（一）被抽样调查单位概况

1. 所有制性质构成

有效问卷138份，所有制形式：国有占76.1%，集体占11.6%，合作占5.1%，其他占7.2%。国有单位仍然是现阶段我国科技研发的主力。

2. 科技人员状况（参见表2）

表2　　　　各组被调查单位科技人员数量及职称构成

单位：个，人，%

组别	单位数量	科技人员总数	内：高级职称人数	占科研人员比重	中级职称人数	占科研人员比重	初级职称人数	占科研人员比重	有独立科研机构的单位
A	16	1367	342	25.02	325	23.77	441	32.06	14
A1	5	3033	646	21.3	456	15.03	1149	37.88	
A2	11	610	205	33.6	266	43.61	120	19.67	
B	50	295	84	28.47	116	39.32	99	33.56	50
B1	32	348	108	31.03	139	39.94	111	31.9	
B2	18	186	38	20.43	69	37.1	73	39.25	
C	17	1077	88	8.17	310	28.78	576	53.48	12
C1	7	2448	201	8.21	696	28.43	1324	54.08	
C2	10	119	11	9.24	40	33.61	53	44.54	

续表

组别	单位数量	科技人员总数	内：高级职称人数	占科研人员比重	中级职称人数	占科研人员比重	初级职称人数	占科研人员比重	有独立科研机构的单位
D	55	143	26	18.18	54	37.76	56	39.16	44
D1	37	188	33	17.55	72	38.3	74	39.36	
D2	18	35	10	31.43	13	37.14	12	34.29	

注：表中百分数经过四舍五入处理，下同。

3. 科研项目立项及完成情况

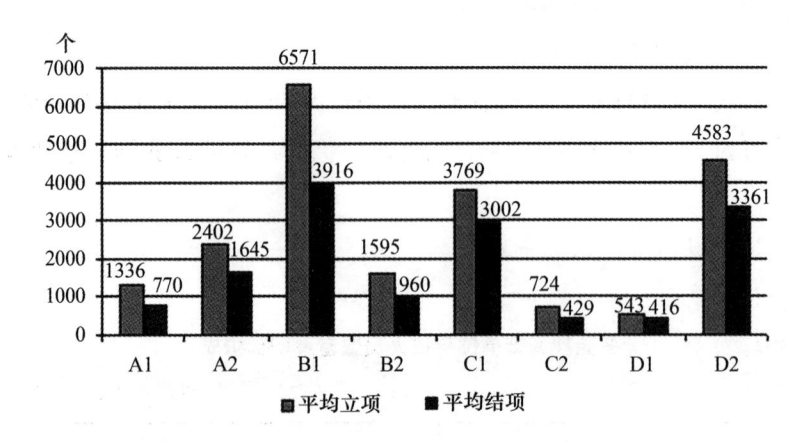

图1 各组年均立项及结项数

从图1可以看到：

1992—1994年，北京地区大专院校和科研院所这两支科研队伍合计年均立项11904项，占北京地区立项总数的55.3%，年均完成7291项，占总完成项目的50.3%。因此如何更有效地发挥这两支主力军的作用，提高它们的科技成果转化率应是当前主要考察的问题之一。

(二) 科技成果转化现状及成因分析

一) 成果转化的"量"(转化率)尚可,但"质"(转化深度)不够理想

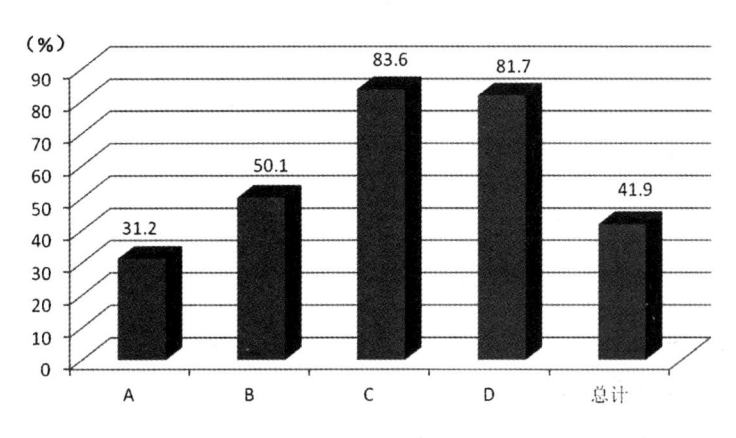

图2 按四组计算的成果转化率

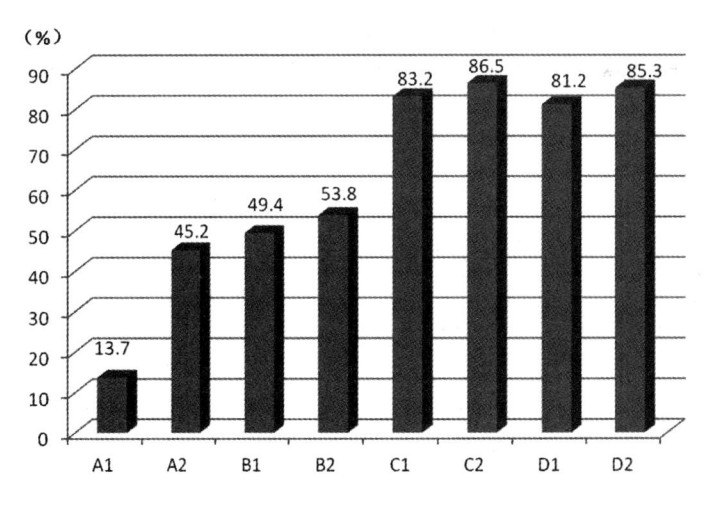

(数据:A 31.2,B 50.1,C 83.6,D 81.7,总计 41.9)

图3 按八组计算的成果转化率

(数据:A1 13.7,A2 45.2,B1 49.4,B2 53.8,C1 83.2,C2 86.5,D1 81.2,D2 85.3)

1. 成果转化率分组统计结果

从图2、图3可见:

由于本次调查范围不含基础理论研究和软科学课题，因此理论上被调查项目均具备转化的可能，然而41.9%的总体转化率可能并不乐观。

国有大中型企业和高新技术企业的科技成果转化率明显高于大专院校和科研院所，说明因为单位性质和利益机制作用，企业在科研项目立项时可能即已考虑使科研为生产服务及互相结合的问题。而大专院校和科研院所固然存在硬件上的"先天不足"，比如资金、工业性试验所需的生产设备的缺乏，但在软件方面如选题方向、成果的成熟程度、成果包装及推广等也有需要改进的地方。

科技成果转化率的高低从一个较长时期来看可以衡量科技对社会生产力的发展所起作用，但它并不是唯一的指标。下面拟从科研项目的完成周期及转化周期、投入产出比和成果的应用程度（或称转化深度）等分析科技成果的转化情况。

2. 科研项目完成周期、转化周期和投入产出比

表3　　被调查单位分组平均指标比较

组别	大专院校	科研院所	国有大中型企业	高新技术企业	总体平均
科技人员年人均完成项目数（个）	0.04	0.05	0.01	0.03	0.03
完成周期（年）	1.55	1.67	1.30	1.31	1.54
转化周期（年）	2.70	2.00	1.20	1.50	2.23
立项项目项年均投入（万元）	5.98	12.96	32.67	53.21	15.73
完成项目项年均投入（万元）	9.26	21.69	42.54	69.93	24.29
完成项目项年均收入（万元）	2.88	38.89	299.35	406.53	91.70
投入产出比（%）	0.31	1.79	7.04	5.81	3.78

表 4　　　　国有大中型企业和高新技术企业的分组比较

组别	特大及大型	中型	20 强及 50 优	一般
科技人员年人均完成项目数（个）	0.01	0.013	0.03	0.07
完成周期（年）	1.26	1.69	1.30	1.36
转化周期（年）	1.20	1.16	1.23	1.17
立项项目项年均投入（万元）	33.01	30.59	57.53	15.73
完成项目项年均投入（万元）	41.45	51.61	75.05	24.29
完成项目项年均收入（万元）	326.37	74.8	470.45	91.70
单位年均科技投入（万元）	787.47	82.58	446.26	108.36
单位年均科技收入（万元）	6201.00	119.68	2797.27	212.47
投入产出比（%）	7.87	1.45	6.27	3.78

注：①据了解个别单位填写年均科技投入和收入两项数据时未能如实反映。故此处该两项数字仅供参考。②"20 强及 50 优"是当时国家科技管理部委设置的企业科技水平评价体系使用的专称，科技"优秀企业"高于一般"高新企业"，而"强劲企业"又高于"优秀企业"。"优"和"强"是简称。

从表 3、表 4 可以看到：

科技人员人均完成项目数，企业要低于大专院校和科研院所，说明大专院校和科研院所的科研力量的确强于企业。

完成周期，企业略优于大专院校和科研院所，但差距不大。在企业范围，国有大型企业优于中型，高新技术实验区内"20 强及 50 优"企业胜于一般企业。个中原因应与企业的经济实力、科研队伍人员素质及专业化程度乃至管理水平等主客观条件有关。此推断可从表内所示立项项目项年均投入和完成项目项年均投入等，以至表2中科技人员数量等指标得到印证。

转化周期，仍然是企业占优势，但在企业当中，却出现了中型企业成果转化快于特大及大型企业、一般企业快于"20强及50优"企业的局面。从项目的资金投入量来判断这一现象或许与项目的规模大小不一有关（参见表4立项项目项年均投入栏），同时也说明企业规模越小，在尽快促成成果转化产生效益的方面就越重视，这是企业经营的条件和环境使然。

投入产出比，企业远远超过了大专院校和科研院所。企业方面，与转化周期情况不同的是：特大及大型企业优于中型企业，"20强及50优"企业胜于一般企业。这一状况首先与项目的规模（或许还有创新的难度）差别有一定关系。然而正是由于在单项成果研制资金的投入上有一定差距，因此平均单项成果的收入也都相应地拉开了差距，且差距很大。这也告诫我们：对于科技成果转化为现实生产力问题的认识必须采取综合评价的方法才更科学。

综合上述各点，说明特大及大型企业在科技进步中仍处于非常重要的地位，在科技成果的推广应用过程中应充分考虑它们的作用，并使大专院校和科研院所的科技优势与企业互补。

3. 科技成果转化为现实生产力的程度——社会效益和经济效益的重要指标

从图4和问卷数据统计结果可以看出：

总体转化项目中已形成规模生产的项目占完成项目总数的23.3%，而达到产业化的仅为2.80%，两者之和为26.10%。总体转化项目中已形成规模生产的项目占转化项目总数的55.6%，而达到产业化的仅为6.7%，两者之和为62.3%。

从各组情况看，若只考察已形成规模生产和产业化的项目占完成项目的比例，则大专院校、科研院所、国有大中型企业、高新技术企业呈阶梯上升的趋势。如果分八组从已形成规模生产项目的角度看，中型企业、一般企业分别强于特大及大型企业、"20强及50优"企业；但若从产业化项目的角度考察，特大及大型企业、"20强及50优"企业又分别领先于中型企业、一般企业；而从实际经济效益情况看，特大及大型企业、"20强及50优"企业明显地高于中型企业、一般企业。因此在成果转化的工作中不仅需要提高项目成果的转化数量，同时更要提高成果的转化质量，为社会和经济的发展创造更高的效益。这个问题在科研院所和大专院校的成果转化中尤其需要重视。

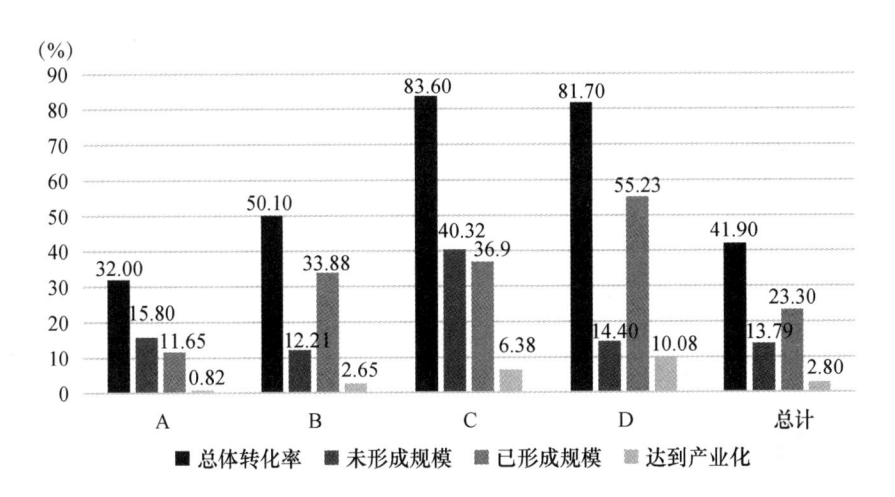

图4　四组比较各自的转化深度结构

注：所有百分比数字均系与已完成项目总数相比而得。

4. 成果转化量与质的辩证关系

从以上成果转化的量与质的比较可以得出结论：科技对生产力的贡献大小并不仅仅取决于成果转化率，更重要的是取决于成果转化的质即成果应用的范围和效益。

二）在对被抽样单位的考察中也涉及一些值得探讨的问题

1. 科研活动中的短期行为较普遍而且日趋增多

在当前国有大中型企业的技术开发活动中，由于人力和财力所限，在着眼于长远发展所需的战略性、风险性投入方面，显得十分薄弱。据对国有大中型工业企业技术开发项目的统计分析，当年开题并结题的项目占全部技术开发项目的74%。开发周期小于一年的项目所占用的资金占全部技术开发投入资金的52%，即短期项目占用了1/2以上的技术开发资金。平均投入规模大于10万元/项的技术开发项目占全部项目的10%，资金占用额占全部技术开发投入额的25%，即每年仅有1/4的技术开发资金用于具有一定规模的发展方面①。本报告在前面所作的投入产出分析已说明项目的完成周期短并不一定意味着效益就好，而往往是相反的情形。

2. 科技成果与市场需求的配合应保持适当比例

在项目操作中我们考察了不同类型项目在项目总体中所占比重，如表5所示。

表5　　　　　　　　不同类型项目占总体的比重　　　　　　单位:%

	具备直接转化可能项目	需进行二次开发项目	基础理论类项目	其他
总体	60	21	11	8
大专院校	28	23	35	14
科研院所	52	22	15	11
国有大中型企业	77	12	8	3
高新技术企业	76	20	3	1

统计表明：即便是包括基础理论研究任务较重的大专院校和中央科研单位在内，从总体上考察北京地区科研单位的研究方向，其中应用类课题的比重也占了一多半。从基础理论类项目在各组项目总体中所占比重看，大专院校的比例最大，为35%；科研院所次之，为15%；而两组企业均低于10%。从结构上讲，科研院所关于基础理论的项目比重似乎偏低了一些。

社会主义市场经济并非意味着所有的科研项目都要为商品生产服

---

① 此处数据摘自北京市科委报告：《北京工业产学研合作现状与对策研究》，1994年。

务。发展现代科学、建设现代国防和提高人民卫生文化水平等各方面有利于国家长治久安、民族繁荣昌盛的基础性研究项目也不应忽视。尤其是大专院校和科研院所在科技开发活动中应保持自身的特点,既不能脱离市场需求只关心成果的数量及学术水平,也不能片面追求商业利润而忽视自身学术水平的提高。聚沙成塔、集腋成裘,高效益往往是建立在高科技的基础之上的。北大方正、清华紫光集团公司都是这方面的典范。

目前不同类型项目在各类单位所占的合理比例还没有一个公论。但科技含量较高的成果大多来自大专院校和科研院所这个事实表明:基础性理论研究是科技发展的源头,政府在宏观上应有总体规划和目标控制手段;微观上则由各单位结合自身条件和外部需求在一定的范围内调节,以利于科学文化和社会经济的长期、稳定发展。

为了能比较深入地分析不同类型的科研单位在科技成果和市场需求相配合方面的情况,我们结合问卷分别计算了四个类别组的有关比例(见表6)。

表6　　　　　分组的科技成果与市场配合情况　　　　单位:%

	总体	A组	B组	C组	D组
超前于市场实际需要的	23	15	26	10	29
与市场实际需要相吻合的	68	65	67	75	67
完成时已经落后于市场实际需要的	9	20	7	15	4

表6显示:北京地区的科技成果只有2/3左右是与科研项目结题时的市场实际需要相吻合的,其余的1/3中,超前于市场实际需要的又占2/3,落后于市场实际需要的占1/3。虽然可能不存在一个对各类社会、各个发展阶段普遍适用的理想构成比,但从我国目前科研经费的供给能力和经济发展所处的阶段来衡量,与市场实际需要相吻合的比例似乎低了一些。是否与市场实际需要相吻合的比例占总体的75%—80%,超前的比例为15%—20%,落后的比例控制在5%以下

更理想些？当然，各类单位的方向定位不一样，应当允许有具体的差别。目前的情况主要是大专院校和国有大中型企业落后于市场的比例过高。否则，撇开具体数字而言，基本上还是反映了若干群体的性质特征：科研院所和高新技术企业的超前比重大一些，国有大中型企业的吻合比例高一些。

由此可见，评价科技成果的转化情况还应从项目特征上注意处理好基础研究与应用研究、长期项目与短期项目、超前于市场实际需求和适合于市场实际需求等比例关系。

三）大专院校和科研院所的成果仍以外部转化为主，但科研院所的成果有偏重于内部转化的趋势

1. 不同类别单位成果转化途径及转化深度的比较

表7　　　　不同类别单位成果转化途径及转化深度的比较　　　　单位:%

组别		总体	大专院校	科研院所	国有大中型企业	高新技术企业
转化途径	转化深度					
外部转化		23.24	29.16	32.89	1.14	18.34
	未形成规模	8.41	14.22	7.63	0.46	4.97
	已形成规模	11.98	10.56	22.09	0.68	11.61
	产业化	0.86	0.66	1.79	0.00	0.62
	情况不明	2.00	3.73	1.39	0.00	1.14
内部转化		18.64	2.84	17.23	82.46	63.32
	未形成规模	5.38	1.58	4.58	39.86	9.43
	已形成规模	11.32	1.09	11.80	36.22	43.63
	产业化	1.95	0.16	0.85	6.38	10.26
外部转化占总体转化比重		55.46	91.13	58.20	0.01	22.44

表7中的数据表明：

从转化途径分析，企业主要以内部转化为主，而大专院校及科研

院所则以外部转化为主。由于后两者项目数量较大,因此带动总体转化渠道也以外部为主。外部转化占总体转化的比重为55.46%。

从转化深度看,企业方面内部转化项目的效果较好,而科研院所和大专院校却是外部转化项目的效果更好。

在调查中有一种趋势引起了各有关方面的注意,即:科研院所的成果正越来越趋向于自行内部转化。由于科研院所和大专院校的性质较为相近,而二者的内部转化比例却反差较大。以下试图从不同角度分析这种现象。

2. 科研院所和大专院校成果自行转化的原因浅析

上述现象近年来较为常见。以前其他单位所完成的同类调研报告对此颇多微词。然而,我们认为这种现象的出现是不可避免和有其合理性的。长期、总体利益和当前、个体利益的冲突在这里起着决定性的作用:

1)相对于社会其他职业,科研教职人员收入依然偏低,且短期内似无彻底解决的可能;

2)受制于社会思潮影响、科学评价制度缺乏等因素,科技成果目前销售价格偏低;

3)知识产权保护不力,纠纷处理不规范。

以上所列三项问题的存在是事实且不可能在近期内解决,故大专院校和科研院所维护自身利益的要求完全可以理解。将科研单位成果自行转化说成是自然经济思想的表现不够客观也不够准确。自然经济既因受生产力水平的限制,同时也不以生产商品为目的。现在科技成果的转化是以生产商品为目的的,也不存在生产力水平的限制。关键问题是社会利益分配体制问题、社会法律环境问题。应从体制改革入手考虑解决方法。单纯依靠行政手段加以限制恐难奏效。

在目前情况下自行转化和向外部转让成果对科研单位的收益可能有很大的差别。化工部所属橡胶研究院反映,在院内各单位间存在着一个有趣的现象:成果转让多的单位穷,成果转让少的反而富。原因就在于目前社会上的企业对科技成果的价值缺乏正确的评价判断。使得科研院所感到一些好项目与其低价出让不如本单位自行想办法筹资上马更有利：转化过程中的技术、工艺等问题可以及时发现和解决，利于研究工作的进步；自行解决技术、经济各类问题可以避免向外转让中复杂的纠纷和费时费力的仲裁（对科研人员而言，时间是他们最珍贵的财富之一）；上马一个生产项目有可能解决部分人员的安排问题；更重要的是科研单位增加了收入才有可能留住人才，才能求今后的发展，否则人才就要流失。

  这一问题的揭示的意义是深远的：科研单位自行转化科技成果确实可以促进科技进步，但向外转让成果并进行跟踪服务同样也可以实现科技进步的目的。目前科研单位自行转化成果的做法主要是对现实生活中收益分配制度和法律环境问题的一种自然的被动反应。在很大程度上科研单位自行设法增加非政府资金来源还只是为了求生存，或生存得稍好一点而非求发展。但从现实状况判断，这一问题短期内并没有根本解决的可能：首先，要使企业正确地对科技成果的价格作判断不能主要依靠行政或司法手段强制而要靠市场运作的结果，即：甲单位不出合适的价格乙单位可能会出，甲乙都不出，科研单位就设法自己投产，让买方从投产后科研单位所得的效益中来认识科技成果的价值。其次，即便只是要确保对国计民生有重大作用的关键科研单位的生存和发展条件，目前国家财政也可能是心有余而力不足，何况要解决所有的科研机构的经费问题。

  四）大专院校和科研院所的成果大部分仍在外地转化

  1. 成果流向的统计结果

  由于本次调查的对象是北京地区的企业，而企业的科技成果主要是在内部转化，因此企业方面几乎不存在成果流向外地转化的情形。如果考察大专院校和科研院所，则二者在北京地区实现转化的项目占转化项目总数的比例分别为 33.20% 和 32.68%，这说明大专院校和科研院所的成果中有近 2/3 流向外地。若单独考察中央在京科研院所则其在京转化项目只占总体转化项目的 20.66%，与外地转化项目的比为 1：3.8，如表 8 所示。

表8　　　　　各地转化项目占总体的比例　　　　单位:%

转化 地区	总体	科研 院校	大专 院所	内:市属 院所	国有大中 型企业	高新技 术企业
北京本地	51.45	33.20	32.68	20.66	99.73	78.04
其中: 由国企转化	39.14	29.69	30.17	18.15	82.56	43.27
由民企转化	12.31	3.51	2.51	2.51	17.17	34.77
外地	47.96	66.7	66.52	78.77	0.27	20.81
国外	0.59	0.1	0.81	0.57	0.00	1.14

注：针对本次调查，如果一个项目既在北京应用，也转让到外地，则成果流向一栏填写主要转化实现地。

2. 从成果流向看成果转化中存在的人才缺乏问题

管理人才的缺乏：管理人员的素质不高很可能导致企业的市场意识和科技竞争意识淡薄。由于受计划经济习俗的束缚，北京地区的企业领导人被一些科研单位认为缺乏市场意识，从而对科技竞争的作用和后果认识不足。过去的一项调查表明：北京地区85%的工业企业有技术改造的需求。但对企业领导所做的关于"厂长们关心什么"的调查表明：排在最前面的是产品销售，其次是原材料供应，再次是生产，末尾才是技术改造。[①] 大专院校和科研院所中科技成果管理人才的缺乏使得科技工作往往较重视研究而不重视开发成果推广，关心成果的理论和学术水平而忽视成果的实际应用和市场价值。在科研人员完成项目的科研阶段后，应考虑增加成果管理（有市场需求的成果则是成果经营）工作环节。

工程技术人才的缺乏：工程技术人才的缺乏导致企业的技术开发能力下降并影响了对国内外技术的消化吸收。此次调查中发现：大部分企业对科技成果的期望都是拿来后即能投产并顺利进入市场，从而

---

① 上述数字摘自北京市科委报告：《北京工业产学研合作现状与对策引究》《发挥高校科技开发优势　促进社区经济发展》，1994年。

尽快地创造效益。这固然与企业目前的经营现状有关，即：由于宏观经济调控力度加强，企业资金融通和周转难度随之增加，相当部分企业亏损，急待"灵丹妙药"，找米下锅。因此对科技成果的成熟程度带有某些理想化的色彩。而近年来，企业特别是国有企业工程技术人才的大量流失对科技成果的二次开发能力造成很大的消极影响。据中国医学科学院下属某研究所负责人反映，该所与美国某公司同期研制了一种菌种（在国外该品种的年产值为30亿美元）。该所研制完成后将其转让给江西某药厂，转让费为200万元。由于该厂不了解菌种的特性，不能马上投产，因此最终导致菌种变异。该药厂却认定是研究所的成果质量有问题。双方为此陷入合同纠纷之中。

　　大专院校和科研院所的科技成果固然有一部分成熟程度不够，但若要求其成果都能直接进入生产领域也未免有些勉强。因为科技成果一般都要经过中试，特别是工业化试验才能转入规模生产。这就需要投入大量的资金。过去的一项调查表明：从研制到中试再到规模化生产的各阶段资金投入比例为1：10：100。目前科研院所和大专院校连研究经费都存在较大困难，更何况中试资金？退一步讲，即便解决了中试资金问题，从中试到规模化生产仍会有一些工艺及相关设备的配套技术问题需要解决。因此，企业要想提高其科技成果的消化吸收能力，就必须提高自身的科技开发能力，而要提高科技开发能力，就必须加强对人才的吸收和培养。工程技术人才的缺乏使大专院校、科研院所的科技成果与生产实际衔接发生困难。

　　对成果成熟程度的理解是研制和应用双方的问题，解决问题也需要双方共同的努力。一方面是企业缺乏对成果的消化吸收能力，从而对成果的成熟程度有过高的要求；另一方面则是大专院校和科研院所的科研人员对生产中的工艺技术或相关配套技术缺乏了解，从而导致成果的成熟程度不够，致使转化失败。如：北京印染厂从北京化工冶金研究所引进的"丝光碱尝试在线测量仪"，因棉花堵塞探测头不能很好地应用于生产。要使其正常运行需另加过滤器，而这种仪器目前国内没有，企业又无力研制开发，因此只好停止使用，给企业带来很大的损失。

成果推广人才的缺乏使科研院所和大专院校的成果无法顺利地进入生产领域。如：当前强调成果的包装，许多被调查单位对此都有同感。这里的包装是指成果拥有单位要把项目的可行性分析报告写好。由于缺乏在市场经济条件下运作科技成果转化为现实生产力的经验和训练，许多单位对项目可行性报告的写作仍感生疏。请外部人员来写，形式和要素固然完备多了，但也会因为对项目本身了解不足而造成问题。

成果经营人才的缺乏使成果难以顺利地进入市场。如果没有好的经营人才，便不能对成果与市场的契合程度作出正确判断。另外，经营人才缺乏还使科研项目立项时对市场因素的考虑不够，发生诸如技术上超前、价格太高导致成果转化不能顺利进行等现象。如：北京某电子厂与北京邮电学院共同研制开发的多路电视模拟信号光纤传输系统，技术上是先进的，但是院校研究人员对该系统报价较高，用户承受能力不够，又因关键零件需进口，造成成本居高不下的情况。了解不够、预案不足，所以成果虽然转化成了产品（样品），但从产品真正转化为商品难度较大。

为了能使科技成果顺利转化，还需要其他多方面的人才。如：信息管理人才可以使成果供需双方的信息沟通，避免成果交易中的盲目性；法律人才确保成果转让及合作开发的顺利合法进行；金融人才使成果转化所需资金的筹集得以解决；还有其他成果转化中的中介人才如组织管理人才的作用也不容忽视。

总之，科技成果转化是一个复杂的系统工程。当前社会上呼吁的"科技商人"或"科技企业家"就代表了这样一种形势的需要：成果转化的工作已不再只属于科研机构或企业，所需的人才也不再仅限于科研人员和生产人员。它需要多方人士的参与。目前需要的是与成果转化相关的各种人才以及各种单位参与的组合，而且需要尽快建立一种由共同利益相联结的机制来维系、巩固和拓展它们之间的合作。

3. 从成果流向看北京地区的外部环境对成果转化的作用

总体而言，目前北京地区的外部转化环境还比较缺乏吸引力。如技术转让方从技术交易净收入中提取奖励费用的政策不如其他地区宽松。根据调查，北京的提取比例是15%—20%，而有的地区已达35%—40%。随着国家税收制度的完善和征管工作的加强，部分高校已反映影响到科研人员的积极性。主要理由是科研项目难度越大，规模越大，持续的时间就越长，但税务制度对此类因素考虑较少。

传统体制制约了成果在北京地区的转化：由于目前科研院所和大专院校分别隶属于不同部门，造成了科技管理体制上的条块分割，从而在成果转化中有了部门利益色彩。如有的企业主管部门要求下属单位吸收本系统的科技成果，而对其他科研院所成果的吸收持冷漠态度；还有的部门下达科研项目时也只考虑在本系统下达，不愿利用其他科研机构的智力优势。这种做法无疑极大地影响了科技成果的转化。

中介机构的积极作用所具有的社会影响面不够大。

对成果转化的外部途径所作调查结果如表9所示：

表9　　　　　成果转化的最主要外部途径　　　　单位：个、%

外部途径类别	填表单位数量	占总体比例	排名
科技成果推广专业机构	28	21.4	3
民间技术交易会	31	23.7	2
新闻媒介	12	9.2	4
与用户直接接触	54	41.2	1
其他	6	4.5	5
总计	131	100	

注：此表系根据每一被调查单位所填写的占第一位的外部转化途径统计。

通过对成果转化外部途径的调查发现：目前所使用的外部转化途径中，最主要的是成果所有单位设法直接与可能的应用单位接触，这在被调查单位中占41.2%。利用民间技术交易会和类似活动的占23.7%，借助科技成果推广专业机构的占21.4%，依靠新闻媒介的只占9.2%。按照这里所呈现的情况，科技成果转化过程中中介推广机构发挥作用的余地还很大。但中介机构应该如何运作才能更好地促进成果转化，值得深入探讨（请参见本报告第二部分）。

五）国家计划与国家拨款项目的转化率最低，单位自筹资金已占科技开发资金的首位

本次调查按项目来源（立项途径）将项目分为四种：国家计划、横向委托、自选、其他；按资金来源分为五种：国家拨款、银行贷款、横向委托方付款（简称横向委托）、自筹、其他。

1. 从项目来源看成果的转化情况

项目构成情况见表10、表11所示。

表10　各种来源的已完成项目占各组完成项目总数的比重　　单位：%

单位类型	项目来源			
	国家计划	横向委托	自选	其他
大专院校	52.26	36.70	9.41	1.63
科研院所	48.65	24.05	24.99	2.31
国有大中型企业	10.02	5.01	80.41	4.56
高新技术企业	6.32	15.85	70.36	7.46
总体	39.12	25.51	32.19	3.18

表11　各种来源的转化项目占各组转化项目总数的比重　　单位：%

单位类型	项目来源			
	国家计划	横向委托	自选	其他
大专院校	32.27	60.21	6.39	1.13
科研院所	39.84	36.35	20.50	3.31
国有大中型企业	8.99	5.45	82.29	3.27
高新技术企业	4.70	17.13	72.59	5.58
总体	25.54	35.32	35.93	3.21

表 10、表 11 的数据表明：

在大专院校和科研院所的完成项目中，国家计划项目均占各自完成项目总数的 1/2，而在转化项目中却仅占约 1/3。由于大专院校和科研院所在被调查单位总体承担的国家计划项目中占了大部分，因此它们的成果转化率高低直接影响着国家计划项目的转化率。这一点在此后的转化率分析中还将提及。横向委托项目在大专院校的转化项目中占据了主导地位，为 60.21%。自选项目则占据了企业，特别是国有大中型企业转化项目中的主体。

表 12　　　　　不同来源项目的转化率　　　　　单位:%

单位类型	国家计划	横向委托	自选	其他
大专院校	31.5	83.7	34.6	35.5
科研院所	44.9	82.9	45.0	78.7
国有大中型企业	75.0	90.9	85.6	60.0
高新技术企业	60.7	88.2	84.2	61.1
总体	39.6	84.0	67.7	61.2

表 13　　　　　不同来源项目的转化深度　　　　　单位:%

转化深度	项目来源									
	国家计划			横向委托			自选			其他
	1	2	3	1	2	3	1	2	3	1	2	3
大专院校	7.14	21.53	2.31	52.44	16.62	0.14	19.55	11.73	0.56	22.58	6.45	0
科研院所	7.97	34.71	1.21	20.61	52.04	6.33	15.52	26.33	2.75	27.66	46.81	4.26
国有大中型企业	22.73	52.27	0	68.18	18.18	4.55	41.93	36.26	7.37	20	35	5
高新技术企业	8.2	34.43	18.03	27.45	52.94	4.58	12.81	58.47	12.08	6.94	47.22	6.94
总体	7.89	28.8	2.2	38.44	33.46	2.93	20.29	39.53	7.15	17.06	38.24	4.71

注：转化深度中的"1""2""3"分别对应项目转化深度中的"未形成规模生产""已形成规模生产""产业化"，下文同。

由表12、表13的数据可以看到：国家计划项目的转化率在各组中均处于较低的比例。虽然国家计划的项目较多偏重于基础研究，但本次调查并不包括基础理论研究及软科学课题。因此说明国家计划项目在应用类项目的选题方向、资金管理及成果的推广使用等方面还存在较多问题。

2. 从资金来源看各组项目的情况

从资金来源角度看，国家拨款项目转化率在各组中均为最低。从项目来源与资金来源的相关性上看，国家计划和国家拨款的项目相关系数为0.99，相关程度极高。这说明国家计划项目基本上由国家部分或全部拨款，但转化现状表明，这种体制还有许多地方需改进。参见表14、表15、表16。

表14　　各种资金来源的已完成项目占各组完成项目总数的比重　　单位：%

单位类型	资金来源				
	国家拨款	银行贷款	横向委托	自筹	其他
大专院校	52.00	0.21	37.07	8.10	2.63
科研院所	49.29	0.34	23.02	25.92	1.42
国有大中型企业	5.01	5.69	4.33	84.28	0.86
高新技术企业	3.11	9.33	13.37	71.50	2.69
总体	38.27	2.36	24.74	32.60	2.02

表15　　　　　不同资金来源项目的转化率　　　　　单位：%

单位类型	国家拨款	银行贷款	横向委托	自筹	其他
大专院校	31.1	100.0	84.5	31.2	28.0
科研院所	44.5	85.7	83.4	47.0	86.2
国有大中型企业	45.5	68.0	79.0	87.0	100.0
高新技术企业	56.7	94.4	89.2	80.1	69.2
总体	38.2	88.9	84.5	67.2	55.6

表16　　　　　　　　不同资金来源项目的转化深度　　　　　　　单位:%

组别	资金来源														
	国家拨款			银行贷款			横向委托			自筹			其他		
	1	2	3	1	2	3	1	2	3	1	2	3	1	2	3
A	7.18	21.30	2.12	25.00	75.00	0	53.33	17.02	0.14	15.58	10.39	1.95	14.00	6.00	0
B	7.87	34.50	1.20	14.29	57.14	14.29	19.83	53.09	6.40	16.48	27.46	2.65	41.38	37.93	6.90
C	9.09	36.40	0	28.00	36.00	4.00	68.42	10.53	0	41.62	38.11	7.30	33.33	66.67	0
D	16.67	26.70	13.33	8.89	57.78	27.78	27.91	54.26	3.88	13.04	56.96	9.42	0	38.46	23.06
T	7.68	28.00	1.81	13.49	53.97	21.43	39.18	33.36	2.72	20.38	39.90	6.26	18.52	24.07	7.41

以上从项目来源和资金来源两个角度分别分析了成果转化的现状，下面从不同的角度看成果转化中的资金问题。

3. 自筹资金已占科技开发资金来源的首位

虽然从项目数来统计，国家拨款项目占第一位。但从资金数量看，被调查单位反映的科技开发的资金来源从总体上按照主次顺序排列首先是单位自行筹集的经费。这一点可能与调查中包括了较多企业有关，而且科研院所和大专院校也越来越多地从事自选课题的研究。国家拨款位居第二，横向委托和银行贷款分居第三、第四。但从具体位次来看，在第一位中不同来源按单位数量多少顺序为国家拨款和自筹（并列）、横向委托、银行贷款（参见表17）。这个调查结果反映了各种来源的主次，却很难从结构和比例上来判断目前的状况合理与否。从长远发展趋势来看，我们认为首先值得考虑的应是如何逐步增加新的科技开发资金来源，如各种途径汇集成的基金，使科技开发投入的总量有较大的增长。

表17　　被调查对象总体的科技开发项目资金来源按主次排位情况

资金来源	第一位	第二位	第三位	第四位	第五位	其他	得分	综合排名
国家拨款	45	21	11	9	6	57	3.54	
银行贷款	19	20	9	9	13	79	4.44	4

续表

资金来源	第一	第二	第三	第四	第五	其他	得分	综合排名
横向委托	29	33	21	10	3	53	3.56	3
自筹	45	44	31	8	1	20	2.57	1
多方合资	5	13	24	27	8	72	4.58	5
其他	2	1	3	2	6	135	5.78	6

注：得分一栏的计算方法是按照排位的先后亦即重要程度分别给予一个分数（第一位算一分，第二位算两分，以此类推），然后按加权法进行平均，得分最少的就是最主要的因素。其他一栏主要是指按照问卷填写规定只能选择若干限定数量的答案，而填表人没有选中的那些供选择的答案。在本部分报告中的以下各表均照此原则处理。

4. 规模化生产和研究过程中购买设备是资金最缺乏的两个环节

资金不足是以往几乎所有调查中普遍存在的问题。此次为避免泛泛而谈，课题组专门要求从项目成长过程和项目生成要素两方面对资金缺乏环节作准确定位，参见表18、表19。

表18　　　资金不足最严重环节（A：按项目成长过程分）

	第一位	第二位	其余	得分	综合排名
研究开发	82	15	52	1.80	1
小试中试	16	27	106	2.60	3
促销	14	19	116	2.68	4
规模化生产	31	48	70	2.26	2
其他	2	3	144	2.95	5

资金不足最严重环节（B：按项目生成要素分）

	第一位	第二位	其余	得分	排名
设备购置	106	16	27	1.47	1
劳务费用	12	30	107	2.64	3
原辅料购置	21	56	72	2.34	2
其他	4	3	142	2.93	4

根据问卷统计结果，项目成长过程中资金不足最严重的是研究开发环节，其次是规模化生产环节。这就是说从科技研究到成果转化为现实生产力的全过程中，一头一尾最缺经费：既缺乏经费来更多地从事科技研究，也缺乏资金来推广成果。这固然反映了目前我国宏观经济中资金方面的现状，然而本课题重点关注的是推广资金的不足，使得成果进入规模化生产比较困难。北京市的科技贷款虽然年年增加，但由于贷款来自银行，因此贷款时主要考虑的是申请单位的规模和资金实力，而不是项目本身技术先进与否、工艺成熟水平和市场前景等。小单位有好项目也申请不到，而大单位的项目一般却有很大希望。科技贷款已失去风险贷款的特色而混同于一般商业贷款。

项目生成要素中资金最缺乏的方面依次排列为设备购置、原辅材料购置、劳务费用。一方面，由于信息传播在近年来有明显进步，我国科研工作中原来存在的信息闭塞问题大大改观，从而降低了人力和资本的投入迫切性。硬件环境的问题相对突出。另一方面，持续的价格提升是否对科技研究工作造成了实质性的消极影响，在此次调查中未予特殊注意。

5. 横向委托被认为最有利于成果转化

在被问到哪一种资金来源的权责利关系对科技成果的转化最有利时，回答是横向委托，其次是政府拨款，再次是单位自筹资金和银行贷款，多方合资排在最后。最不利的则依次为多方合资、国家拨款、自筹、银行贷款和横向委托（见表19）。有意义的是从正反两个方面的查询有着几乎一致的结果：横向委托是最有利于成果转化的（这一点也可从本报告有关数据部分的分析中得到支持），而多方合资则最不利于转化。这或许反映了从立项开始就面对用户的好处和因多方合作而带来的协调困难以至纠纷隐患。对于国家拨款和银行贷款的评价在正向和反向调查中是矛盾的，可能是因为对国家贷款的评价掺杂了填表人对今后政策趋向可能产生的利益偏向的干预意识。

表19　　　　　不同资金的权责利关系对成果转化的影响

资金来源	有利（个）	排名	不利（个）	排名
国家拨款	42	2	28	2
银行贷款	22	3	17	4
横向委托	44	1	10	5
自筹	22	3	27	3
多方合资	11	4	51	1
其他	1	5	0	6

注："有利""不利"两列的单位为企业个数。

6. 影响资金筹集的主要因素

表20　　　　　影响资金筹集的原因排序

影响因素	第一位	第二位	第三位	其余	得分	综合排名
筹资成本过高	62	14	10	63	3.34	1
筹资渠道单一	25	39	17	68	3.77	2
不具备资格信用	13	13	9	114	5.03	8
政策限制	7	15	18	109	5.00	5
缺乏正确的融资意识	12	24	26	87	4.43	4
成果成熟度不够	20	22	28	79	4.17	3
可行性报告不完善	2	8	10	129	5.52	7
其他	0	0	4	145	5.92	5

在成果转化过程中影响资金筹集的主要原因（见表20）里，筹资成本（主要指贷款利息、申请手续的办理和融资中介的回扣等各种有关因素）过高排在第一，筹资渠道单一和成果成熟度不够紧随其后。目前科技成果转化中资金短缺是一个实际问题。社会性的融资渠道少、手续多、条件严。政府虽然专门设立了科技推广贷款，但由于资金来源于银行（特别是商业银行），风险落在银行因而使贷款的商业性远远大于政策性。成果成熟度不够增加了贷方的疑虑，也使资金

筹集变得更困难。

六）现有主要的成果评价方式对成果转化的促进作用不明显

成果的评价方式主要指对成果的鉴定、评奖、专利的评审。

1. 成果鉴定的技术水平对项目转化的影响

在调查中发现目前大部分成果均被要求进行鉴定。经过鉴定的项目在完成项目总数中所占比例为 73.5%，在转化项目总数中占 73.1%。

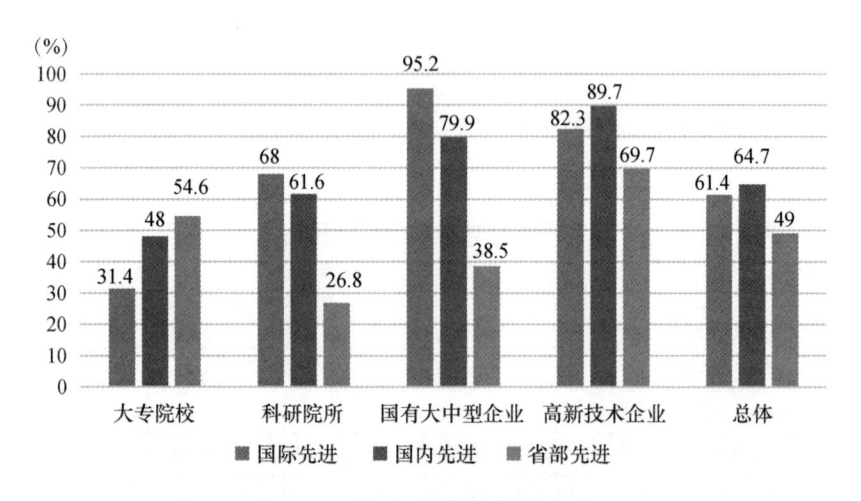

图5 不同技术水平项目的转化率

表21　　　　　　　不同技术水平项目的转化深度　　　　　单位:%

	转化深度	国际先进（含领先）	国内先进（含领先）	省部先进
大专院校	1	16.86	34.54	16.04
	2	9.88	10.87	34.38
	3	4.65	1.33	0.99
科研院所	1	7.87	10.93	10.16
	2	55.62	44.18	16.67
	3	4.49	5.29	0.00

续表

	转化深度	国际先进（含领先）	国内先进（含领先）	省部先进
国有大中型企业	1	14.29	26.48	7.69
	2	76.19	42.01	23.08
	3	4.76	11.42	7.69
高新技术企业	1	15.82	6.84	13.76
	2	40.51	71.86	50.46
	3	23.42	10.27	2.75
总体	1	13.42	19.51	14.19
	2	37.05	38.62	31.55
	3	10.21	5.57	1.03

从图5、表21数据可以看到：

国内先进水平项目转化率最高，国际先进的项目产业化的比重最大。国际先进水平项目总的转化率低于国内先进水平项目，可能与其技术含量高以及转化所需资金数量大有关。

2. 获奖项目的情况

此次调查的国家级奖和北京市奖特指发明奖和科技进步奖两类。

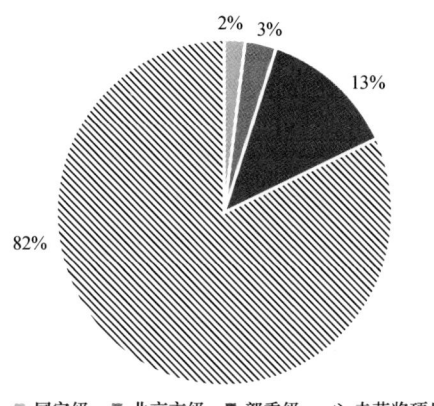

图6 获奖项目在完成项目总数中所占比重

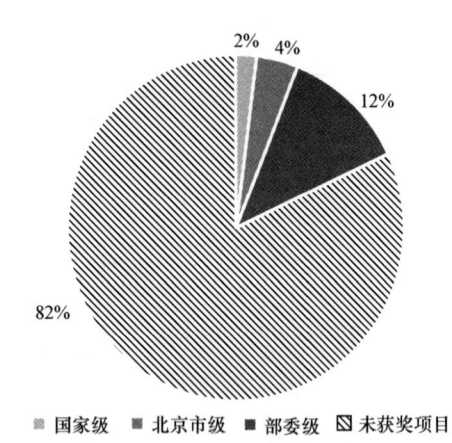

图 7 获奖项目在转化项目总数中所占比重

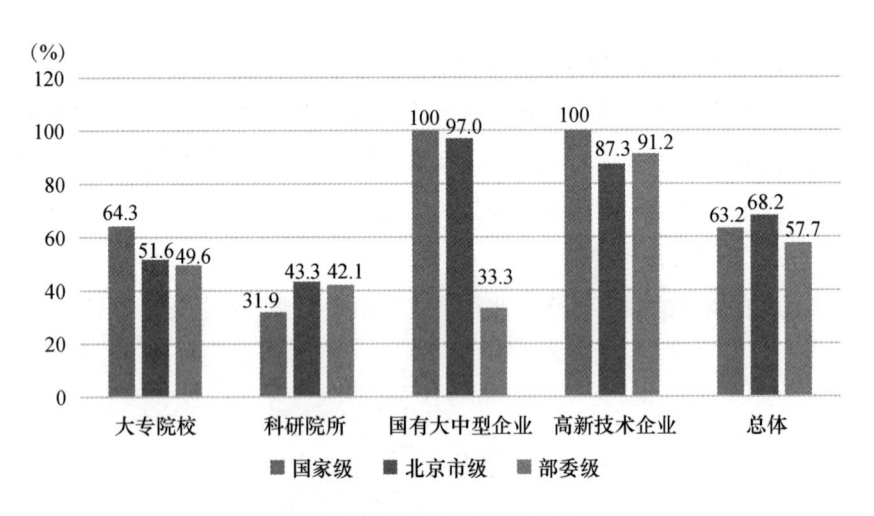

图 8 不同奖别项目的转化率

表 22　　　　两类科研院所获奖项目的转化情况比较

奖别	中央在京			北京市属		
	国家级	北京市级	部委级	国家级	北京市级	部委级
各种奖别项目在各组总完成项目中占比（%）	2.89	1.13	15.86	0.22	9.38	2.68
各种奖别项目的转化率（%）	32.61	11.11	40.87	0.00	57.14	66.67

从图 6、图 7、图 8、表 22 看到，获奖项目同鉴定项目的转化情况有某些共同之处，即：获奖项目的转化率与其他项目相比并无多大区别，对科研院所而言，其转化率反而下降。但国有大中型企业和高新技术企业的获奖项目尤其是国家级奖的转化率明显提高。这从另一个侧面反映了企业与科研院所及大专院校对成果的认识有较大分别：科技成果对企业而言意味着效益，但对科研院所和大专院校而言或许仅用来标志其学术水平，认识不同便导致对成果推广应用的态度不同，再加之客观条件的区别，也就必然导致了上述的结果。

3. 专利情况

从表 23、图 9 可以看到：获专利项目在各组的转化率较未获专利项目略有提高，但对于科研院所而言却反而降低。这种现象又集中表现在中央在京科研院所，其专利项目的转化率仅为 20.45%，其中发明类的为 7.23%。而北京市属科研院所上述两类项目的转化率分别为 84.85% 和 100%，有明显提高。从获专利项目在总完成项目中所占的比重看：中央在京科研院所为 11.08%，北京市属科研院所为 7.37%。这说明并非中央在京科研院所不重视成果的专利保护，问题是成果获得专利以后的推广应用工作应如何进行？

表 23　　获专利项目在完成项目和转化项目总体中所占比重　　单位:%

组别	获专利项目在各组完成项目中所占比重	其中发明类占获专利项目比重	获专利项目占各组转化项目比重	其中发明类占获专利项目比重
大专院校	7.83	26.85	9.18	24.72
科研院所	10.26	41.15	5.73	14.06
国有大中型企业	6.15	14.81	6.81	16.00
高新技术企业	13.99	32.59	15.86	33.60
总体	9.73	33.46	9.35	25.41

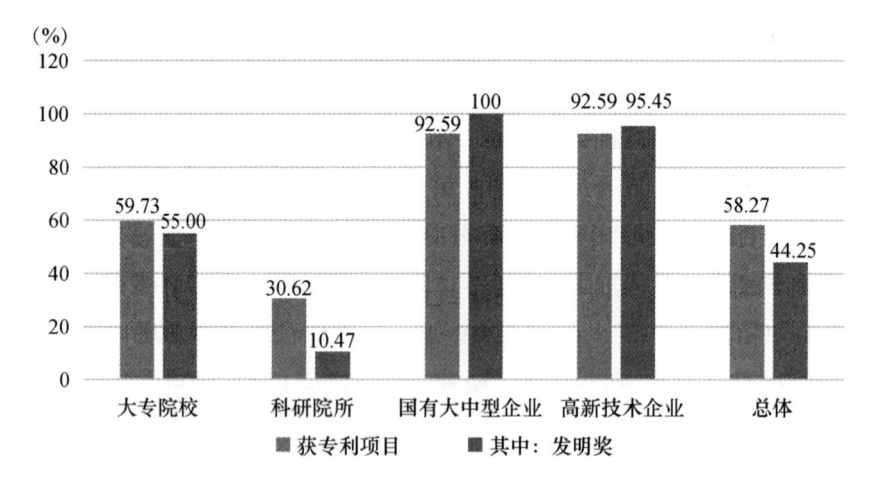

图 9 获专利项目的转化率

柱状图数据（获专利项目 / 其中：发明奖）：
- 大专院校：59.73 / 55.00
- 科研院所：30.62 / 10.47
- 国有大中型企业：92.59 / 100
- 高新技术企业：92.59 / 95.45
- 总体：58.27 / 44.25

综上所述，有一个明显的结论：成果的中介评价对成果的转化影响并不显著，也由此引出我们对成果中介评价的权威性的怀疑。事实上，对成果转让管理中的问题所做调查表明：成果鉴定的问题被排在首位。因此成果的中介评价应与成果的转化相联系，如可成为成果的贷款或成果的转让价格的参照等，总之应在当前科技大潮中逐步完善自身机制，发挥其应有的作用。

七）距离市场愈近的成果不仅转化率愈高，而且产业化的比重也愈大

本次调查将项目按项目类别（即项目研究开发的性质）区分为应用研究、技术开发、产品开发和其他（如技术服务咨询、技术改造等创新成分不大的项目）四类。

1. 项目构成情况

项目构成情况参见表 24、表 25。

表 24　　不同类别的完成项目占完成项目总数的比重　　单位：%

	应用研究	技术开发	产品开发	其他
大专院校	51.00	35.38	11.99	1.63
科研院所	30.93	26.51	27.34	15.22

续表

	应用研究	技术开发	产品开发	其他
国有大中型企业	10.93	32.35	53.76	2.96
高新技术企业	4.66	27.88	65.60	1.87
总体	31.69	30.39	30.96	6.96

表25　不同类别的转化项目占转化项目总数的比重　单位:%

	应用研究	技术开发	产品开发	其他
大专院校	30.31	51.34	15.77	2.58
科研院所	16.47	30.53	31.96	21.04
国有大中型企业	7.08	32.97	56.68	3.27
高新技术企业	3.05	24.62	70.69	1.65
总体	16.29	35.60	39.33	8.79

2. 项目转化情况

项目转化情况参见图10、表26。

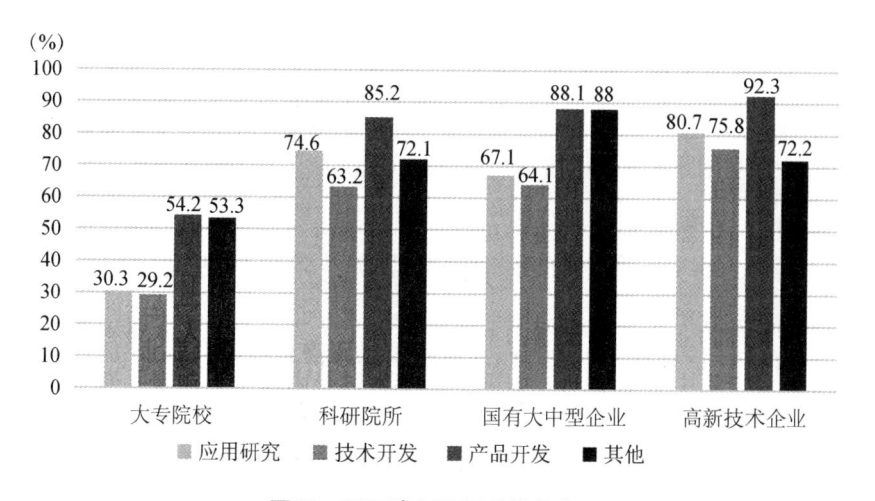

图10　不同类别项目的转化率

表26　　　　　　　　　不同类别项目的转化深度　　　　　　单位:%

转化深度	应用研究			技术开发			产品开发			其他		
	1	2	3	1	2	3	1	2	3	1	2	3
大专院校	9.59	17.94	1.13	50.07	12.33	0.45	16.67	36.84	4.82	35048	38.71	0.00
科研院所	9.52	18.41	0.79	13.70	52.78	2.59	7.00	50.99	5.03	31.94	40.00	3.87
国有大中型企业	22.92	12.50	18.75	31.69	44.37	9.15	51.27	35.59	1.27	0.00	69.23	23.08
高新技术企业	22.22	26.67	4.44	13.01	53.90	4.09	14.38	57.82	14.53	11.11	61.11	0.00
总体	10.28	18.19	1.59	30.23	32.14	2.52	17.47	49.46	8.10	30.11	41.94	4.03

从上述图表可见：大专院校、科研院所以应用研究为主，而国有大中型企业和高新技术企业则以技术开发、产品开发为主，完全符合各自的行业特征。从总体上看，如果我们将应用研究、技术开发和产品开发视为与最终消费市场距离不同的类别，那么距离市场越近的项目转化率就越高。应用研究、技术开发和产品开发的转化率梯次上升。再从转化深度看，形成规模生产和产业化的转化项目比重三者也呈现上升状态。其他类别的项目虽然转化率也并不低，但因其内含项目细分类别较多，缺乏基础数据，故不详论。

以上从此次调查的结果考察了当前成果转化的现状并分析了转化中存在的问题。下面将就目前存在的问题提出一些对策建议。

第二部分　科技成果转化为现实生产力的对策建议

（一）抓好源头，从立项开始就为转化打基础

一）目前主要的立项途径及各自的转化情况

（1）此次调查，立项途径分为国家计划（指政府部门或国有单位的上级主管部门下达的科研项目）、横向委托、自选和其他（如上级单位接受横向委托项目后用计划下达）四类。

（2）统计结果表明：国家计划项目的转化率为39.6%，分别低于横向委托项目、自选项目43.4个和28.1个百分点，差距不小。从转化效益来看，国家计划项目在成果研制单位以外实现成果转化达到产业化阶段的比例在各类项目中最低，为0.72%，而横向委托项目此一比例为9.17%；国家计划项目由成果研制单位自行转化（含合作转化）达到产业化的比例为2.2%，也是各类项目中最低的。自选项目的这一比例为7.15%，其他项目为4.71%，横向委托项目则为2.93%。

二）目前立项方式存在的问题

（1）由于国家计划和国家拨款项目在各类项目（立项）来源和资金来源中转化率最低，我们认为各级政府在努力提高科技成果转化率的工作中必须把注意力重点放在如何使国家计划项目，特别是使用国家资金（包括财政拨款和由政府实际承担资金风险、确定使用方向、使用单位的各类贷款等）的项目的立项更符合实际使用的需要上。从源头开始就为成果的转化创造条件。

（2）应该说明的是：虽然此次课题的调研范围已将基础理论和软科学课题排除在外，然而在应用研究、技术开发和产品开发等实用性较强的领域中不同项目仍然存在着科研和最终使用之间阶段不同、距离不等的事实。承担国家计划和使用国家拨款的主要是大专院校和科研院所（见表27）。无论是从科技人员的学科领域、知识构成和经验积累，从研究重点在理论向实践渐次转化过程中所处的阶段（不具备直接转化可能的基础理论类项目在高校科研项目中占34.7%，在科研院所中占14.4%，在国有大中型企业中占8.3%，而在高新技术企业中只占3.2%）讲，还是从政府期待它们完成使命的角度讲，这两类机构的成果顺利转化为生产力的比例较低，都是可以理解的。但是对于有明确未来成果使用单位或有明确商业前景的项目，目前的立项方法确有改进的必要。

表27　　　　　不同类型的科研单位承担国家项目的比重　　　　　单位:%

	总体	大专院校	科研院所	国有大中型企业	高新技术企业
国家计划项目	100	22.10	54.03	8.53	15.34
国家拨款项目	100	25.76	64.16	4.72	5.36

（3）目前国家项目（此处所指包括国家计划和使用国家资金的项目，下同）自始至终所涉及的各类单位从功能上大致可以划分为四类行为主体：项目和项目资金管理单位（计划下达单位）、科研承担单位、审核单位（包括科技和财务两方面的可行性和结果审核，由项目和项目资金管理单位自任或聘请专业人士组成）和成果使用单位。

（4）显而易见，这种操作方式存在以下缺点：

第一，成果使用单位要在科研单位完成课题后才接触到成果，因此成果能否满足使用单位的要求可能会有问题。当使用单位认为成果不能满足要求时"木已成舟"。

第二，项目和项目资金管理单位，在国家项目情况下就是各级政府部门或国有资产经营单位，是这一操作过程中唯一的经济风险承担者。

三）今后可能的改革方案

1. 改革的基本目标和思路

第一，对有明确的未来成果使用单位或有明确的商业前景的项目，将未来的使用者引入项目选题决策过程。从一开始就为国家项目的成果转化奠定了基础。

第二，设立科学、严密的激励机制和约束机制，使项目和项目资金管理单位、研制单位和成果使用单位共同分担项目成败的利益和风险。尽可能地提高国家资金的使用效益，降低国家资金的投资风险。除国家有关单位为唯一成果使用者的情况以外，国家一般不再单独承担上述（第一点所述）类型项目的全部科研费用。

第三，引入市场竞争机制，提高参与各方的积极性。

2. 操作难点及可选择的解决方法

第一，难点：科技成果的最大价值在于创新，而能够进行创新的主要是项目的科研承担单位。由于市场竞争日趋激烈，在多方共同参与选题和研制方案审定的情况下，对项目成功与否至关重要的研制方案一旦泄露，有可能造成严重的后果，因此必须考虑研制方案的保密性，确保科研人员的利益。

办法：设置必要的隔离带，即对在有关各方中间传递的信息事先进行必要的保护性筛选。关键是选择中立、公正、客观的信息汇总者并用法规和利益约束其行为（参见以下有关中介机构部分）。

第二，难点：确定成果的产权分配和价值。

办法：分阶段，在分阶段工作开始前确定各方投入和相应的产权分割比例。互相监督并记录执行情况，如有变动则在阶段结束时进行调整。遇有争执应尽量通过协商解决，或由社会公正中介机构仲裁。在阶段转移点允许参与各方之间进行产权交易。

3. 上述操作方式的有利之处

第一，使部分项目从转化率最低的国家项目转变为转化率最高的横向委托项目。

第二，由项目未来成果的使用单位提出课题意向，且参与项目资金的投入，调动了使用单位的参与积极性和责任心。使成果的成长过程能始终较好地把握方向，为转化为生产力奠定基础。

第三，项目各方共同承担风险，共同分享利益，使项目过程中各方的协商协作和事前、事中调节成为必要和可能。

第四，项目的科研承担单位通过投标方式产生，从而有可能达到最佳的资源利用和组合。

第五，政府的科技资金投入从总体上看可以投向更多的领域和项目，从单个项目讲所承担的风险大大减少。

4. 上述操作方式的困难

由于参与单位较多且需多次磋商、谈判，组织者的协调能力要求高，且工作量较大。

（二） 健全完善对促进成果转化更有利的成果交易方式

一） 交易类别

调查中普遍反映，成果的中试特别是工业性试验是成果转化为生产力的关键环节。这就对成果交易双方的结合点和结合方式提出了选择问题。在成果使用单位未介入立项决策的情况下，我们将科技成果的交易方式分成两类：无中介交易和有中介交易。

1. 无中介交易

模式一：成果在完全解决技术、工艺等问题，已成熟到可以直接进入商业化批量生产的阶段再进行交易。这是目前多数应用方的要求。这种交易的性质已近似于一般商品的交易。

A. 对成果研制单位

利：成果已经完全成熟，市场前景相对明朗化，需求可能相对旺盛，选择销售对象的余地大，要价也可稍高一些且今后双方发生纠纷的可能性减少。

弊：后期工作对项目能否成功至为关键，但促成成果成熟的后期工作资金投入量大，技术工艺细繁。由于目前我国筹资成本较高，资金约束刚性大，科研人员评价标准中对非理论创新成果的评价又偏低，因此此阶段工作的难度和投资的风险较前期要大得多。此外，科研单位距离市场较远，也不易把握产品消费者对产品各类特征和功能的具体要求。

B. 对成果应用单位

利：成果已经完全成熟，市场前景相对明朗化，投资风险小。且今后双方发生纠纷的可能性减少。

弊：由于需求方竞争相对激烈，交易成本可能上升，特别是在试图独家享受成果收益的情况下（从实际情况来看目前此类交易中出让方多数拒绝独家买断式的转让），由于对成果的技术转移缺乏有效的控制手段，必须准备面对产品市场的竞争。

模式二：成果在实验室模型或小试完成时转让，转化过程的后期工作由受让单位独立完成。目前多数科研机构希望如此。

A. 对成果研制单位

利：学术、理论方面进行创新的需要已得到基本满足而又避免了中试、特别是工业化试验所必然带来的巨大资金、设备和技术困难。可完全避免最终产品的市场风险。

弊：成果不一定能较好地满足受让单位的要求，最终产品的市场前景不够清晰。交易的人力投入较大，成功率低。

B. 对成果应用单位

利：如有能力承担未完技术、工艺的开发，并对市场前景进行判断和操作，就有可能以较低成本取得较大收益，包括买断使用权的可能。

弊：转化成功与否未决因素过多。为使转化成功需作大量资金、人力投入。同样受到资金的刚性约束且面对较大的转化成败风险。

模式三：成果在实验室模型或小试完成时进入交易。研制方和最有可能的成果应用方就中试和工业性试验所需资金、物力（设备等）、人力共同承担的方法及对最终成果所有权分享比例达成协议。成果全部成熟后该厂商如愿从事商业性生产，研制方至少应有由法规保证的一次机会决定与应用方继续共享成果所有权或是要求应用方购买全部股权从而让渡独家所有权及使用权，以此避免共享所有权可能产生的纠纷。成果价格可先行协商解决，如双方有争执则可以采用各种中立公正的裁定方法来解决。如：向社会其他可能的应用厂商拍卖成果，同等条件或一定条件下合作厂商有优先购买权。迫不得已的情况下也可诉诸仲裁或司法判决。

A. 对成果研制单位

利：避免了后期资金、设备投入的巨大困难和相关的一部分风险，且由于和成果最终使用单位共同开发有关技术和工艺，目的明确，手段齐全，不但利于项目本身的成功，还有可能结成长期、密切的合作关系，利于今后的发展。

弊：在产权共有的情况下对成果使用所带来的收益分配进行监督

有困难，不能避免与应用方发生纠纷的可能。此外，在后期开发中已无技术、信息秘密可言，一旦与应用方在尚未投产的情况下关系破裂，难以保证成果不被盗用。

B. 对成果应用单位

利：同成果研制单位共同进行后期开发，技术支持有保障。还有可能结成长期、密切的合作关系，利于今后的发展。

弊：对项目技术和市场的最终成败判断难度较大，因此需要承担后期开发投入的风险。

交易成功的基本条件是买卖双方都能得到（至少是最低限度的）某种满足。从以上三种无中介交易模式看，前两种利益偏向性很强，基本是一厢情愿的模式，因而成功的可能性小。第三种方式虽然双方利益与风险共担，应是较理想的方式，也有成功的先例，但交易实施过程较为复杂。需要设计一套周密的规则来防缺堵漏，引导双方走上良性合作的轨道。

值得注意的是，就无中介交易而言，以往的调查表明：越是技术难度大、投资多、市场风险大的新技术产品，开发成功后的效益越高。广东等开放地区企业的竞争意识、风险意识强，它们到北京专找那些只具雏形的高新技术，敢于承担风险，大胆投入资金，促使其早日成为自己独有的拳头产品。而北京的企业总是要求科技成果成熟、配套、工艺齐全①。因此新产品往往起源于南方省份。通过广播、电视和报纸发布北京新科技成果的消息，远在数千里之外的客家人会当夜打长途电话来联系转让事宜，而北京本地的企业领导却姗姗来迟。如果要设法提高科技成果在北京地区就地转化的比重，就必须帮助本地的企业家在他们因缺乏竞争意识、科技意识、市场意识而被外地竞争者挤压以至逐出市场之前尽快转变保守、落后的观念。

---

① 参见北京市人大常委会教育科技委员会报告，1993年7月。

2. 有中介交易

此次调查过程中对目前成果中介推广机构的功能和效果评价不一。我们认为对中介推广机构的角色定位和机制构造仍有理清思路的必要。

1）中介推广机构种类

从所有制和管理体系可分为：官方（半官方）的中介推广机构如现有的市科技成果推广服务中心；民间的中介推广机构如目前北京25所高校组成的科技成果推广信息网。

从功能和运作方式可分为：纯粹在交易双方之间进行中介推广服务的机构；交易一方（往往是科研院所、大专院校）所组织的成果推销机构，严格地说，因有明显的对交易一方的利益偏向性，此类机构不应视为真正的"中介"机构；收购成果加以必要开发和包装再转手向生产企业出售成果的专业中介推广机构（或曰成果经营机构）。

从目前实际情况看，那种收购成果加以必要开发和包装再转手向生产企业出售的中介推广机构在我国还少见。这类机构在某些方面虽然有些类似于美国硅谷的科技风险投资企业，但因其未进入生产过程就转让了成果，所以我们只能将其视为中介推广机构。

2）改进中介推广机构工作的基本思路和可能途径

在我国目前的经济和社会发展阶段，对科技投入的认识和能力相对有限，对科研单位和科技人员的利益保护法规的制定和执行尚不完善，因而迫切需要有权威性的、服务功能齐全的中介机构，但是公正、客观的中介机构的建立、运转和发展只能由政策引导，在政府的有效控制下逐步向市场调节方向过渡；完善法规，规范中介推广机构，从而提高它们的权威性；健全中介推广机构的功能，使其能在更大范围内有效地从事中介工作；从教育入手，通过在有关院校开设知识产权法规、无形资产评估、科技成果鉴定、项目可行性分析等课程，对在职人员和高校师生进行培训和提高；将中介推广机构的利益和工作业绩更密切地结合在一起。

（三）有效解决成果转让纠纷所依靠的条件及方法

1. 各有关方面应做的工作

（1）政府司法立法部门应定期深入各类科研单位和科技成果使用单位，及时了解实际工作中存在的问题，在认真听取有关人员的意见的同时不断提高自身的专业知识水平，以便合理地制定、修改、完善有关知识产权保护和纠纷处理的法规。

（2）科研单位和成果使用单位签订的合同本身要符合技术合同的规范要求。对今后可能产生纠纷的问题作出准确、严密的事前预防安排。权利、义务、责任和利益都界定清楚，还要有严厉的违约罚则。

2. 途径

（1）加强科技人员和企业管理人员的法制观念，教会他们必要的法律知识。在用法律知识武装科技人员方面，北航的实例是很好的典范，值得向所有科研院所和大专院校推广。这个学校的科技开发部门自己编写了一本书发给教授们，告诉他们应该怎样确定成果的交易价格，成果转让的方式和各种方式的利弊，可能出现的纠纷，解决纠纷的法律依据和途径，等等。

（2）对技术转让合同中技术成果运用的风险，合同双方应有明确的认识，并在合同中对这一风险的划分进行详细约定。

（3）政府的司法和成果推广中介机构主动向成果交易双方提供有关咨询服务，如举办咨询讲座、开展咨询活动。并应建议有关当事单位在签订协议时就进行律师认证或办理公证手续，以提高合同签订质量，增加合同的约束效力。

（4）社会各类商业性法律咨询机构加强和改善对科研单位的服务，真正建立一批懂经济、懂法律、懂技术的"三懂"技术中介服务机构。

（5）提高技术合同的执法力度。对技术合同的恶意违约要加大打击力度，加强生效司法裁判文书和仲裁裁决文书的执行效力。抓住若干典型案例广为宣传，对违法行为造成威慑。

（6）提高知识产权纠纷、技术合同纠纷调解和仲裁的科学性，进而达到提高权威性的目的。有关调解、仲裁机构应加强和各类专业人才的接触了解，逐步建立一个权威的专业人士网络来协助完成调解和仲裁工作。

（7）目前成果所有单位对项目鉴定和专利申请过程中关键技术的泄密非常不满。在调查过程中我们发现这类问题主要是职业道德问题。在道德和舆论不能有效约束的情况下只有依靠法律。在知识产权保护方面，鉴定会参加人、专利审核人等涉及尚未公开的理论、技术、工艺等的人员必须以个人签署法律文件的方式履行法律手续承担保密责任，违反者的渎职行为应受严厉的法律制裁。

（四）建立来源广泛、选题科学、管理严格的科技项目风险投资基金组织

目前虽然已经存在国家自然科学基金一类的科技投资组织，也产生了中国经济技术担保投资公司一类一定意义上的中介机构，但据调查中所反映的在科技成果转化为现实生产力问题上科研和成果转化两个阶段资金最为缺乏的情况，现阶段我国对于科研和成果转化工作的资金投入不足是毋庸置疑的（固然我们不能准确定义什么样的状态才算资金投入足够，然而每年有相当数量申报的科研课题因无资金来源而不能启动，也有许多科技成果因缺乏资金支持不能转化为现实生产力或达不到产业化的规模）。

问题不在于社会可利用资金总量不足，而在于缺乏一种机制将各类社会闲置资金吸收一部分到科技投入上来，从而缓解政府方面可利用资源的不足对此问题产生的影响。

（五）中试基地问题虽尚未完全解决，但是也不必由政府专门投资建立公共中试基地

中试是科技成果转化为现实生产力的关键环节。这一点已为各有关方面所公认。政府也对建设公共中试基地做出了计划。然而根据此次调查的结果，只有12%的科研机构（包括企业内科研部门）完全无法解决中试基地的问题（见表28）。中试基地是产品由实验室阶段向商品化工业生产阶段过渡的必要衔接条件，但由政府专门投资建立公共中试基地的做法值得商榷。

表28　　　　　　　　　　中试基地条件调查　　　　　　单位：个,%

	单位数量	占总体比例	排名
自我拥有	79	56.4	1
与其他单位共有	21	15.0	2
可租借	12	8.6	4
无法解决	17	12.1	3
其他	11	7.9	5

（1）各种不同的科技成果对中试基地的要求如设备类型或技术条件是不同的，至少是不完全相同的。因此公共中试基地的通用性是相当有限的。

（2）从资金的角度看，在政府财力有限的情况下根本没有可能为每一个部门建立公共中试基地。即使有资金建立了中试基地，它对来参加中试的成果采取怎样的收费标准？免费还是国家给予一部分补贴？如果补贴，这部分钱出自何处？如果正常收费，对大专院校和科研院所如何收费仍是一个无法解决的问题。研制资金尚且不足，更何况比研制资金更多的中试资金。

（3）从管理形式上看，谁是管理的主体？国家还是企业？经营形式是公益性还是商业性的？风险和利益如何分担？这些问题都需要认真考虑。

中试是成果转化中长期存在的问题，应在市场经济条件下考虑其建立和运作的方式。事实上，如果能够有一种机制使科技成果与市场自然结合，即大专院校和科研院所的科技成果能够被成果的使用单位——企业所接受，那么上述意义的独立的中试基地建立也就不必要了。

考虑到调查中所反映的各类中试基地条件情况以及上述所论，建议在市场经济条件下以企业为主体考虑公共中试基地的投资机制与运作模式。将有限资金最大效用地分配在重点科技成果的转化上。

（未发表）

"八五"期间我国部分主要科技成果转化应用中的若干问题和对策建议（节选）

背景说明：20世纪90年代中期，党和国家提出要实施科教兴国战略。1996年年初，国家科委为举办省部级领导干部"加速科技成果转化"专题研究班的需要，发文对"八五"时期完成的部分主要科技成果转化情况进行调查（国科成字［1996］010号）。基于对1995年完成的"1992—1994年北京地区科技成果转化为现实生产力状况分析及对策建议"项目成果质量的认可，委托该项目骨干成员陈其广等①承担此次"八五"相关调研分析工作。在国家科委成果司的大力支持和各省自治区直辖市科委的协助下，采用分层随机抽样方法确定调查样本838个，分布在28个省、自治区和直辖市，问卷回收率92.2%，有效问卷690份。项目报告全文5万余字，此处只选取了其中有关主要科技成果转化应用中的问题和对策建议部分，而且删除了在上述北京地区项目中相近的内容。

一 资金短缺是普遍现象，但具体症结要详细分析：在政府有限的科技投入并未得到充分运用的同时，社会资金的吸引和利用不足

从1988年到1994年我国的研发（R&D）经费投入数量以及研发

---

① 课题负责人陈其广，成员有马春秋、杜凤超；报告执笔人：陈其广、马春秋、杜凤超。

经费占 GDP 的比重来看①，虽然 1992 年以前我国与其他国家相比，投入数量和所占比重都不高，但处于相对稳定状态。1992 年以后，特别是 1993 年和 1994 年两年和 1992 年相比，所占比重出现过较大幅度的负增长，1994 年的投入数量也是减少的。由于研发经费中有一部分是投入中试阶段的，而北京地区的调研表明：中试可以有效提高成果的成熟程度，因此研发经费的多寡对成果转化有直接影响。

当前研发资金不足的问题至少可以分成两个方面来考虑：首先是如何调动社会各个方面的积极因素，增加研发经费的投入总量。这些年来社会储蓄持续以较高速度增长，表明调查中所反映的成果转化所需资金不足并不是因为社会可利用资金总量不足，而是由于缺乏一种机制将社会闲散资金，尤其是那些效益好、有一定科技开发能力和风险承受能力的企业的储蓄资金吸引到科技投入，特别是成果成熟程度较高、市场前景比较明朗的成果交易和规模化生产方面来，形成"资金催生好成果、成果转化强市场"的局面，而不是"项目盼资金助产、成果求资金转化"。其次是如何从选项、立项、资金配置和使用监管等关键环节下手，提高已有研发资金的使用效率和效益。

（一）当前科技成果转化各个环节中最缺乏资金的是科研项目经费、规模化生产和设备购置

近年来，国家科技主管部门经常听到科技人员呼吁增加科研经费投入。也有一些同志主张应仿照国外实例，规定政府必须将科技研发投入增至 GDP 的某一个固定比例。但在我国目前百业待举的状况和财政税收实际条件下，要在短时期内大幅度增加政府科技研发投入并不实际。最为紧迫也是最有实效的是首先保证现有的政府研发经费能够有效地使用到最需要最关键的地方去。调研组按照项目成长阶段和项目成果转化生成要素对各地共计 690 个单位进行了有效的问卷调查。

---

① 参见 1990 年、1992 年、1995 年的《中国科技统计年鉴》相关数据。

在项目成长阶段的研究开发、中间试验、规模化生产和市场促销以及其他五个选择中，依照答案的排列顺序加权合计，总体表明：上述五个方面里资金不足最为严重的是研究开发，其次是规模化生产、中间试验和市场促销。规模化生产排序比较靠前，说明我们当前不但缺乏足够经费来更大规模更大力度地支持科技研发，同时也缺乏资金来使得已有的科技成果能够较快地大规模地转化为商品（产品）生产。从事规模化生产的主体是企业，而对科研单位的调研中反映出这方面的问题，在两者间问题的处理上政府确实可以而且应该有所作为。

那么，政府已有的对科技成果应用的资金支持是否得到了合理和充分的运用呢？调研组成员在对某地区的调研时发现：政府的科技成果推广贷款在选项方面依然存在问题。国内银行目前已经进行了功能区分。商业银行以效益最大化为目标，政策性银行的资金和业务能力尚有欠缺。对科技成果的推广贷款，银行首先考虑安全性。故选择时关注的首先是申请单位的所有制属性、规模和效益，而不是科技成果的技术先进性、工艺成熟度和市场前景。小单位、困难单位即便有了好的科技成果也很难申请到贷款，而国有大单位即使表现平平、项目先进性和成熟度一般，也很有希望得到贷款。这样，科技贷款就在一定程度上违背了政府扶持优秀科技成果转化的初衷，类同于一般商业贷款。此外，将本来就非常有限的政府科技投入用于那些立项必要性未经充分论证、首要目的为进行相关科研机构规模的外延扩张的情况也并非完全不存在。

从项目成果转化生成要素来看，流动资金短缺是近期各类企事业单位较为普遍的情况。但就总体而言，调查结果显示：设备购置资金不足排在第一位。这一方面是因为近几年来信息传播手段发展迅速，科研工作中原来存在的信息闭塞等软件问题大为改观，从而使硬件问题相对突出；另一方面是对外开放程度加大后，存在个别单位片面追求购买进口技术设备的情况。排在第二位的劳务费用和原辅料购置则表现出因流动资金不足部分科研单位工资发放等日常经费存在困难。

问题还不止于此，政府还应考虑到其中隐含的更深远的问题，即：经费不足还可能造成不能适当、及时地提高科研人员物质待遇，从而导致部分科研人才流失。货币和物价变动对科研工作的影响属于比较深层次的问题，项目未要求对此特别关注。

（二）政府拨款和横向委托付款的权责利关系被认为对成果转化最有利，风险投资和多方合资被认为最不利

项目组开列了成果转化所需资金来源的六种给定选择（政府拨款、银行贷款、横向委托单位付款、自筹资金、多方合资和风险投资）和一个自由填写选项，让被调查单位选择对成果转化最有利和最不利的资金来源方式各一项。

调查结果显示：存在两种较为普遍的心态：一是躲避风险，将承担风险最小的资金来源选择为最有利，而将风险责任最大的选择为最不利；二是试图以客观地反映对于合理承担风险和分享利益的可能性作为选择答案的标准。由于被调查人员多数是科研人员，前一种心态是传统意识和客观条件的自然表露，后一种则是出于事业心和责任感。但两种心态都存在影响政府有关决策的主观愿望。

从逻辑上讲，最有利选项的排序应该和最不利的正好相反。以此来看调查结果，横向委托单位付款、多方合资和自筹资金在两个方向的排序位置较合乎逻辑，银行贷款则不那么符合。政府拨款和风险投资被分别排在最有利和最不利的第一位，主要反映的是问卷回答者的心理愿望，并不完全是科技成果转化的实际情况。以往的调查证明：政府计划项目和政府拨款项目[①]在各类项目的成果转化（应用）比例中是最低或较低的。因为政府全额拨款对科研单位而言风险最小，故而成为多数问卷的答案。如果风险投资不是由风险投资机构承担风险（无论是全部还是部分），而是让申请风险投资的科研单位承担，那么

---

① 科研项目列入政府计划和资金来源有不同的组合方式，有政府计划政府拨款的，也有列入政府计划但不全是政府拨款的，等等。

科研单位肯定会认为风险投资是对自己最不利的。横向委托由于选题和成果应用的问题不需要科研单位多做考虑，经费又由（或绝大部分由）委托单位承担，因此被认为是对成果转化比较有利的。多方合资因为责权利关系的确定和追究问题相对复杂而不被看好。至于自筹资金被认为是不利成果转化的，只能理解为是填报单位躲避风险的主观意愿和目前适度从紧的宏观环境下部分科研单位资金短缺的客观情况的综合表现。

（三）横向委托和多方合资是成果转化资金的有效来源，要扬长避短，发挥其积极作用。关注横向委托和多方合资两种资金来源方式在今后可能的前景是有决策参考价值的

密切科技投入和成果转化之间联系的基本思路应该是更加合理、有效地实行风险和利益共担的原则，并且建立相关的激励和约束机制。尽管政府（计划）拨款项目也可以理解为纵向委托，但横向委托仍然有优于政府拨款之处：

（1）横向委托单位往往就是成果应用单位。立项目的和要求明确针对实际需要。成果的应用事先由委托单位考虑，事后由应用单位安排落实。科研单位无须专门费力、费时、费钱来应对转化问题。政府的科研项目运作较大程度上受到行政管理的影响，对于项目成果应用有关的具体问题熟悉不够、关心不够，且常常事前考虑不多，事后无暇顾及。

（2）"横向"隐含着研发单位和委托单位之间地位平等之意。委托和受托是交易行为，科研单位和委托单位可以商量。政府和所属科研单位之间是上下级关系，科研单位接受政府计划项目是不可推卸的责任和义务，而项目研发的难度和所得经费之间并不保证匹配相称，科研单位动力不足。

横向委托方式固然受到科研单位欢迎，但双方并不是风险和利益平等共担，委托单位系风险于一身。多方合资将责权利和风险的分担更加分散化，尽管谈判和协调需要付出代价。目前调查结果对多方合资所持的否定态度,主要是由于投资主体代表人在现行制度下自身缺乏激励和约束,因而对投资行为缺乏责任感和积极性,造成"无事人人负责、有事个个躲避"的局面。此外,也与科研单位至今仍不喜欢、不习惯、不善于和市场打交道有关。然而,现实表明:多种资金渠道的科研项目近年来呈现上升趋势。本次调研的问卷填写单位在填写项目投入来源时表明:有38.3%的项目是多种资金来源支撑的。随着经济体制和科技体制的进一步改革完善,多方投资的一些不利因素将会得到克服。

(四)筹资成本过高和筹资渠道单一被认为是目前影响成果转化资金筹集的主要原因

影响筹资的因素既有主观方面的,如:承担成果转化的机构不具备借贷资格或信用、缺乏市场融资意识、成果的成熟程度不够、可行性分析不充分,等等;也有客观方面的,如筹资成本过高、渠道单一、国家政策限制,等等。此次调查的对象原则上应是曾获得科技进步奖的科研单位,因而在成果水平和成熟程度方面应较1995年在北京地区被调查的科研单位的成果高,所以在690个调研对象所填写的问卷结果统计中,总体上对筹资产生不利影响的七个给定选择因素(筹资成本、筹资渠道、融资意识、借贷资格、成果成熟度、政策限制和可行性报告)中,大专院校、科研院所类机构把成果成熟度排在了第四位,而企业则是把成果成熟度排到了第六位。但是,北京地区的调查结果是成果成熟度排在第三位。

统计汇总后,影响筹资的第一位因素是筹资成本过高,其中又包括借款利率高、索要回扣多、手续烦琐等;第二位因素是筹资渠道单一,这两点确实反映了目前成果转化筹资中的真实情况。此外,缺乏融资意识被排在第三位(大专院校类机构被排第二位)。说明中央关于建立社会主义的市场经济体制的目标方向虽已家喻户晓,但对于在市场经济条件下如何使成果转化,各方人员了解筹措资金的渠道、正确判断风险、把握时机和完善相关手续的办理仍然是一个需要更多时间来解决的问题。调研组成员曾和北京某高校一教授谈及其所完成的一项成果。双方都认为应用前景可观但目前资金方面有一定困难,针对调研组建议该教授设法筹借资金来推广应用此成果时,该教授却说:"我教书匠当了几十年,安安稳稳地过日子算了,不愿意去冒风险,再说成果应用的事不那么简单,花了时间和精力不一定就能搞好。搞好了对我个人也不见得有什么好处,搞不好责任就大了。领导如果觉得我这个成果好,还是让领导来想办法吧!"

二 成果成熟程度直接影响成果应用,应加强成果的中试放大工作

此次调查将成果按科研工作的阶段分为四种:实验室阶段成果、中试阶段(含农业小区实验)成果、工业性试验(含农业区域和医学临床试验)阶段成果、推广应用阶段成果。

统计结果表明有一个很值得注意的现象:有相当一部分成果属于推广应用阶段成果,也就是说这部分成果至少可以肯定已被应用过,这或许也是此次调查成果应用率较高的一个原因。

表1　　　　按成果所处阶段考察其成熟程度　　　　单位:个,%

	实验室阶段	中试阶段	工业性试验阶段	推广应用阶段[①]
不同阶段的成果数(A)	134	121	128	301
在总体中的比例	19.6	17.7	18.7	44
各阶段中完成时能够直接应用的成果数(B)	75	96	114	301
调研时实际应用成果数(C)	94	104	122	301
B占A的比例	55.97	79.34	89.02	100

注:①处于此阶段的成果往往在登记时已经使用。

（一）成果的成熟度对成果应用率有明显的影响

表 2　　　　　不同阶段成果的不同应用率　　　　单位：%

	实验室阶段成果	中试阶段成果	工业性试验阶段成果
初步应用率	44.62	57.78	57.14
稳定应用率	15.38	20.00	34.29
应用率合计	60.00	77.78	91.43

从表1、表2的数据可以看出：尽管项目结项时的成果所处阶段并不一定代表成果的成熟程度，但确实有一定的关联。相当一部分成果是经历实验室、中试，甚至还要经过工业性试验阶段发育成熟后才能进入实际工业化应用的。因此，不同阶段的成果的应用率依次递增的结果有其必然性。当然，由于成果的多样性，并非每一项成果都必须经过上述三个阶段。有些实验室阶段（技术或设计等类别）成果无须中试即可直接应用生产。此次被调查成果有86%的项目结项后无须做进一步研发就能直接实际应用，说明所调研的获奖成果成熟度相对较高。

不过，如稍加细分，把被调查项目区分成结项后成果并不能直接应用的和能够直接应用的两类，对此后成果应用的影响还是有明显区别的：到1996年3月为止，结项时成果不能直接应用的成果应用率为47.83%，其中初步应用率为36.96%，稳定应用率为10.87%；而成果能够直接应用的此三个比例分别为92.1%、46.74%和45.36%。由此来看，成果成熟度和应用率密切相关。目前，国家和地方政府以及科研单位正在通过各种渠道和方式来解决中试放大条件问题，这个努力方向是正确的。

（二）有关成果成熟程度的若干问题

1. 成果是否成熟应由谁来判定？

检验成果是否成熟的标准是实践，如果一项科技成果技术水平很高但不能应用于生产或社会实践，那么它就不太可能对国民经济的发展直接发挥现实作用。需求创造供给，科学技术工作的出发点之一是满足市场和社会需要，而市场的需求主体是产业和企业，因此科研如何更好地为企业服务是当前科技工作中的核心问题。要使科技为企业服务，首先必须搞清楚企业的真正需求。目前企业的需求主要是两个方面：一是期望用一种新产品来开辟一个新市场；二是对现有生产工艺、设备的更新改造。事实上大部分的需求还是来自后一种。但由于科研人员与企业客观上的距离，往往使得大专院校、科研院所在实验室里研究开发出的成果与企业的需求不符。如某市领导组织了100多位高级科研人员到一特大型企业考察。企业方面提出了20多个目前生产技术中的难题，但见面会后与该企业联系的科研单位却寥寥无几。这说明了当前"科研、生产两张皮"问题仍然是制约成果转化的主要问题。下面就有关成果的成熟程度问题进行探讨：

（1）企业接受科技成果的现实态度受到经济发展阶段的影响。我国经济从总体上讲仍然是短缺经济，外延式扩大再生产仍然是实现产量、产值扩张的主要方式，靠资金和人力的投入要比其他投入简捷、短平快，而以科技进步为主的内涵式扩大再生产在许多企业发展战略中还没有成为主流。

（2）由于宏观经济调控力度加强，企业资金融通和周转难度随之增加，相当一部分企业亏损、急于"找米下锅"，因此对成果的成熟程度抱有一种幻想，期望成果拿来后即能投产并顺利进入市场，尽快创造效益。殊不知这种短期行为从主观上却制约了科技的发展。如一些科研院所在当前为了迎合这种潮流，大量研制短平快项目，使过去的科研积累几乎消耗殆尽，影响了科研发展的可持续性。

（3）从企业角度看，当前大专院校、科研院所的科技成果大部分对企业的现实条件考虑不够。在科技成果转化为生产力的过程中，科研开发工作固然重要，但只是一个开端。要想实现成果的转化还有许多工作要做。这里不但要解决有关工艺、配套设备、材料供应问题，还要解决生产的组织管理、市场开发、销售渠道等问题。另外，资金的筹措也是一个关键环节。没有资金，再好的成果也没有办法实现转化。这样就对科研工作者提出了更高的要求：不仅要考虑当前某部分技术的可行性，还要考虑今后改造中相关技术、工艺的连续性。这是非常困难的但也是必要的。

（4）从科研单位的角度出发看这个问题，由于目前科研单位与企业现实上的距离，大专院校和科研院所的科研人员对生产中的工艺和相关配套技术缺乏了解。另外，资金、设备的缺乏也使成果的中试工作难以进行，因此要想仅仅依靠大专院校和科研院所的科研人员完全解决成果成熟问题是不现实的。

综上所述，要提高成果的成熟程度，科研与生产双方应共同努力。大专院校、科研院所要深入企业，切实了解企业的需求，为企业出谋划策；同时企业也要在市场经济体制下及时转变观念，加强工程技术人才的培养，提高自身的科技开发与对成果的消化吸收能力，加大科技投入力度，促进成果的孵化，使企业的进步真正建立在科技进步的基础之上。

目前的产学研结合方式、部分高校的成果推广网络与企业每年举办供需见面会等，都是促进科研与生产结合的一些好方式。但要想从根本上解决上述问题，必须使现有的体制有所改变，使一定数量的科研人员合理地分流到企业中去，在某些领域使企业集科研开发和应用于一身，更好地解决这些领域成果的转化问题。

2. 解决中试基地问题对促进成果转化非常重要，但是不必完全由政府出资建设公共中试基地

问卷调查表明：农林医类和企业类科研单位的中试基地条件构成较想象的差，总体也比北京地区的不利程度高（参见《1992—1994年北京地区科技成果转化为现实生产力状况分析及对策建议》一文相关内容）。基本无法解决中试基地问题的单位占同类单位总数的比重以大专院校类等较高，比较合乎情理。但农林医类的中试基地问题较预想的大，可能与中试要求的规模、技术工艺条件要求、风险和现行的家庭经营模式不相适应有关。企业自有中试基地的比重低于科研院

所，目前所掌握的资料尚无法准确解释这一现象，有待进一步研究。

尽管中试基地对成果转化有促进作用，而且此次调研也发现中试基地数量不足是影响成果转化的一个现实问题，但如同课题组在北京地区调查报告中所阐释的，从中试基地的通用性、政府财政资金和中试基地的经营管理等多方面考虑，课题组认为不必普遍地由政府出资建设各类公共中试基地。中试基地条件是成果转化中长期存在的问题，从根本上讲应该在市场经济环境下考虑其建设、运作和管理方式。但对中试基地短缺比较严重的行业和地区，由国家计委、经贸委等部委组织、协调建立一些技术开发中心、工程技术中心等具有公共中试基地功能的机构可能还是必要的。

三 目前我国科技成果转化的管理体制的主要问题在成果鉴定、成果产权的确认和保护以及中介机构等方面

问卷调查中，课题组对成果进入转化后需要面对的困难给出了9个给定选择答案：成果鉴定、产权确认、成果定价过低、成果定价过高、中介专业水平、中介资质信誉、中介收费、纠纷仲裁和其他。统计结果表明：

总体上，困难程度依次排序为成果鉴定、产权确认、中介专业水平、成果定价过低、纠纷仲裁、成果定价过高、中介资质信誉、中介收费和其他。

（一）成果鉴定被排在成果转化的管理体制存在的主要问题的第一位[①]

具体有三个方面的表现：

第一，管理不够规范，严重形式化。造成这个现象的原因主要是鉴定人员素质不够高，存在弄虚作假的情况，评价不实。其次是鉴定

---

① 本次调查覆盖的成果绝大多数都是按照1987年的鉴定办法进行鉴定的。

成员专业（职业）构成不合理，考核指标量化程度不够。再次是鉴定的时间距离成果完成时间太久（鉴定滞后），鉴定中还存在泄密现象。为此，有被调查单位提出除了重大、重点项目成果需要政府组织鉴定外，其他项目成果可以不做鉴定，让市场用事实来鉴定。

第二，成果的现行鉴定方式与成果转化的成功率之间缺乏必然联系。本次调查中，有不小比例的成果被鉴定为国内领先或先进水平以上，更有一些被鉴定为国际领先或先进水平。然而，占总体中近半数的被鉴定为国内先进水平的成果的应用情况却好于被鉴定为国内领先和国际先进水平的成果。这一事实表明：鉴定确认的技术水平先进程度与成果的应用率之间并没有严格的正相关关系，单纯从数据看倒存在着相反的关系。这或许是由于成果的水平越高，其技术含量也越高，而转化所需的技术工艺配套程度、资金量也较大。但这种成果水平与转化应用前景之间的不确定性使成果的购买方深感为难。因为买方势必还需要对成果应用方面（工艺设备的开发、规模生产的组织、市场营销推广等）的可行性进行全面的考察，而这个工作或至少有部分工作如果在鉴定时就加以考虑，那么在当前激烈竞争的市场上，成果的使用价值和交换价值就有可能得到更多更早的关注。但上述情况却反映出成果鉴定与成果应用之间联系的薄弱性，因此解决这个问题不仅要规范完善现行成果的鉴定方法，还应结合当前的市场经济体制对鉴定内容进行改革。

第三，现有的鉴定和奖励制度导致科研单位和科研人员对成果转化关注严重不足。在调查涵盖的年份中，获奖成果数量有下降的趋势。尤其是在大专院校和科研院所中，不少科研项目承担者仍然以获得政府认可的奖项为目标。因为成果获奖之后职称晋升、住房、工资等福利待遇问题都有可能迎刃而解，而这些都是上述两类科研工作者最为现实最为直接的需要。成果转化与否、转化顺利与否、转化效益显著与否，既非他们的专长，也不在他们的职责、职权范围之内。很多科研人员把结项获奖作为科研项目的终点站。因此，如何把科技成果转化有关的因素纳入成果鉴定制度和奖励制度，加大成果转化业绩在大专院校、科研院所中的激励,直至专门设立科技成果转化政府奖项,都是值得认真考虑的科研体制机制改革措施。

(二) 中介机构在成果转化过程中的作用亟须改进完善

从成果转化方式来看不同科研机构的区别,可以参见表3。

表3　　　　不同科研机构的各种成果转化方式的比例构成　　　单位:%

	独立应用	合作应用	技术转让或使用许可
大专院校	16.52	45.22	43.48
科研院所	30.55	35.27	38.18
企业	61.31	18.45	22.62

注:各行之和不等于100%,系因同一成果往往不是只有一种转化方式,有的成果两种方式并用。

而在成果转化过程中不同立项途径的成果转让中选择的中介形式也不相同,参见表4。

表4　　　不同立项途径的项目在成果转让中选择不同
中介形式的比例　　　　　　单位:%

	技术交易会、成果展示会等活动	中介机构	自行联系	新闻媒介	其他渠道
政府立项	28.9	14.8	26.6	14.8	14.8
民间立项	10.1	37.4	41.6	5.8	5.1

以上两表表明:

企业的成果转化方式中独立应用的比例较高,大专院校和科研院所的成果转化方式中则是合作应用、技术转让或使用许可的比例较大,这与实际情况相吻合。在转让成果的中介形式选择方面,政府立项成果中以技术交易会、成果展示会等活动为主,自行联系居第二位；民间立项成果中以自行联系为主，选择中介机构的占第二位。这一方面说明中介机构对成果转化的重要性，同时也表明现有中介机构的功能尚待加强。

对中介机构的意见主要是中介机构过分追求自身的经济效益、收费标准高但服务水平不高、中介人员专业知识不足、"只管搭桥但对最终通不通车不负责任"，等等。

鉴于我国目前的经济和社会发展阶段，对科技投入的认识和能力相对有限，对科研单位和科研人员的利益保护法规的制定和执行尚不完善，因而迫切需要有权威性的、服务功能齐全的中介机构，但是公正、客观的中介机构的建立、运转和发展只能主要采取下列途径：(1)政策引导，在政府的有效控制下逐步向市场调节方向过渡；(2)完善法规，规范中介推广服务机构、提高其公信力；(3)健全完善中介推广机构的功能，使其能在更大范围内更有效地从事中介工作；(4)从教育入手，通过在有关院校开设知识产权法规、无形资产评估、科技成果鉴定、项目可行性分析等课程，对在职人员和高校师生进行培训和提高；(5)将中介推广机构的利益和工作业绩更密切地结合在一起。

无论是产业类别，还是科研机构类别，各类别的填写结果都反映了对在科技成果转化过程中具有推广才能的专业人才和高质量的客观的可行性报告的重要性的共同认识。从制度方面应该考虑对希望推广应用的科技成果提出有约束力的编写可行性报告的要求，至少政府立项的科技成果应该有此要求。此次调查关于投入和产出部分的内容能够正确填写的单位不多，其中预期年均收益、投资回收期等指标都是可行性报告的重要构成部分，但许多填写人对此概念认识不清，这也反映了加强这方面工作的紧迫性。

对于怎样把科技成果的推广工作和科研工作联系起来，包括制度、机构的设置、运行和监督，人员、业绩的评价和奖惩，特别是在大专院校和科研院所范围内，问题提出已久，但一直没有具体落实。在全国通盘考虑、安排有一定困难的情况下，各系统、各地区是否可以考虑局部试行一些新的规则。久拖不决容易贻误时机、涣散人心，给急需推动、加强的成果转化工作造成不利影响。

四 政府在促进成果转化的工作中必须"有所为，有所不为"

对问卷"在科技成果转化过程中政府应在哪些环节参与？"一栏的填写内容进行统计，发现多数被调查单位希望政府在成果转化中的每一个环节都发挥作用，统计结果没有显示任何明显的倾向性。填写的具体内容，笼统的如"全过程都应参与""参与转化过程中的各种政策保证和扶植""从各方面保障科技成果转化"。具体的则如：成果鉴定、成果产权的确认、产业政策导向、中试（工业性中试）和推广应用中的资金支持、中介服务（成果宣传、成果推广的可行性分析、确定收益分配比例、提高应用方的科技应用水平、成果供需信息的交流、再开发的投入、明确新产品的税收优惠政策、牵头推广成果），还提出运用行政力量强制推广先进、实用、换代性的技术成果，对公益性成果的推广给予相应政策扶持，等等。

政府固然有责任和义务促进科技成果向现实生产力的转化，但实际上政府既不可能也不应该在科技成果转化的一切环节中都直接参与并发挥主导作用。在社会主义市场经济中政府的主要职责是通过政策法规从宏观上引导、规范、协调各类市场经济行为主体，共同推进经济建设和社会发展。在科技事业上政府也只能和必须"有所为，有所不为"，才能集中精力、财力和物力抓住、抓紧和抓好关键环节，以此带动科学技术事业整体的发展。

（一）"有所为"在当前最紧迫的工作是"稳住一头"

在整个国民经济包括科技事业处于定向、转轨、改制的时期，政府工作千头万绪，不可能像被调查单位填写内容中所要求的那样，在成果研制、开发、应用的全过程中"事无巨细""事必躬亲"。从现有科技体制向社会主义市场经济条件下的科技体制转换，可以采用"制度化过渡"方式，即：由政府设定总体和各阶段目标，制定、完善相应政策法规，并直接运用政府力量执行为实现这些目标所要采取的步骤和措施。也可以采用政府主要确定最终目标和抓住少数关键问题（如：在每一阶段抓住一至二个关键问题）的政策制定和实施，最大限度地发挥各有关方面的主观能动性，逐步地向目标模式"自然过渡"的方式。两种方式的过渡成本、成本分担和实现时间可能会有所不同。采取何种方式主要取决于政府的各方面能力和资源条件。

（二）在一些目前市场调节"失灵"的领域加强政府参与

辩证地看，政府更多地在宏观层面操作的同时并不排除在微观层面操作上因时、因地、因事而定的适度介入的合理性和必要性。

1. 政府参与的积极意义较多地表现在社会发展类和农林类的成果应用和推广业绩中

因为社会发展类项目的成效往往表现在社会效益方面而不是经济效益上，所以成果研制单位和成果应用单位都很难得到直接的特别是明显的经济收益，激励不足。个别成果的应用甚至可能会增加应用单位的费用（成本）支出，而直观地显示为对企业（单位）经济效益的负向作用，尽管社会效益是正向的，如环境保护和劳动保护条件的改善、城市道路噪声测量和控制技术（环境保护问题）、电磁波对肌体健康的影响（劳动保护条件的改善），等等，此类成果的应用就我国的经济发展现状和前景而言，对我国的环境保护和劳动保护事业而言都有其必要性，甚至紧迫性，但由于政策法规制定中的某些滞后、粗疏现象和执法力度的不足，使其应用和推广受到一定程度的不利影响。我们认为：当客观上有要求但实施手段不具备时，制定和实行有关的政策法规从一定意义上看可以认为是超前，然而当客观上有必要且具备了实施手段时却不去及时制定和努力实行有关的政策法规则无疑是落后的。前一种情况下政府应着重考虑如何从各个方面促使有关手段的产生和完善，后一情况下则应随时了解需要和可能之间的匹配状况，并使政策法规的制定和执行及时跟进。当然，政策法规的制定和实施需要一系列的主客观条件，但上述两种情况都要求我们的各级领导更多关注科技研发工作的现状和发展。

农林类项目则是因为目前农村的基本经济活动单位是家庭，而农村家庭的生产活动达到经济规模的比重较工业的基本经济活动单位——企业要低得多。双层经营的问题虽已提出且受到一定程度的重视，但集体经营这一层在许多地区还相当薄弱。然而使用新的技术、产品或设备来替代旧的技术、产品和设备有一个成本和规模的经济性问题。此外，农业（林业）科技推广队伍的人力、财力、物力距实际需要特别是今后长远发展的需要都依然存在很大的差距。这些都决定了农林类科技成果应用和推广工作的难度要比工业类大得多。下列限制条件并非在其他类别成果的应用和推广中不存在，但在农林类成果方面表现得更严格，即：如果不能在短时期内给使用者带来明显的收益，如果暂时不能以使用者现实支付能力的价格来出让成果使用权，如果成果的应用要求一定的规模，甚至只是操作较为复杂都会影响成果的应用和推广。在对农林类项目的调查过程中有不少实际事例印证和加深了调研人员对此类问题的认识和忧虑。

经济组织形式只有在符合社会生产力的实现要求和发展时，才能发挥积极作用并具有生命力。目前农村的经营体制是在实行改革开放政策的过程中形成的，对于此种经营模式给现代科技成果应用推广造成的影响，在经济学界、科技界和决策层中有一些不同的看法。实现四个现代化必须立足于我国的实际情况。在人口（劳动力）素质、筹资能力、体制转换成本等一系列相对而言较为不利的约束条件下如何协调各产业部门的发展，适时提出有利于改善现有经济组织的行为表现的措施，进而实现整个国民经济的持续稳定发展，是摆在政策研究和政府决策部门面前的大课题。

我们认为：农业仍是整个国民经济持续稳定发展的基础，教育和科技则是潜力所在。必须对农村教育和农林类科技成果的应用和推广工作给予更多的切实有效的关注和帮助。认为科技成果的应用和推广既然可以给使用者带来直接的经济利益，因此就可以完全依靠市场经济机制的力量去诱导或迫使农林业生产者主动地运用科技成果的想法是片面的。因为从主观上讲农村地区因循守旧的思想意识和习惯势力的影响尚待进一步克服，从客观上讲农村地区，特别是以家庭为基础的经营单位的信息可及程度、科技成果应用和推广的初始投入能力等物质条件还较欠缺，越是需要运用科技成果来发展经济、摆脱贫困的地区越是如此。在目前的财政情况下，政府能够投入农村（林区）的资金毕竟是相当有限的（包括扶贫资金在内）。如果只是急功近利，着眼于解决一时一地、当时当地群众生活的紧迫问题，从根本上讲至多只能做到"救得了急救不了穷"。

"授人以鱼莫如授之以渔"，从根本、长远考虑，建议：一方面，应认真从巩固、发展和完善农村的科技、经济、行政组织体制和功能出发，保证政府的投入有一定力度，为科技成果的应用和推广创造良好的体制环境；另一方面，必须使农林地区有限的政府投入在严格的制度保证下更明确、更直接地向科技投入的方向倾斜，提高农村（林区）的教育和科技水平。科技扶贫的方针也应坚持下去并做得更好。

2. 进一步完善知识产权法规，加大执法力度，保障成果转化后收益的合理分配

在城市中，成果应用和推广所涉及的利益各方绝大多数为具备法人资格的单位（组织、机构等），成果所有方（出让方）和使用方（受让方）之间的任何纠纷最终都可以诉诸法律。但是农林类科技成果应用和推广中的知识产权和成果收益分配纠纷情况要复杂得多。

有两个比较普遍但又很棘手的问题：第一，农林类成果多数技术复杂程度不高。成果（如良种）一旦被应用，使用者就常常成为成果的"第二持有人"和出让人，其他用户也就不会再通过合法的渠道来购买成果的使用权，大大损伤了成果原创单位的利益。而科研单位要想和数量巨大的单个农户打官司来解决问题是完全不现实的，结果科研单位只好得到多少算多少，吃了亏也只能忍受。第二，目前的良种培育和销售体制使科研单位处于两难境地。如果这两类机构是分离和

独立的，那么良种推广所获得的利益大多数落到了种子销售机构手中。这不仅是由于科研机构无法有效地监督销售机构的经营情况从而确保利益的合理分享（科研机构很少卖断良种的销售权，即便是良种也需要科研机构不断采取措施保证纯度），而且是由于主管部委往往把推广经费分配给种子销售（推广）机构而并不考虑科研机构。反之，如果二者是合一的，科研工作者又可能抱怨难以摆脱行政领导和其他人员为追逐商业利润而不负责任地对待良种的质量问题。

联系到有关政府部门在农林类科技成果应用和推广方面应采取的措施，建议：在目前实际情况下农林类科技成果的应用和推广确实不能对市场机制抱太多的希望。政府在经济方面，尤其是组织协调方面需要承担较多的责任。那些技术、工艺类的成果也许应在一定程度上按照公益性成果的性质来看待，主要靠政府经费来研制和推广。但是针对最近新闻媒体关于种子问题的报道和中央有关会议的精神可以考虑通过立法手段来理顺良种培育和销售机构之间的关系和责任，加以和工商业同样规则、进度和力度的有关知识产权法规的健全和执行，逐步达到保证农业（林业）科研机构正当利益的目的。在有较大刚性的有关法规约束下，我们建议良种繁育和推广销售部门还是一体化经营为好，这可能是目前条件下利用政府法规力量和市场利益分配力量共同来保证农林类科研单位正当利益的有效途径。

3. 在改善成果转化各个环节工作的同时，明确和加强政府的奖励政策

真正优秀的科技成果一旦应用于经济建设和社会发展实践，就会产生巨大的效益。

此次调查涉及的国家级发明奖、科技进步奖项目约占被调查项目总数的10%，省部级科技进步奖约占60%（有项目重合）。由于项目负责人绝大多数是科技人员，对于项目的经费投入情况还比较清楚，但是对如何预测成果应用（推广）后的经济效益，如何掌握和统计成果应用后实际产生的新增产值、利税或增收节支、节创汇等知之甚少，加以一些被调查单位并不重视此方面的工作和资料积累，造成部

分问卷填写不全,难以全面分析获奖项目的投入产出比。以下仅就一些典型项目所了解到的情况略作陈述。

水稻研究所完成的"高产、多抗、优质、杂交水稻新组合汕优10号"项目,是国家"六五""七五""八五"时期连续立项的攻关项目,获得国家科技进步奖一等奖。该项目的投入产出比达到了1：230！经济效益相当突出,市场占有率也极高。该项目负责人表示：在武陵山区和云贵高原尚有推广潜力。需要课题人员去搞好示范点及丰产方,做到良种良方一起推动,但在时间、精力和经费方面有一定困难。此外,该单位和其他被调查单位还反映了农业和林业良种项目的收益分配的合理性问题。

为了表彰在科技战线作出贡献的人员,促进科技工作不断发展,我国先后根据成就类别、奖金来源等不同因素设立了自然科学奖、发明奖和科技进步奖等。虽然上述奖项对科技成果的转化直接或间接、或多或少地有一些积极影响,但严格地说仍然是主要针对科学技术研究工作的上游、中游阶段成果的。为了更加有力地促进科技成果向现实生产力的转化,建议政府加强对成果转化工作取得杰出成就的单位、课题或个人的奖励政策。目前某些部委已有一些特殊奖项,如教委的推广奖、农业部的丰收奖、经贸委的新产品奖等。这些奖项在一定意义上都是奖励成果应用方面的业绩的,但政府是否可以考虑专设一个奖项（其级别应相当于科技进步奖,但奖励的项目成果数量可少些）,或是在科技进步奖中明确规定一个比例用于成果应用推广。

这一类奖励的对象仅限于在将科技成果转化为现实生产力方面作出杰出贡献的单位和个人。确定奖励的依据主要是将成果转化为现实生产力或应用手段后所创造的经济效益和社会效益。奖励对象可以是一个大项目,也可以是多个或一系列中小项目的累积。奖励一般都是事后而不是事前进行的,但仍然可以发挥鼓励和鞭策的作用。设立科技成果转化成就专门奖,将使党中央、国务院"科教兴国"的方针政策在广大人民群众,特别是科技工作者和企业界人士的心目中更加鲜明、更加突出,从而有力地推动这项工作更加广泛深入地开展,使科技工作真正成为我国国民经济持续稳定健康发展的核心生长源。

4. 产业政策、知识产权政策和科技人员生活待遇等政策目前对成果转化影响较大

此次调查在"当前对科技成果转化影响比较敏感的政策种类"的问题中给出了11个选择：税收政策、产业政策、进出口政策、高新技术开发区政策、职称职务评聘政策、金融信贷、人才流动政策、知识产权政策、科技人员生活待遇、成果奖励、风险投资。尽管此次调研是在一个指定的项目类别范围内进行的，被调查样本项目也按照完成单位属性和产业属性被区分成若干个类别，但填报结果显示，对产业政策、知识产权政策、科技人员生活待遇、税收政策和成果奖励排名前五项的选择高度一致。

尽管在目前环境下可能会使人觉得希望政府能将有助科技成果转化的各种政策全部或大部分配套实行过于理想化、过于奢侈，并不现实，而且实际上某些要求如税收优惠，从国民经济向社会主义市场经济方向过渡的大趋势衡量，从健全、完善国家财政税收体制角度衡量，都未必合理。但各级政府机构和有关领导认真听取科技人员的意见，因时因地制宜，努力去逐步创造条件，满足他们的合理要求，更好地推动科技成果向现实生产力转化，仍是我们不可推卸的责任，也只有这样做了，才能更多地得到广大科研人员的理解和支持。

（三）要从立项开始，全过程地关注项目成果的技术先进程度和成熟程度

成果的技术先进程度和成熟程度被以科研人员为主体的调查对象选择为目前影响成果转化的主要因素，使调研组成员感到极大的欣慰和鼓舞。这一事实说明：在经济改革、对外开放的国策实施十几年后的今天，我们的优秀科技人员在商品经济的江河湖海中经受锻炼、磨难，在思想意识方面已经逐渐成熟起来了。有了这种正确的意识，今后的转化工作就一定能够比较顺利地开展起来，进行下去。

当然，要提高成果的技术先进程度和成熟程度不仅是个意识问

题，还有许多工作要踏踏实实地去做。如：项目立项论证中对项目的必要性、先进性，对预期成果水平的充分考虑；在对外交流方面不能只是抱着"拿来主义"的态度，"嚼别人嚼过的馍"；要对应用理论成果和应用技术、产品成果怎样顺利通过中试一类中间环节尽快进入规模化的实际应用及早作出必要的安排；要利用仍然相对有限的资金和机会，捕捉、跟踪（模拟）和赶超国外、界外（省市部委等）的有关科技成果；等等。这些方面的投入在相当长的时期内还必须由政府来参与、来把握。至于成熟度的问题是要靠研制方和应用方双方的努力才能解决得好的：一方面大专院校和科研院所的科研人员要多接触生产实际，提高解决工艺和配套问题的意识和能力；另一方面企业要重视培养自己的科技队伍和提高员工素质，增强对科技成果，特别是高科技成果的消化吸收和再开发能力。

（原载《"八五"期间国家科技成果应用现状调研报告》，1996年）

国企改革中若干值得注意的倾向性问题

随着我国社会主义市场经济理论和实践的不断发展和深入，现有国有企业管理和运行中的一些问题逐渐显露，解决这些问题的紧迫性和重要性凸显。作为一名在工农业一线有过十余年实践经历又接受过十余年高等院校教育的科研人员，笔者愿意将对国有企业改革中的一些倾向性问题的思考和认识提出来，供学术同行和管理部门参考批判。

一 建立社会主义市场经济并不等同于全面私有化，也不是简单地弱化政府职能

从理论上讲也许没有多少人会不认同上述观点，但在部分同志的思想深处，认为只要讲市场经济，那么首要前提就是私有化。他们认为不管怎样改革，相对于私有制而言，公有制总是存在产权不明、政企不分、权责不清、企业经营人员缺乏约束和激励等问题。因此建立社会主义市场经济的关键就是把国有企业私有化。应该将现有国企尽量、尽快私有化或至少采用带有过渡含义（但不完全等同）的"国有民营"等方法。不可否认的是，目前许多国企的确表现不佳，但我们认为原因是多方面的，而不仅仅是一个所有制的问题。把解决国有企业存在问题的希望完全寄托在全面私有化的产权改制上是不可取、不现实的，也不会有"灵丹妙药"般的奇效。具体而言：

（1）我们赞同：除了直接关系国计民生最基本问题和国家社会最

重大问题的若干行业和相关骨干企业之外，的确应该有条件、有步骤地对其他国有企业实行所有制形式和运行机制方式的转变、转换。较为普遍和主动地这样做，是为了让市场的资源分配和调节机制更充分、更有效发挥作用，降低政府对企业的监督成本，使政府能集中更多的精力和资源搞好宏观经济环境的营造和调节。从其特殊和被动的意义看，则是在目前对国有企业的经营在明确目标、健全法规、优选人才和有效监控等关键环节的顶层设计和实际管控尚有不足的情况下，尽快改变国企经营状况，提高国有资产的运用效益，保值增值，促进国民经济表现的改善的必要举措。

（2）即便是在一些公认的"市场经济国家"里也有国企，只是存在国企的行业领域和数量较少。笔者在英国访学期间就遇上了那里的国有企业（主要是公用行业）产权改制风潮。必须指出的是，不论国有企业存在的行业领域的多少和国企数量的多少，只要有国企存在，就一定有怎样搞好国企的问题。从总体上肯定将部分行业、部分国企通过私有化等多种途径改革转变成非国企是必要的，但并不是说所有的行业、所有的国企都要通过产权改制改造成非国企，只有这样才能把国企问题完全解决了。建设社会主义市场经济，对一些行业、对一部分国有企业进行私有化产权改制，是宏观经济结构调整、国民经济健康可持续发展的必要安排。但由于仍然有国企存在，"怎样把国企搞好"的微观经济运行问题必定存在，依然需要解决。对我们的经济学界和有关管理职能部门在前一时期的所言所行，外界有一个评价：研究宏观经济问题太多，而关注微观经济问题太少。可能这个现象是确实存在的。进一步来看，产权改制后剩下的国有企业应该都是有关国计民生基本问题和国家社会重大问题的大中型骨干企业，这类企业从资产、技术和产品等多个角度来评判都是不容小觑的。既然如此，我们不研究、不解决这些国企经营的微观问题行不行？用反向思维的方法考虑一下，如果我们现在能够多花一点时间和精力研究解决改善国企经营的有关微观问题，是否将会对我国经济运行的近期和远期效益都产生积极的影响？是否能使我们的经济改革推进得更稳妥、更深入一些？在这方面，许多国外经济学界的成果是值得分析利用的，诺贝尔经济学奖得主、剑桥大学莫里新的信息经济学中关于委托人和代理人之间的关系处理的成果就很有参考价值。

（3）过分强调所有制对企业业绩表现的影响也许并不适当。中国也好，外国也罢，国有企业都有业绩好的（比如新加坡），私有企业也都有业绩不好甚至破产的。就像邓小平同志讲计划经济和市场经济与社会制度的关系那样①，应该采用客观、辩证的态度来认识产权所有制度与企业的经营效果的相对关系，不能搞片面化、绝对化。研究日本经济问题的部分学者就曾指出：在日本，由于企业间互相参股，企业的最终所有者和直接经营者之间存在许多中间环节，所有者对企业经营的监督和干预要通过中间环节的层层传递在一定时期内才能完成。在那种情况下，在一定的时点上或时期内企业最终所有权与直接经营权实际处在某种分离状态。谁是企业的最终所有者对实际经营者的决策并无迅捷、直接的重大影响。要做好任何一件事，首先是要选对人，其次是要对他有必要、合理的激励和约束机制。不论国企还是私企同样都要解决找人（有职业能力和职业道德的企业经营专业人才）和用人（权、责、利相结合相对应的激励和约束机制）的问题。为什么那么肯定国企就绝对找不好人、用不好人呢？建立最佳的找人和用人机制就一定要以私有制为唯一前提条件？

毫无疑问，自改革开放以来，符合社会主义市场经济环境下经营现代企业需要的人才已经和还将不断产生、成熟。虽然目前对国有企业领导人的选择方式和管理制度较改革以前已有相当的进步，如面向社会公开招聘、建立企业领导人的离任审计制度等，但总体而言，在选择和管理国有企业经营者方面领导意志仍然是不容忽视的决定因素之一。一些合理的改进制度在实际执行中还存在阻力，

---

① 邓小平："计划经济不等于社会主义，资本主义也有计划；市场经济不等于资本主义，社会主义也有市场。计划和市场都是经济手段。"《邓小平文选》第三卷，人民出版社1993年版，第373页。

特别明显的问题是约束机制力度不足。在市场经济中企业经营管理是一种职业行为，有其职业能力和职业道德要求，更有优胜劣汰机制。而目前的国企经营者群体中，除了那些有德有才的同志之外，一部分国企经营者上任之后首先是把个人的车子、房子、妻子、儿子（子女）安排好，然后再考虑工作怎么个干法。如果工作不好干，有德无能者会选择"撞钟度日"，无德有"能"者则会抓紧时间搞"化学工程"化公为私。似乎只要上级领导机关没有严重的不满，他们就依然可以心安理得地在企业经营岗位上待着。在国企改革中我们应当考虑寻求用德才兼备的职业化企业经营者来代替这些不作为、假作为甚至乱作为的经营者。打消国企经营者的官阶意识，解开他们的仕途情结，按照企业规模、经营责任和业绩等因素来确定国企主要经营者的薪酬和其他物质待遇。对用商品化的方法可以解决的物质待遇，如住房，则可以使用商品化的解决方法，对医疗等福利保障则走社会统筹之路。

（4）搞社会主义市场经济主要是希望利用市场自发的调节作用和竞争机制，实现资源的最优化配置和基于供求关系的定价机制。除了受命进行产品生产的少数国有企业（如军工）外，凡是生产商品的企业（包括某些目前仍受到国家的直接价格干预的商品生产企业在内）都要接受市场规则的检验和磨炼，而不是只有私有化了的企业才应该和可能在市场经济环境中发展壮大。相对于将国企私有化而言，尽可能而且尽快地摸索出一套能使国企，特别是国企经营者在市场经济环境下锻炼成长，能与集体企业、私营企业和三资企业在平等条件下的公平竞争中取胜的制度和方法更为重要。

（5）建立社会主义市场经济不是简单地弱化政府功能，而主要是转换政府功能。改革没有现成的道路可走，要探索、要付出代价（包括试错成本），即便有别国的成功经验可资借鉴，也要适应自身国情。在某些时刻，我们可能对国企改革、经济改革的系统方案缺乏清晰思路和配套方案，在那样的情况下，一味强调"不破不立""先破后立"，极有可能顾此失彼，增大改革代价。

有一种观点认为：既然是"摸着石头过河"，领导机关最好什么都不要管，听任地方基层和企业自己去"摸"，等见了端倪，好的总结推广，坏的批评制止，这样可以少犯错误，事半功倍。从某种意义上讲，对于如何改革开放，社会各个群体都有许多问题要学习、要摸索，领导机关也一样，既要学习和探讨理论问题，也要掌握和辨析实际情况，某些个别和局部问题可以权力下放、先试先行，但不等于说领导机关就只能跟着群众走、跟着实践走，坐享改革成果。如果照上述主张去做，结果固然有可能会在某种程度上减少决策者犯错误的可能，但无疑也会降低领导机关的权威性，且增大改革的成本。"领导"的"领"字是指走在前列、率领、领先；"导"字则意为指明方向，指导、引导。改革前期富有启发性、创见性的口号有个别在长时期的实践过程中逐渐显露了存在片面和不足的一面，现在回想起来，当初也并非完全不能预见到其可能产生的消极影响。应该说经过十余年的改革开放实践，成功的经验和失败的教训已经使我们的各级领导和广大群众较改革初期成熟多了。现在再推行影响面较大的改革措施，应该在集思广益的基础上更多地先行考虑对不利影响和消极后果的防治措施。例如，80年代初，中青年经济科学工作者学术讨论会上就提出过建立、完善体制转轨时期的社会保障体系的问题，但当时未受到足够重视，现在就只能"亡羊补牢"。以当时的政府调控能力和财政实力要建立这样一个体系想来是有可能比现在更容易。现有的国有企业是老一辈领导和广大工人群众几十年无私奉献积累起来的财富。国企改革不论是私有化、股份化、中外合资合作，还是破产、兼并、收购，国有资产都应尽可能地保值、增值，广大工人群众受益一类的目标应放在前列，不能说只要"盘活"了国有资产存量，怎么做都行，拿"肉烂在锅里"做理由也不一定适合：非但中外合资企业里的中方和外方不是一口锅，就是国家、集体和个人三者也不能随随便便没有前提地"在一口锅里搅勺子"，就连中央财政和地方财政不也是要"分灶吃饭"吗？

二 要做好国有大中型企业,必须搞好廉政建设

中华人民共和国成立以来,国企长时期由政府直接管理,企业经营班子由政府机关考核任命,而且具备行政级别,无论企业经营管理者,还是企业广大职工,都将自己划到"吃皇粮"的队伍中,把企业内部的职务等同于对应的政府职务,企业领导只对上级政府机关负责任即可。在这样的环境里,"上行下效",如果企业的上级领导机关和领导干部不能用党纪国法自律,克己奉公,兢兢业业,又怎么能把所管辖的国企经营者管住管好?只要不改变国企主要经营者按国家行政干部对待的管理方法,就必须首先下真功夫搞好国企领导机关的廉政建设,否则,搞好国有大中型企业就会因管理机构和企业经营层的问题而成为难题。这类典型的例子在身边就有:北京某特大型国有企业在改革前期曾有不错的业绩表现,但主要经营者不能廉洁自律,结果滋生了严重的腐败现象,国家、企业的利益蒙受巨大损失,甚至损伤了相关地方政府和领导机关的形象。

前段时间讨论北京市区道路拥堵问题,我们认为"公款消费"是主要原因之一:如果市区有70万辆机动车的话,公共交通车辆不会超过5万辆,出租车不会超过8万辆,私家车不会超过15万辆,那么剩下的60%左右应该都是"公车"。公款买、公款用,该用的用,不该用的也用,特别是层层攀比,连某些处、科级干部都有了事实上的专车。盈利单位要买好车,亏损单位也不能没有车。从北京某特大国企刚刚传来消息,自查结果超编购买的大小客车有二百多辆!在整顿过程中,该企业领导提出了"要车还是要职务"的问题让有关人员考虑。当然,一个国企能严肃对待这个问题也算难能可贵了!

三 "抓大放小"不应该一刀切地"留大卖小",更不等于"留坏卖好"

为了解一个经营业绩不错、在全国同行业中排名相当靠前的中型国企被指定合资引起的国有资产流失问题,笔者所在单位组织了一个团队去当地调查。在向当地分管工业的市领导了解为什么要硬性规定该企业必须合资时,这位领导说,过去一直为如何解决国企问题所困惑,现在不用了,上面有了"抓大放小"的精神,我们只要抓好若干主要企业(大企业)就可以,至于中小企业,先抓紧把业绩好的"卖"(当时用语,代指合资或股份化一类措施)了,否则再放下去,好的也变坏了,都卖不出去了。当时团队中有同志提出异议,认为领导机关当时对国企改革的精神并不是中小企业不论具体经营情况如何都要"一卖了之",也不同意好的国企只要所有制不变就必定会变坏、再想卖也卖不掉了。试问,作为一名领导干部,政府和人民把我们放到重要岗位上是要我们尽心尽力地做好工作,包括搞好国企。如果说只要管好少数几个特大和大型国企,其他国企都卖了了事,那么有什么必要设置这么多的主管机关和部门,配备这么多的管理干部?!每个城市设一个机构专司国企私有化,再设一个专司"特大及大型国企管理"机构就把国企改革的工作全都分解完成了。前些天某杂志刊登了某知名经济学家的谈话,他在高层参与决策,也支持"靓女先嫁"。他认为,不是说丑女不能嫁,但可能会嫁得困难一些,而且肯定靓女嫁晚了要变丑。由此看来,我们的许多理论家和管理人员对搞好国企似乎已经失去了信心。这样下去,也许总有一天还会有理论家或管理人员会提出干脆把国有企业全盘私有化,因为特大和大型国企他们更没有信心和能力搞好!

本文开始我们就明确表示没有必要保留所有的国有企业,但也不赞成用"一卖了之""留大卖小"的办法作为解决国企问题的"华山一条路"。允许各地和企业尝试各种内部改革方法,鼓励兼并、规范破产，包括实行合理引进部分外资都是可以、应该和必要的。但还应同时鼓励相关的理论研究、管理决策和执行人员花些时间来思考如何搞好国企的问题，因为我们毕竟不准备也不可能"根除"国企。在用简练的语言来概括改革的政策目标时，不能也不应头脑简单地片面理解领导机关的精神，特别是不要允许那些偷懒怕苦、腐败堕落人员以这种片面甚至是错误的理解为借口寻租、设租。抓什么、放什么、留什么、卖什么都要具体分析，因地、因时制宜。

四 切实保障工人群众有机会依法合规地参与国有企业经营决策、监督企业经营行为

特别是在企业被并购、破产等关键时刻，要让他们感到是"主人翁"的一部分而不是只能被动地服从，这不但是在解决国企问题的两难处境中寻求较好结果的可能之路，而且已成为确保社会政治经济稳定的关键点。

我们不是没有制度来让国企广大职工参与、监督企业决策和经营活动，而是因这样那样的原因往往使有关制度停留在形式上。这当中有些好心的同志是求稳怕乱，而有些是目无党纪国法，欺上压下，把企业当作家天下。在自上而下的监督不及时、力度不足时，如果企业职工的民主监督权利再不落实，那怎么可能保证国企能够找对人、用好人、管住人？即便不说是防患于未然，至少也要有病能及时得到诊治。

从实际调查的结果看，国企职工对本企业的主要经营管理人员的满意度并非很高。是他们"看人挑担不吃力"还是他们确实有理由认为有的经营者不称职呢？现在有部分国企经营状况不理想，个别的亏损到濒临破产。管理机关提出了"关停并转"的方针，提出了资产重组、债务重组，总之，提出了不少解决办法。在一个国企的日常运行中，特别是在决定它生死的关头，是否应该认真地、深入地了解广大职工的意见和建议呢？现实中不乏这样的例子：有的长期亏损的企业

换了一任经营者就扭亏为盈，起死回生了。在地方政府和主管部门着急地要采取其他办法来解决有的国企经营不佳的问题之前，是否可以消除一些不必要的顾虑，让国企职工对企业的经营管理有更切实、更有效的建议权和监督权呢？一个国企经营不善，不仅要考虑如何处置员工，而且必须考虑如何处置企业主要经营者；一个国企一旦面对破产，要尽可能保护国有资产、保护员工，而不是首先保护企业经营者。即便经营者没有违法乱纪，没有明显过失，也要考虑是否再给他去另一个国企当领导的机会。如果由上级机关出面主持，认真、深入地听取职工的意见，只要职工还有信心，愿意寻求别的出路比如组织新班子、集资入股自救，是否就应该考虑给政策、给期限、给机会？毕竟破产中受直接精神和物质损害最严重的是企业员工。这样做，对社会稳定也是有利的。

（未发表，写于 1997 年）

中国百年工农产品交换比价变化的成因

物价问题是极为复杂的问题。影响价格形成的除可计量的经济因素外，更有许多不可计量（至少是不可准确计量）的社会政治、文化以及心理等因素。一种物价的形成和变化原因尚且很难充分而又准确地说明，关乎工农两大类产品交换比价的变化就更难了。何况此项研究的目的和对中国近代百年工农产品交换比价变化过程所作的描述都是立足于从整体上来观察和分析问题、试图寻找其中带有普遍意义的经济运动规律。因此，本文并不逐年、逐个因素地解释从各个地区到全国范围的存在交换关系的工农产品的价格变动原因，而是删繁就简，仅就1840—1949年这100多年里影响工农产品交换比价的几个主要因素作出一些有根据的理论分析。

对中国近代工农产品交换比价变化原因的分析将基本循着成本和利润或曰价值以及供求关系这两个线索来展开。

一 工农业生产及产品的特点对工农产品交换比价的影响

这里所说的工农业生产及产品的特点是指工农业生产和产品的一般特点，这些特点对工农产品交换比价的影响是普遍存在的。研究中国近代百年工农产品交换比价问题固然应该充分注意到这一特定时期、特定地区的具体特点，然而，如若研究只是局限在这一范围就事论事，这一研究所具有的普遍意义必将大大减损。

在国际贸易高度发达、不同国家内部和国别间的产业分工逐渐产生、发展之前，对绝大多数国家而言，农业始终是国民经济的基础部门或基础部门之一。它的特点是经济再生产和自然再生产相结合。作为经济再生产，它不但直接关乎农业劳动力、农业生产资料以及农业生产关系的再生产，而且直接关乎整个社会的劳动力、生产资料和生产关系的再生产。没有农业生产的发展作为基础，就很难有其他产业部门乃至整个国民经济的发展。① 作为"菜食民族"的中国，上古"食货"说即已是食在货之先，此后更有世代相袭、程度不同的"重农抑商"政策。而"肉食民族"的西欧因海外贸易发达，先唱响的是"重商主义"赞歌，可后来也不得不转调来唱"重农主义"。为养育繁衍人口，为改善生活条件，人类必须发展农业。但农业又是一个自然再生产的过程。农业的基本生产资料是土地，生产物是有生命的动植物，它们有其必需的生存环境和生理节律。人们对于这些生存环境和生理节律所能施加的影响不但受认识能力的限制，更重要的是受创造能力的限制。农业生产物的生理节律决定了农业生产周期长，生存环境决定了受自然条件影响大，等等。农业生产的这些自然特点即便在生物科学获得重大进步的今天也依然存在，变化主要发生在量的方面而不是质的方面。这些特点决定了农业生产的经济特点，这就是：由于受自然条件影响大，生产者在事前对其劳动所得不仅在价值量上没有把握，甚至在实物量上也没有充分把握，生产的风险性较大。由于生产周期长及生产所需的土壤、气候等方面的条件限制，生产的事前调节和事后调节可能性都较小，对供求关系的变化及价格信号的反应速度较慢。与上述情况相伴而来的是农产品的市场供给能力很不稳定，不稳定的供给与弹性较小的需求相结合，导致农产品价格波动幅度大。由于主要是自然力与人力直接结合的生产事业，而随着社会进步、从业知识和技能要求的提高，劳动力价格普遍不断提高，成本推进妨碍了资金积累，也就妨碍了再生产规模的扩大……

---

① 这里作为一般原理来阐述。

工业生产则不同。尽管还包括对天然矿物采掘，它却不再是自然再生产了。生产过程中，自然要素往往只是作为劳动对象的最初形式出现，劳动手段极大地脱离了自然形式的自然力，源于人类感性经验总结和理性发现的科学要素和技术要素占据了主宰地位。它是人类由必然走向自由的重要一步。工业生产的经济特点是：生产者对生产成果的价格量固然也没有充分把握，但对实物量有较确定的把握，生产风险相对较小。多数工业品尤其是生活资料的生产周期较短，生产者对产品品种和生产量的事前调节和事后调节的能力较强，因此能对供求关系的变化和价格信号作出较迅速的反应，这些又决定了较大的供给弹性与较大的需求弹性相结合，有利于缩小工业品价格的波动幅度；由于是新兴产业部门，科学与技术的要素在生产中发挥决定性作用，易于获得高额垄断利润。[①] 这里所说的垄断并非指资本主义发展到相当程度之后的那种垄断，而是指新产业部门由于其技术的先进性和产品的新颖性，在技术扩散、产品普及之前，利用供求关系和消费心理所造成的有利条件获得高于传统产业部门水平的创新利润。这一点对于研究人类社会产业结构的演进等重大问题极具意义。它使新兴产业部门得以迅速积累资金，扩大生产规模，逐渐取得国民经济主导部门的地位。

再来看看工农产品的特点。农产品的一般特点是：加工深度小、附加价值低、产品密度小、保存期限短。工业品则是加工深度较大、附加价值较高、产品密度大、保存期限长。工农业产品的这些不同特点对交换比价形成以及比价变动的影响，我们在此后将结合中国近代百年的事实分别详细分析。

以上所做的一般理论分析是否符合中国近代百年工农业生产及产品的实际情况呢？以下结合有限的资料对其中能够用史实来论证的方面做一些尝试。

[①] 由于土地资源的有限性，农业生产在理论上也应有垄断优势。但史实告诉我们，这种垄断可能性并没有使农业生产者在工农产品交换中获利，原因将在后文论述。

第一，中国地域辽阔，气候类型多种多样。每年都会有一些地区的农业生产遭受自然灾害。如以 1840—1910 年 9 个省份的报告材料为例，最严重时歉收的州县占州县总数的 57.63%，而最理想的年份丰收的州县也不过占 29.24%，平收的州县一般占 40%—60%。[①] 与此同时，各地所生产的农产品大部分又是在本地或邻近地区的市场上销售的。这种粮食供需在地域及时间上的不平衡是造成各地价格资料中农产品价格波动幅度较大的一个重要原因。按照吴柏均博士对中国近代粮食进口贸易问题的研究结论，粮食供需在地域和时间上的不平衡，加上中国近代建立在封建土地所有制基础上的农产品分配制度，使得在丰收年份丰收地区也会发生饥荒，形成粮价大涨大跌局面。

第二，近代中国人均耕地面积很小，农业劳动生产率又很低，众多农业人口将相当大一部分农产品直接作为生活资料消费掉了。供给市场，特别是用来与工业品交换的农产品数量很少。在此情况下，农业生产具有较浓厚的自然经济色彩，除个别商品粮和专业经济作物种植地区外，大部分地区的农业生产并非商品生产。无论是出现供过于求、农产品价格大幅下跌的情况，还是供不应求、农产品价格大幅上涨的情况，由于自然因素不可预测，基本生产资料——耕地有限以及生产首先是为了满足生产者自身生存的直接需要，农民很难在播种之前根据当时的供求关系和价格水平对生产规模进行调节。一些侧面材料可用以论证此点。据对 1904—1933 年分为 4 个阶段的稻、麦播种情况的调查，我国最主要的这两种粮食作物的播种面积占耕地总面积的百分比，前者分别为 40%、41%、37%、40%，后者分别为 26%、27%、27%、27%，均相当稳定。而在相近时期内（1901—1936 年），稻米的平均价格分别为 3.49 元/市担（1901—1911 年），3.56 元/市担（1912—1918 年），5.12 元/市担（1919—1925 年），7.09 元/市担（1926—1930 年），5.43 元/市担（1931—1936 年），变动幅度

[①] 参见李文治《中国近代农业史资料》第 1 辑，生活・读书・新知三联书店 1957 年版，第 761—769 页。

很大，且价格升降与稻作面积比重增减相关程度并不高。小麦的平均价格则为2.54元/市担（时期间隔同稻米，下同）、2.30元/市担、4.04元/市担、5.42元/市担、5.20元/市担，价格升降较稻米频繁，且同样存在着价格涨落与麦作面积比重增减在时期上的不一致性。① 从有关时期中国单位农户的耕种面积也可看出调节生产规模之困难（见表1）。

表1　　　　1870—1933年16省所属55县单位农户耕作面积

单位：市亩/户

年份	1870	1890	1910	1933
总平均	20.6	20.3	15.9	13.8
小麦区（29县）	26.3	26.6	19.8	16.5
水稻区（26县）	10.1	12.2	11.6	10.8

资料来源：卜凯：《中国土地利用》，成都出版社1941年版，第356页。

以上数据也为1929—1933年22省154县的调查所证实。22省调查的结果是：如按田场规模区分，占比最高的是中等田场和小田场，两项合计占调查田场总数的60%。中等田场平均面积是17.3市亩，小田场则为10市亩。② 按照1931—1947年全国20个以上省份的统计，水稻每市亩平均产量330市斤，折合成品粮231市斤；小麦平均每市亩产量146市斤，均折算为成品粮，则两种主要粮食的平均亩产不足190市斤。③ 以此推算多数农户年产成品粮为1900—3300市斤。如为佃耕农民，查川、滇、江、浙、湘、闽、豫、陕8省40个县及

---

① 耕作面积比重引自卜凯《中国土地利用》第271页，成都出版社1941年版，米麦价格因无更合适的全国性资料可用，故采用的是许道夫《中国近代农业生产及贸易统计资料》，上海人民出版社1983年版，第89、90页资料。

② 据卜凯《中国土地利用》，第358、361页资料计算。

③ 原载农情报告、农报等处，经严中平等整理，笔者在此基础上再用统计方法计算，见严中平等编《中国近代经济史统计资料选辑》，科学出版社1955年版，第361页。

地区1927—1934年定额实物地租占产量比重平均约为56.93%，①则上述年产成品粮中又有1080—1880市斤需作为地租交给土地所有者，且不说还要进行种子与饲料等项扣除，每户佃农已只剩下不足900—1400市斤成品粮。当时每户农家的平均人口为5口强，以此计算人均年占有成品粮180—280市斤。若为自耕农，则人均年占有成品粮380—660市斤，但其中需扣除各项生产费用及政府地税等支出近20%。②下余人年均成品粮占有量为300—520市斤。显而易见，这样的占有水平只能主要维持农业人口自身的生存需要（佃农尤其如此）。因此，在价格有利于农产品时，受耕地面积限制，农民没有条件扩大再生产规模；在供求关系不利于农产品的情况下，由于耕种所得实际上仅能维持生存所需，农民也根本不敢缩减耕种面积。这样一来，农产品价格就只有听任大自然的摆布了（有关进出口因素的影响将在后文分析）。

必须说明的是，我们以上所做的计算精确度是很不够的。按1912—1937年全国22省的调查，佃农的比重为农户总数的28%—32%。③而1930年前后实业部所做28省区市农户收支情况调查表明，耕种面积在50亩以下的佃农除川、浙、粤、辽、吉、黑、津、汉8省市稍有余数之外，其余20省市均亏数元至百元之多。④也就是说，以上对佃农占有成品粮情况的估算还是过于乐观了。

舍去战乱频繁的有关时期，我们主要考察了20世纪初至抗日战争爆发以前上海、天津、东北地区及一些有案可查的中小城市、县份

---

① 前引严中平《中国近代经济史统计资料选辑》，第304—305页，原为29%—121.2%，此处按算术平均方法求得。
② 据《中国土地人口租佃制度之统计分析》（华世出版社1978年版）表52有关资料计算。
③ 据经济部中央农业实验所《农情报告》第6卷第6期，第72页及实业部《中国经济年鉴》1935年辑，第7章（G），第1139页资料编制计算。
④ 见1933年《申报年鉴》，社会农村部分（P），第52—56页。

的某些农产品,特别是米、麦、面粉、豆类的价格变动趋势,① 发现农产品价格波动情况有类似西方经济学的蛛网理论中价格和产量波动第二种情况之处,即:供给弹性大于需求弹性,波动逐渐加剧。但前面所做的分析表明:中国近代百年农业生产者受客观条件所限制,很难按前一生产周期的供求状况和价格水平来调节下一生产周期的农产品供给,因此农产品的供给弹性并不大,造成农产品价格波动加剧的原因可能在于需求弹性较小这一方面。即便是伊塞凯尔(M. Ezekiel)发展了的价格波动要间隔一个或两个以上生产周期才影响生产量的理论,也不足以对近代中国农产品价格的波动作出合理的说明。

第三,农业生产既然受自然因素的影响很大,供给能力不稳定,那么可在事后调整农产品供求关系的主要手段就是仓储。中国古代的常平给敛、平准均输等一系列经济政策的基本方法就在于此。近代中国商业史上有关商人囤积粮食和其他工业原料用农产品,蓄意造成供求关系失衡,贱买贵卖以谋暴利的记载固然不少,但这主要是在农业生产极不稳定的情况下,特别是灾荒年份才时行的短期行为,只反映了商人对农业生产者和市民阶层的两头剥削,而没有对近代工农产品交换中农产品处于不利地位的原因作出直接说明。因为仅从商业投机行为而言,制造任何一种商品的供求失衡都有利可图。作为生活必需品,商人用农产品尤其是粮食来进行投机容易获利,这是事实。但农产品毕竟与工业品不同,体积大,价值低,易于变质腐坏,这些特性都不利于保存,即便是为了投机目的进行囤积,农产品的储藏成本也高于工业品。

从仓储角度来分析农产品的产品特性对其在工农产品交换中所产生的不利影响,主要应说明两点:一是农产品不如工业品易于保存,事后调节难度大;二是中国近代仓储事业不发达,使农产品供求关系

---

① 因篇幅所限,此处不再一一详示资料具体情况,读者可参阅拙著《百年工农产品比价与农村经济》"中国近代工农产品交换比价变化状况"一章所附各类物价指数图表,以及《南开指数资料汇编》《上海解放前后物价资料汇编》《中国近代农业生产及贸易统计资料》等书中的粮价统计资料。

的事后调节更为困难。先看一下全国情况。

我国仓储之制起源甚古,历汉唐宋元明清诸代而不废,但民国时期,天灾人祸,仓政废弛,原有仓储,或因军用之强取,或因私人之侵蚀,荡然无存。虽然1928年间民国政府也曾颁布《义仓管理规则》,1930年又修改为《各地方仓储管理规则》,通令实行,实际上却迟至1931年后各地仓储才次第举办。这还是因为"九一八"事变后,富饶的东北粮仓落入日寇之手,当局者深感仓储行政对军粮之保证极为重要。另外,同年秋天,东南大水为患,素称富庶、绵亘数省的长江流域出现农村破产、遍地哀鸿的惨景,当局者又感到仓储行政更须兼顾农村生产事业的辅助。1936年内政部出面发布《各地方建仓积谷办法大纲》,将积谷仓分为县仓、市仓、区仓、乡仓、镇仓、义仓6种,明确规定"各仓积谷数量应比照县市区域内人口总数积足3个月食粮为最高额","仓谷之使用依照下列之规定:一、贷谷;二、平粜;三、散放……"① 但从1934—1936年3年各省市仓储积谷统计来看,资料最全、积谷最多的湖南,人均积谷量也只不过分别约为0.06石、0.09石、0.12石。按所需3个月计算,人月均积谷量仅约为0.02石、0.03石、0.04石,只相当于2—5天的食粮。人口最多的四川,1934年与1935年两年的人均积谷量更少,分别约为0.002石、0.001石,连一天的食粮都不足。② 根本不可能依靠这样可怜的一点仓储来保护农产品价格。就连著名的大米产区江西,1934年126个县仓和乡镇仓中积谷不足定额的占96.03%,一些1933年、1934年两年没遭受自然灾害的县份如大庾、龙南、定南的粮仓中竟然也颗粒无存。③

从粮食销售业来看仓储问题也很突出。上海的调查载:"缺乏新式米仓或米栈,米船来沪,不能久搁……两时供给逐不能互相挹

---

① 民政部统计处:《仓储统计》,1939年5月,第51—52页。
② 仓储量据上引《仓储统计》第4页资料,其中谷款数已按当年谷价大致折算成谷物量加入一并计算,人口数根据《中华民国统计提要》1935年辑有关数据计算。
③ 孙晓村、罗理主编:《江西粮食调查》,社会经济调查所,1940年,第35—38页。

注……去年全年平均每月栈存不过 19 万余石，而每月销数须 31 万余石，由此可知栈存之不足。"① 农业丰收时，农民急于还债，纵有剩余农产物，也无条件储存，只得低价求售；农业歉收时，农民连自己的食粮都很难保证，还要还债交租，根本享受不到涨价的益处（且不说真正的好处往往由居间商所得）。这种情况使得无论农产品价格是涨是落，农民都成为受害者。

二 工农业劳动复杂程度不同对工农产品交换关系的影响

工农业劳动发生的历史时期不同，所使用的劳动对象、劳动工具不同，生产过程的技术和经济组织形式也不同。尽管自经济学产生以来还没有一位经济学家能精确地计算工农业劳动的复杂程度差距，但工业劳动较农业劳动相对复杂已为公认。② 事实上，人类物质生产的发展过程表明：大多数新兴的、全社会性的生产事业（产业、部门、行业）的出现都有其科学与技术发展背景。正因如此，人类诞生以来的历史才能成为一部进化发展的历史，而对不同生产部门的劳动复杂程度的基本判别才不至于变成众说纷纭的疑案。当然，不同国家由于生产力发展的历史状况和现实水平不同，在近代以前特别是由于工农业生产所处发展阶段的不同，两种生产的劳动复杂程度的具体差距是不同的。但一般而言，农业科技的发展速度普遍低于工业科技，因此工农劳动复杂程度的差距大小主要取决于工业发展速度和所处的水平。

中国近代百余年的社会是从延续两千余年农业文明的传统封建社会向以工业文明为主导的现代资本主义社会转变的过渡时期（而特殊的内外历史环境使它转向了生产力基础不足的社会主义社会）。中国

---

① 上海商业储蓄银行调查部：《米》，1931 年，第 61 页。
② 我们在这里所说的农业劳动不包括农业领域的科研开发工作。

人民引以为荣的古代科技发明成果由于种种原因①并未真正转化成社会物质财富的生产力，造成了近代工业建设所需的科学知识和技术设备条件多半是随着外国列强政治、经济、文化、军事多位一体的入侵而引进的局面。这虽然使中国或多或少地节约了像典型资本主义国家英国所存在的那种工业工具机、动力机包括传动机具的发明与改良过程，但同时也使工农劳动复杂程度的差距较快地变为使用中国传统农业工具、按传统方法进行生产的农民和使用（部分使用）近现代外国发明的工业机器、按近代工厂制度和方法进行生产的工人之间的劳动复杂程度的差距。

有两个方面的材料可能有助于对中国近代工农业劳动复杂程度差距的认识。一个是工农劳动报酬的差别，一个是工农业劳动条件的技术构成差别。② 因为在劳动力享有职业选择自由（主要指客观自由或制度允许，如户籍制度等）的情况下，劳动报酬的差别基本上可以反映劳动复杂程度和强度的差别。近代中国并不限制劳动力流动。劳动条件的技术构成则反映了商品生产过程中对劳动者自身力量和外在力量、先天能力和后天能力的需求比例。后天能力的获得、外在力量的运用都要经过学习和训练，从而也就在某种程度上反映了不同劳动的难易程度。

近代中国，工业劳动者和农业劳动者的劳动强度都很大，③ 所受剥削也都很残酷。这两方面的因素我们暂且不予细究。以下是中国近代百年中工农劳动者劳动收入的一些零散材料，系统、翔实的资料目前尚未见到。

---

① 1989 年在参加英国剑桥大学李约瑟研究所召开的亚洲发展动力研讨会时，在吴承明先生、李伯重博士及其他部分中国学者已有成果的基础上，笔者的评述性发言将这些原因归结为封建传统的义利观、人口迅速增长造成的小规模个体农业经营及与此紧密结合的家庭手工业为特点的自给自足的自然经济，国际关系处理中的"闭关自守"政策，"学而优则仕"的知识分子政策，等等。

② 在现代工农业的情况下是资本的技术构成。

③ 关于劳动日长度，农业方面缺乏记载，工业情况可参见《教学与研究》1962 年第 4 期，于颖《有关旧中国劳动日和工资的一些资料》一文。

工人工资状况（按时间顺序排列）：

●总体：

1861—1880 年职工月工资中等水平为 8 元，1891—1895 年为 30 元，1901—1911 年为 10 元。①

1931—1936 年上海 16 个行业工人平均月收入（包括工资、津贴和奖金）分别为 19.9 元、20 元、19.6 元、18.5 元、17.7 元、18.7 元。②

●男工（因农业中以男性劳动力为多数，故需专门关注男工）：

1880—1900 年男工月工资约为 10.4 元。③

1914—1918 年男工月工资约为 12.5 元。④

1928 年上海苏北籍男工月工资为 18 元左右。⑤

1929 年上海 21 个行业男工的平均月工资为 17.52 元。⑥

1930 年 29 个城市男工平均月工资为 16.43 元。⑦

抗日战争爆发后，币制混乱加上恶性通货膨胀，且农民收入有关资料亦极少，姑且略而不论。

农民收入状况：

"农民"包含着雇农、贫农直至富农数个经济生活水平差距极大的阶级与阶层。从研究工农劳动力的劳动报酬目的出发，可比性最强的应是农业雇工的工资。但因近代中国农业中真正资本主义性质的生产关系极少，系统的农业工人工资材料难以寻得。20 世纪 20 年代与 30 年代中，浙江、河北、江苏、安徽、福建等省的农业长工年工资在

---

① 许道夫：《中国近代农业生产及贸易统计资料》，上海人民出版社 1983 年版，第 114 页，其中 1891—1895 年数据存疑待查。

② 据黄逸峰编《中国近代经济史论文集》，江苏人民出版社 1981 年版，第 1746 页，陈达文第 3 表资料计算。

③ 据孙毓棠《中国近代工业史资料》第 1 辑（下），第 1212—1213 页有关资料计算。

④ 笔者据各有关年份《农商统计表》中 25 省最低、最高男工工资平均数计算。

⑤ 据 Antson Wong, "Living Conditions of the Poor in Shanghai", *The People's Livelihood*, 1931 年有关论述计算。

⑥ 《上海特别市工资和工作时间》，商务印书馆 1931 年版，第 124 页。

⑦ 社会调查所：《第二次中国劳动年鉴》，1932 年，第 29 页。

10—50元,即月工资只有1—4.5元。但这则资料可能没有包括由雇主支付的伙食等费用。江苏金坛县的一则长工年工资材料说明包括食费在内月均为6元。① 1948年统计年鉴所载的是比较理想的农业雇工工资资料。1937年农村长工平均年工资不包括伙食费为32元,按同一资料所载短工供伙食与不供伙食的日工资比例为1∶1.8折算,包括伙食在内长工平均年工资应为60元左右。这个数字可能还偏低,因为农村长工常有部分生活条件由雇主提供,即使再增加1倍,月平均也不过10元,依然低于同时期工业男工的工资水平。

为了更全面地把握农业劳动者收入状况,在此再补充一些佃农的资料。不过应该说明,已有资料中佃农的范围很宽,从贫农、中农直至富农都在内,它只是从土地租佃关系角度来区分的。我们根据中国近代农业经济问题专家卜凯1921—1925年对7省15市县的调查,算得平均佃农家庭全部年收入为312.4元,扣除生产性开支如农具修理、肥料、饲料、种子、地税、租金等共约55元,尚余257元左右,平均月收入约21.4元。② 为了求得单个成年男劳力的月收入,我们参考了20年代末北京附近农村一项调查结论。③ 该调查表明年收入为200—299元的农村家庭中(当时调查得知一般家庭平均人口在5人以上。大致男、女壮劳力各1,另有辅助劳力2人),户主即成年男劳力所得收入约占家庭劳动总收入的65.3%。据此推算男性壮劳力月收入约为14元。又据1929—1933年22省154县的调查,每户佃农耕种土地平均为24亩左右,④ 而20世纪30年代初全国28个省市的统计算得耕地面积不足50亩的佃农每户年平均收入为297.1元,⑤ 月均24.76元,按以上方法推算得佃农男性壮劳力月收入约为16元。以上两则推算结果均较前述北京附近农村年收入为200—299元的农家男

---

① 田中忠夫:《革命支那农村的实证的研究》(日文),昭和五年,第198、203页。
② 卜凯:《中国农家经济》中译本,山西人民出版社2015年版,第3章,第86—88页、第99—102页材料整理计算。
③ F. C. H. Lee and T. Chin, *Village Families In the Vicinity of Peiping*, 1929, p. 23.
④ 据卜凯《中国土地利用》,第3集统计资料,土地章第23表计算。
⑤ 前引《中国土地人口租佃制度之统计分析》,第44—45页,表42。

性壮劳力月收入平均 11 元要高,① 但低于同期工业劳动者的收入。

台湾省也有一则资料可作为以上分析的佐证。1903—1937 年,台北市锻冶工、印刷排字工和水田农夫的平均日工资分别为 1.04 元（台币）、1.01 元（台币）和 0.85 元（台币）。② 重工业工人与轻工业工人的工资差别远比工人与农民的工资差别要小。

工人的资本装备率:

工业生产所需设备、原料、资金和其他劳动条件所构成的资本增值系统是靠工人的劳动来推动的,人均资本装备率直接反映了劳动力和资本的比例关系,也是工业生产技术构成的一个侧面。考虑到资料的适用性,我们选择国民政府经济部工业司登记的 1932 年 5 月—1936 年 12 月工厂资本数和工人数来考察。③ 因采用的是加权平均方法,各行业各地区（资料包括 15 个行业、20 个省市）所设工厂在资本规模、资本技术构成和工人人数方面的差别被平均化了,具有此时期工人资本装备率的普遍意义。计算结果表明:1932—1936 年 30 人以上使用机器动力的工厂的工人资本装备率分别为 0.98 千元/人、1.19 千元/人、1.23 千元/人、0.74 千元/人、0.81 千元/人,总平均为 0.9 千元/人。这与资源委员会 1932 年所做工业调查中的资本装备率为 0.8 千元/人略有出入。④

农业劳动力的劳动条件构成:

为具有可比性,我们采用相近时期资料分析农业劳动力情况。据陕、冀、豫、江、浙、粤、桂 7 省 8 县的调查,1928 年贫雇农每户耕地面积平均为 7.48 亩,1933 年为 6.96 亩,合计平均为 7.22 亩。⑤ 以每户 2 个全劳动力计,每个贫雇农全劳动力所耕作的耕地面积仅 3.61 亩,另一则资料则表明:这一时期中国农业人口人均耕地面积约为

---

① 北京附近农村的农家有许多并非农业劳动者,纯农业劳动力的收入水平可能较此数要低。
② 据《台湾省五十年统计提要》(1946) 第 844—847 页各年资料计算。
③ 据经济部统计处编《经济统计》（油印本）有关资料计算。
④ 前引《中国土地人口租佃制度之统计分析》第 3 部分第 22 页表 10。
⑤ 据前引严中平等编《中国近代经济史统计资料选辑》,第 283 页计算。

4.75 亩。① 由于贫雇农的土地系租佃而来，难以计算所使用耕地的价值，这里我们借助自耕农的投资比例来论证。依据卜凯对自耕农情况的调查所进行的整理编纂，② 结果表明：以自耕农的全部生产投资为 100%，则土地投资占 85% 左右，牲畜、农具、饲料、肥料、种子等合计约占 15%。1932 年我国主要的 10 余个省份水田、旱地、池荡地 3 种土地的平均价格为 38.7 元，1934 年为 36.5 元，1935 年为 37.1 元，3 年平均为 37.4 元。③ 以此反算 1932—1934 年我国一个农业劳动力平均所需全部生产条件投资按 3.61 亩耕地计算为 160 元左右，按 4.75 亩耕地计算亦不过 210 元左右。诚然，全国各地各时期情况不一，据 1926 年成都农家的调查，土地投资占总额的 88%，农具及设备只有 1%。④ 那样的话，单位农业劳动力所需生产条件总投资量较我们已做计算更少。

把上述两方面的资料对比一下，工人与农民在劳动条件的技术构成上的差别非常明显。当然，以上计算从资料的选择到计算方法的确定并非无可指责，但在苦于缺乏可靠资料而又为说明问题所需的情况下也只能勉为其难。

价值、生产成本、利润和价格这些经济学基本概念之间存在一定的数量关系。然而，即便是一个经济史中的价格问题，人们也很难确切说明有关商品的价格中价值、生产成本和利润等因素各自的含量及其合理性。不过我们既已证明近代中国工业劳动较农业劳动复杂程度高，而又肯定单位时间内复杂劳动所创造的价值等于自乘的简单劳动所创造的价值，那就可以采用一个简单的数学关系式来表示同样时间

---

① 国民政府统计局统计处：《中国土地问题之统计分析》，1941 年，表 31 农业人口包括地主等阶级在内。

② 编纂方法是依据卜凯对自耕农投资的分析和支出的分析，算出购地投资、耕畜、农具、种子、饲料、肥料和地税各项的比重，卜凯的资料见于前引《中国土地人口租佃制度之统计分析》，第 3 部分表 48、表 52。

③ 据实业部 1936 年辑《中国经济年鉴》，第 6 章土地（F）第 24—26 页材料计算。

④ 章有义：《中国近代农业史资料》卷 2，生活·读书·新知三联书店 1957 年版，第 485 页。

内工农业劳动所创造的价值之间的关系。

$$G = A(N)$$

G 代表一定时间内单位工业劳动创造的价值，N 代表同样时间内同量单位农业劳动创造的价值，A 表示一个大于 1 的系数，即复杂劳动对简单劳动的自乘系数。

这就是说：单位工业劳动创造的价值是同量时间、同量单位的农业劳动所创造价值的函数。如果工农产品的价格比例要真实反映同量时间中两类劳动所创造的价值比例，那么不论农产品价格因价值量的变化而发生什么样的相应变化，只要工农业劳动复杂程度的差距没有变化，同量时间内生产出的工业品价格量始终大于农产品的价格量就是合理的。农产品在与工业品交换时始终是以多量劳动时间的劳动产品去换取少量劳动时间的产品，这种交换比例关系虽然与单位工业品和单位农产品之间的交换比价关系有区别，但无疑表明了农产品在交换中处于不利地位。

三 人口压力及工农产品价格构成对工农产品交换比价的影响

工资（劳动力价格）是商品成本构成中极其重要的因素，讨论成本、价格构成不可能脱离对劳动力状况的分析。在研究中国近代百年工农产品的价格构成时，人口状况是尤其不可忽视的一个重要方面。

近代中国，农业始终是国民经济最重要的生产部门。1949 年农业产值依然占工农业总产值的 70%，而农业人口则占全国人口的约 90%。[①] 在这种情况下，耕地无疑是亿万农村民众赖以生存的最重要的生产资料。根据许道夫先生整理的 1833—1949 年全国人均耕地面

---

① 据《现代中国经济事典》第 41、14 页有关资料计算，中国社会科学出版社 1982 年版。

积资料，在此整个时期中，全国人均耕地面积为 2.6 市亩。① 为了能使我们对人均耕地面积有一个更清楚的概念，我们来做一些国际比较。中英两国在 19 世纪下半叶的人均耕地面积比较结果表明：在这一时期，中国的人均耕地面积大约为 2.26 市亩，英国则为 6.13 市亩。② 中国的人均耕地面积明显少于英国。到了 20 世纪 30 年代，依据 55 个主要国家和地区的统计，中国的人均耕地面积为 2.97 市亩，居第 47 位。③ 如按农业人口平均，则为人均 4.37 市亩，居同类统计的 30 个主要国家和地区的最末位。当时即便以人口稠密著称的日本，农业人口人均耕地面积也有 6.18 市亩。④

这种人地比例就连既有的农业劳动力都不能得到充分利用。1927 年全国农村中与生产事业无关的游民已达 2000 万之多。⑤ 30 年代浙江嘉兴地区的调查则表明：有占农家总人口 1/4 的少壮农民被农业生产排挤出来。⑥ 但是，尽管由于帝国主义列强用战争、不平等贸易以及战争赔款、债款等形式对中国进行了近乎疯狂的财富掠夺，但由于商业和高利贷业的利润远较生产事业丰厚，也是由于巨大的人口压力而使中国近代工业的发展为了避免资金和技术的困难，采取了劳动密集型、劳动对资本可替代性强的轻型工业结构，却仍然无法吸收极其庞大的失业大军。根据 1935 年所做的一次 1000 余县的调查，全家离村的农户占总农户的 4.8%，有青年男女离村的农家则占总农户的 8.9%。然而全家离村的农户中能在城市做工谋生的只有 36.7%，离村青年男女能在城市做工谋生的则为 47.8%。⑦ 这意味着，每百户农

---

① 据前引许道夫《中国近代农业生产及贸易统计资料》一书，第 7 页表 1 资料，用加权平均和简单算术平均分别计算，结果相同。
② 均根据各个年代的资料用加权平均法计算，详见拙文《从中外比较角度看中国近代人口的社会经济影响》，《平准学刊》第 4 辑上册，光明日报出版社 1989 年版。
③ 据《中国土地人口租佃制度之统计分析》一书，第 54—56 页资料计算。
④ 据 1940 年《中华民国统计提要》有关资料计算。
⑤ 张纯元：《人口经济学》，北京大学出版社 1983 年版，第 452 页。
⑥ 薛暮桥：《旧中国的农村经济》，农业出版社 1980 年版，第 89 页。
⑦ 薛暮桥：《旧中国的农村经济》，第 91、93 页。

家中只有 1.76 户全家或 4.2 户的青年男女能在脱离农业后到城市谋得生路。

相对于低下的生产力水平而存在的大量过剩人口使劳动者的劳动收入被压到了马克思政治经济学所定义的劳动力价值以下。按照官方统计,1928—1929 年上海约有 82.3% 的工人家庭入不敷出。① 而 1927—1934 年江、浙、冀、桂 4 省的资料表明,地租侵占必要劳动的比例为 16.1%—75.7%。② 在华北,农业劳动者的劳动收入只占所生产的总值的 1/3,仅够维持劳动者本人生计而不能供养家人。③

由于工业和农业的劳动条件技术构成不同,相对而言,农产品成本中活劳动成本所占的比重较大,而工业品成本中工资成本所占的比重较小。在此百余年中,一方面,劳动力的劳动报酬被压到劳动力价值以下;另一方面,工业品生产所使用的机器设备乃至原材料中往往有部分靠进口来满足,并不受国内劳动力价格因素变化的影响。这样,在价格普遍上涨的情况下,农产品因活劳动成本推进而造成价格上扬的可能性要比工业品因转移的物化劳动增值尤其是进口设备、原材料涨价而引起成本推进价格上扬的可能性要小得多,这也是中国近代工农产品交换比价始终不利于农产品的原因之一。

此外,随着社会生产力的进步,对劳动者的素质要求不断提高。在价格总水平基本稳定的情况下意味着劳动力成本会逐渐提高。农产品成本中活劳动成本所占比重较大,因而有成本递增的倾向;而工业品成本中活劳动成本所占比重较小,虽然劳动力成本也在不断提高,但是由于技术进步、规模经济等因素效用明显,有成本递减的倾向。同时,农产品的物质形态比较单调,因成本变化引起的价格变化以极其直观的形式表达出来,易为消费者判断,而工业品的物质形态千姿百态,成本变化所致的价格变化也容易被掩盖。

---

① 这是上海社会局对 305 户工人家庭抽样调查,载《上海市工人生活程度》,中华书局 1934 年版,第 20 页。
② 前引严中平等编《中国近代经济史统计资料选辑》,第 312 页。
③ 黄宗智:《华北的小农经济与社会变迁》,中华书局 1986 年版,第 306 页。

四 供求关系对工农产品交换比价的影响

供求关系对价格的影响是价值规律本身不可或缺的一个重要组成部分。从价格变动的持续性来分析，某种商品价格变动的长期趋势可能与其内含生产要素价格的变化有关，而价格波动无论规则与不规则则主要是与商品供求关系变化有关。就笔者此前已做的研究而言，分析劳动复杂程度和价值构成等因素可以对相对水平分析方法所得结论做出一些解释，却不能很好地解释变动趋势分析所得的结论。

影响商品供求关系的因素极多，不但有经济因素，还有非经济因素，仅经济因素就已不胜枚举。影响供给的因素有资源条件、生产力水平（主要指科技在生产中的实际应用水平）、生产规模、生产周期、生产成本与利润、外贸、利率，等等。影响需求的则有人口数量与结构、收入水平、消费结构（包括生产消费与生活消费）、消费周期、供给的价格水平、外贸、税收，等等。各个时期、各个地区、各种情况下影响供求关系的主要因素是不同的。以下我们试图对影响中国近代百年工农产品交换比价的几个主要因素进行一些历史和理论的分析。

1. 对近代中国工农产品价格决定方式的分析

吴承明先生曾对近代中国工农业产品在国内贸易中的价格决定方式做过专门研究。他总结道：

（1）工业品的价格水平是在通商都市决定的。要经过批发、中转、零售等许多环节销往内地和农村，每个环节都要加上商业利润、利息和捐税等。所以，它们是逐级加价的。

（2）农产品是由农村和内地流往通商都市，它们往往要比工业品经过更多的中间环节。但是，它们的价格水平（基准价）也是由通商都市这一头决定的，因而在流通中它们是按已定的价格水平逐级压价，以充商业利润、利息和捐税的。①

无疑，以上所引反映了近代中国工农产品价格决定的真实情况。然而，这种价格决定方式产生的原因又是什么呢？或许我们不能完全排除非经济、超经济强制因素的作用，但也决不能完全归因于非经济、超经济的强制。我们认为，就经济因素而言，这是由中国近代工农业生产商品化的具体情况所决定的。

中国近代的工业，尤其是机器大工业，自从超越了洋务运动那种以服务于政府政治、军事目的为首要任务的阶段以后，即已逐步演进为社会化的商品生产。在工业部门就业的中国劳动者尽管收入水平很低，而恩格尔系数很高（为55%—75%），②但除了个别中小城市的少部分工人尚未完全脱离农业劳动，因而有部分基本生活用品不需要得自市场之外，绝大多数工人和其他绝大多数城市市民一样，必须通过市场来满足生活需要。而农民则不然，无论是鸦片战争后西方列强商品的大量输入，还是甲午战争后中外资本主义近代工业企业的纷纷建立，都没有彻底改变几千年来中国农民以自给自足为主的自然经济本色。根据1921—1925年的一项调查，在中国北部地区（包括东北），农民所生产的农产品中平均有56.5%是自用的，只有43.5%的出售。③ 而1929—1933年的一项调查表明：北方农民出售的农产品中，售与本村或邻村的占17%，售与邻近市镇的占43%，售与县城的占35%，只有5%是经长途贩运远销的。并且，按购买者身份来分，在出售的农产品中有15%还是农民买的，居间商购买了53%，消费者直接购买的只有32%。④ 这意味着当时中国北方的农产品总量中只有约17%是在县城以上规模的市场上销售的，远距离销售的只有2.2%。同样的两则资料又表明，南部地区（不包括西南）的商品化

---

① 吴承明：《中国资本主义与国内市场》，中国社会科学出版社1985年版，第280页。
② 较系统的资料可见 The People's Livelihood 等书。
③ 前引卜凯《中国农家经济》，第275页。
④ 前引卜凯《中国土地利用》，第480页。所包括的地区范围较上引《中国农家经济》资料更广些。

程度高一些，农产品平均有 62.8% 是出售的。① 其中 19% 在本村或邻村销售，46% 在邻近市镇销售，25% 在县城销售，10% 进入遥远的市场。按购买者身份区分，在出售的农产品中，10% 为农民购买，71% 为居间商购买，消费者直接购买的只占 19%。② 也就是说，当时中国南方的农产品有 22% 在县城以上规模的市场上销售，进入远距离贩运的只有 6.3%。如果综合加以考察，那么这两则材料表明，中国农民出售其所生产的农产品中的 52.6%，其中 19% 在本村或邻村出售，44% 在邻近市镇出售，29% 在县城出售，8% 进行远距离贩运。按购买者身份区分，农民购买的占 12%，居间商购买的占 64%，消费者购买的占 24%。③ 换言之，农产品中有 19.5% 在县城以上规模的市场上出售，进入远距离贩运的只有 4.2%。这个比例比一位外国学者所做的 1900 年以前进行远距离贩运的农产品占全部农产品的 7%—8% 的估算还要低。④ 以上事实告诉我们，直到 20 世纪二三十年代，中国农民所生产的农产品中只有 19.5% 可能是用来跟工业品相交换的（在县城以上规模的市场上销售，虽然必定包括一些与手工业品的交换，但与工业品交换的可能性比在村里或集镇上大得多），可能性较大的则只有 4.2%。这个比例也就是工农产品交换比价涉及农民直接生产利益的比例。

从各种购买者对所售农产品的购买比重看，居间商掌握了出售的农产品总量中 64% 的价格决定权或最终供给价格，而农民自己所能掌握、调节最终供给价格不受居间商剥削的至多只有 36%。这个比例还小于农民在本村或邻村以及邻近市镇上销售的农产品比重之和。这与工业生产基本上完全是商品生产很不一样。我们再来看一看农民日常生活所需的生活资料来源情况。北方农民生活资料的自给比重是

---

① 前引《中国农家经济》，第 525 页。
② 前引《中国土地利用》，第 480 页。
③ 资料情况同前《中国农家经济》《中国土地利用》。
④ 珀金斯：《中国农业的发展》，中译本，上海译文出版社 1984 年版，第 150 页。

73.3%，南方农民为 58.1%，全国平均为 65.9%。① 而在农民生活资料部分中，真正属于工业品性质的可能有衣着、灯油燃料、医药和生活改进 4 个部分。这 4 个部分的合计占农民全部生活资料的比重，中国北部为 13.5%，南部为 2.4%，全国平均为 17.3%。② 也就是说农民对于工业品的需求量和依赖程度很低。按照前面提及的韩启桐同志整理的海关埠际贸易统计，在 1936 年时以轮船作为运载工具的国内贸易流通额中，工业品占 34%，手工业品占 42%，农产品只占 24%。仅就粮食而言，则只占 6.8%。实际上，当时铁路、公路及其他运载方式也已有一定的运输力量，而且这些运载方式更适合工业品。如果能有一个全部的统计，那么我们可以推定：在当时实际的国内贸易流通额中，工业品所占的比重比上述 34% 要更大些，而农产品所占比重则比上述 24% 更小些。

既然农产品与工业品交换的比例很低，且大部分为商人所控制，农民的生活资料自给比重又很大，对工业品的需求水平很低，而工业则是纯度很高的商品生产，城市人口又完全依靠市场交换来生活，那么，不论是工业品的交易还是农产品的交易，农民都没有重大的影响力量，主要的贸易活动都是由城市人口来进行的，有效需求也主要取决于城市人口的实际购买力，工业品与农产品的价格都是由通商都市来决定，也就不足为奇了。

当然，仅从工农业生产的商品化程度来解释中国近代的工农产品价格决定方式还是不够的。因为我们虽然缺乏整个近代百年的系统资料，但根据许道夫先生的研究，1914—1947 年每一农业劳动力生产的粮食数量以及相同时期全国人口的人均粮食占有量都在下降。③ 其他学者的相关研究则说明，就是按照耕种面积计算的农产品单产指数也

---

① 前引严中平等编《中国近代经济史统计资料选辑》，第 328 页。
② 据前引卜凯《中国农家经济》，中译本，第 522—523 页，第 6 表之资料计算。
③ 前引许道夫《中国近代农业生产及贸易统计资料》，第 341 页。

是下降的。① 而在这种人口压力大、劳动力生产率低、社会生产不足的情况下，由于农产品是基本生活用品，需求弹性小，农业生产者应该是有利可图的。所以我们要说明：上面虽然分析了农业生产商品化程度低，农业生产者（严格讲应该还包括大部分农业剥削者）很少直接参与农产品与工业品的交易活动，亦即农产品的生产与流通分离程度较高这一事实，然而尚未讨论影响近代中国工农产品价格决定方式的另一个重要原因，即进出口贸易。

2. 进出口贸易对工农产品交换比价的影响

中国近代百年自一开始便是一个对外开放的社会。这种在外国列强政治、军事和经济三位一体强力压迫下的开放，必然伴随不合国际公理和惯例的政治、军事和经济特权的索取和给予。所谓特权，特在前无此例，特在国人不能平等享有；而作为权，则是以法的尊严加以确认和保障的。古老的千年帝国在"洋人""洋枪""洋货"的冲撞下震颤。如果说学洋文、说洋话、买洋炮、造洋枪还只是官宦士绅的事，那么，买卖、使用洋布、洋火、洋油、洋针、洋线、洋蜡以及为了买洋货而出售自己生产的带泥土气息的农业和手工业制品，就是黎民百姓也不能不关心和参与的事了。中国近代机器工业产品和农产品的交换关系正是这样开了头。

不能否认的是：从比较成本学说角度来看，至少在近代前期亦即在中国民族工业产生以前，正当的对外贸易（必须谴责不正当的罪恶的鸦片贸易）是给中国经济带来了一定好处。这就是：外国的资本密集型、技术密集型的机器工业产品和中国劳动密集型的农产品相交换，相对地增加了中国的商品总额。② 此外，价廉物美的机制工业品流入中国市场并逐渐取得对传统手工产品的胜利，给中国传统的自然经济、自然经济意识以至社会政治文化意识以巨大的冲击，以此为契

---

① 据前引珀金斯《中国农业的发展》一书第35页的资料，如以1821—1830年的农产品单产指数为100，则1841—1850年为92，1901—1911年仅为78。

② 有关这方面的具体情况，前引刘琦斌的硕士学位论文《中国近代对外贸易比价初探》有较多评述。

机，中国开始走上近代化的道路，尽管这并非西方列强本愿，但是，由于中外生产力水平之间的巨大差距，特别是外国资本主义在华所获政治特权和经济特权的庇护，使中国和外国的贸易固化为主要是农产品或经过初步加工的农产品与机器工业产品之间的贸易，并且这种贸易格局（如交易方式、定价机制等）的控制权又掌握在外国资本主义的手中，利益偏向性更有利于外国资本主义，从而阻碍了中国经济发展水平的提高，阻碍了中国国民经济结构健康和健全的发展，这对中国是极为不利的。因为，只要政治、军事方面还不能平等相处，那么，国民经济结构的严重偏斜就会对该国政治和经济形势的稳定具有极大的危险性。比较成本学说之所以不能作为一种决定国际关系甚至只是国际经济关系的唯一原则，其原因也就在此。

中国近代对外贸易对工农产品交换比价的影响主要出自两个方面，即：进出口商品价格水平的涨落和进出口商品数量的增减。前者可在一定程度上视为开放经济条件下国内市场商品价格受国际市场价格影响的表现，后者则是总供给与总需求平衡关系变动对价格决定的作用。当然，在近代中国工农产品价格的实际变动中这两方面的影响往往是交织在一起的。

中国近代国内贸易商品的价格决定受进出口商品价格涨落和数量增减影响的程度有一个变化过程。西方工业品进入中国之初，由于商品结构和消费习惯的问题，受到国内手工业产品的有力抵抗；市场既小，对国内贸易价格水平的影响也就极其有限。19世纪60年代以后，由于一系列内外因素的影响，西方工业品在中国的市场扩大，对国内贸易价格水平的影响随之扩大；90年代以后设立的国内近代工业，主要是进口替代型的，机器设备以至原材料往往依靠进口，技术先进、经济效益高的企业又大多是外资在华企业，因而国内贸易商品的价格决定在相当大程度上受到进口商品价格水平的制约。农产品方面，国内贸易商品价格水平原来几乎不受进口贸易的影响。一则因为进口商品中农产品的比重极小。按杨端六、侯厚培的分类方法即第一类商品（食物和烟草）和第二类商品（原料及半制品）中的棉花和种子两细类在进口总值中所占的比重，1870年以前只占7%—8%。① 二则出口农产品在当时主要是中国拥有资源与技术垄断地位的茶、丝等商品。国际市场上的茶、丝价格要以中国的年成丰歉为转移。其他农产品，尤其是粮、棉等几乎不出口。但70年代以后，由于国外采用资本主义生产方式生产的同类商品的竞争、中国国内买办化商业和高利贷剥削网也构建得愈益庞大和紧密、中国国民经济部门结构的变化所带来的城市人口与农村非农业人口增加、农村经济作物的种植面积的扩大②以及近代工业生产所需农产原料需求的增加等一系列原因，不但茶、丝等原主要出口农产品的国内价格要取决于国际市场价格，而且粮食、棉花等农村种植业基本产品的国内价格也受到国际市场价格的重大影响（见表2）。仅以粮食、棉花为例，我们来看一下农产品进出口情况的变化。从绝对量上看，主要粮食净进口量，19世纪70年代年均76.27万市担，90年代年均1225.21万市担，20世纪20年代则年均已达2699.3万市担。从相对数上看，1900年前述几类农产品占进口总值的比重已达20%左右，较1870年左右增加了12个百分点。再看棉花，19世纪70年代年均进出口贸易量不过21.35万关担，且为入超。到19世纪90年代年均进出口贸易量已达60.72万关担，转为出超。20世纪20年代年均贸易量更高达274.38万关担，又转为入超。

进出口商品价格水平的涨落对中国近代工农业产品交换比价的影响是由两种原因引起：一是中外实行不同的货币制度，货币汇率发生变化引起。这种变化可归结为形式变化，即由于作为一般等价物的货币本身、价值尺度本身的变化使有关商品价值的价格表现量发生了变化。它的作用范围只限于货币汇率变化有关的国家之间。另一种是进出口商品价格受生产流通过程中有关内在因素的影响而发生变化。这种变化是内容变化，即商品本身的价值量发生了变化。它的作用范围

---

① 前引杨端六、侯厚培《六十五年来中国国际贸易统计》，表5、表6计算。
② 吴柏均的硕士学位论文《中国近代粮食进口贸易研究》对此有具体论证。

表2　1867—1948年中国粮食、棉花、棉纱、棉布及煤油进出口统计

年份	主要粮食净进口（千市担）			棉花（千关担）			棉纱（千关担）			进口棉布（千海关两）④	进口煤油（千加仑）⑤
	稻谷①	小麦	面粉折合小麦②	合计③	进口	出口	合计	进口	出口	合计		
1867	1218			1218	336	29	307	34		34	13188	
1868	682			682	306	38	268	54		54	19936	
1869	592			592	194	69	125	132		132	22616	
1870	242			242	226	22	204	52		52	20026	1204
1871	432			432	342	11	331	70		70	26732	550
1872	1124			1124	208	6	202	50		50	22859	1333
1873	1973			1973	202	25	177	68		68	19420	1445
1874	11			11	12	94	-82	69		69	18286	—
1875	144			144	170	32	138	91		91	20084	2201
1876	984			984	237	43	194	113		113	20229	1780
1877	1793			1793	155	33	122	116		116	18818	868
1878	508			508	106	23	83	108		108	16054	3371
1879	425			425	176	12	164	138		138	22617	4411
1880	51			51	87	18	69	152		152	23411	3560
1881	337			337	138	23	115	172		172	26070	4256

续表

年份	主要粮食净进口（千市担）			棉花（千关担）				棉纱（千关担）			进口棉布（千海关两）	进口煤油（千加仑）
	稻谷	小麦	面粉折合小麦	合计	进口	出口	合计	进口	出口	合计		
1882	398			398	178	42	136	185		185	22739	8289
1883	432			432	211	22	189	228		228	22065	6036
1884	259			259	187	54	133	261		261	22163	7102
1885	541			541	131	62	69	388		388	31510	14652
1886	885		519	1404	111	48	63	383		383	29148	23038
1887	3318		443	3761	174	69	105	593		593	37073	12015
1888	12174		446	12620	157	203	−46	688		688	44462	16613
1889	7290		478	7768	114	504	−390	679		679	36158	20655
1890	12929		606	13535	150	299	−149	1081		1081	45052	30829
1891	7997		551	8548	111	356	−245	1211		1211	53310	49349
1892	6740		524	7264	107	509	−402	1304		1304	52764	40533
1893	16172		604	16776	53	576	−523	982		982	45170	50007
1894	10994		851	11845	43	747	−704	1160		1160	52138	69705
1895	17233		1146	18379	45	896	−851	1132		1132	53121	52018
1896	16070		1177	17247	99	418	−319	1621		1621	79337	66958

续表

年份	主要粮食净进口（千市担）				棉花（千关担）				棉纱（千关担）			进口棉布（千海关两）	进口煤油（千加仑）
	稻谷	小麦	面粉折合小麦	合计	进口	出口	合计	进口	出口	合计			
1897	3591		955	4560	160	493	-333	1574		1574	78704	99349
1898	7929		1387	9316	229	274	-45	1959		1959	77686	96882
1899	12572		2493	15065	278	229	49	2745		2745	103553	88413
1900	10595		2602	13197	135	712	-577	1488		1488	75692	83580
1901	7530		3694	11224	255	291	-36	2273		2273	99772	131119
1902	16609		3004	19613	249	775	-526	2448		2448	127700	89934
1903	4782		1220	6002	59	760	-701	2738		2738	128750	84998
1904	5730		1492	7222	60	1226	-1166	2281		2281	124196	156891
1905	3802		1483	5285	91	789	-698	2560		2560	181661	153472
1906	7999		2839	10838	45	770	-725	2541		2541	152952	128688
1907	21789		7024	28813	116	988	-872	2273		2273	119111	161284
1908	11499	-31	588	12056	99	614	-515	1823		1823	111048	186085
1909	6482	-887	949	6554	114	634	-520	2406		2406	137599	145720
1910	16062	-2623	1178	14617	206	1247	-1041	2282		2282	130978	161390
1911	9052	-2295	3474	10231	40	878	-838	1860		1860	144109	235898

续表

年份	主要粮食净进口（千市担）				棉花（千关担）			棉纱（千关担）			进口棉布（千海关两）	进口煤油（千加仑）
	稻谷	小麦	面粉折合小麦	合计	进口	出口	合计	进口	出口	合计		
1912	4546	-1640	4082	6988	279	806	-527	2298		2298	144688	197902
1913	9099	-2203	3910	10831	135	736	-604	2685	1	2684	183222	183984
1914	11516	-2349	3335	12534	126	675	-549	2712	4	2708	184013	230201
1915	14430	-1805	-61	12686	364	726	-362	2686	20	2666	150678	185070
1916	19222	-1308	-89	17825	408	851	-443	2467	13	2454	137413	147390
1917	2421	-1816	-189	416	300	832	-532	2076	28	2048	159654	157911
1918	11865	-2167	-3194	6575	190	1292	-1102	1132	28	1104	151925	110443
1919	994	-5316	-3855	-8157	239	1072	-833	1405	67	1338	210576	199399
1920	1434	-10058	-3898	-12492	678	376	302	1325	70	1255	247853	189589
1921	17550	-6103	-2059	9566	1683	609	1074	1273	26	1247	209588	175110
1922	32621	-330	4785	37076	1781	842	939	1219	39	1180	219325	209192
1923	38187	12334	9062	59583	1614	975	639	775	89	686	174608	214836
1924	22457	5974	10352	38783	1219	1080	139	576	147	429	192300	223207
1925	21506	588	4015	20114	1807	801	1006	647	65	582	196161	258571
1926	31870	4955	6630	35509	2745	879	1866	449	192	257	205482	232992
1927	35854	1425	11039	38134	2415	1447	968	295	340	45	74735	163969

续表

年份	主要粮食净进口（千市担）				棉花（千关担）			棉纱（千关担）			进口棉布（千海关两）	进口煤油（千加仑）
	稻谷	小麦	面粉折合小麦	合计	进口	出口	合计	进口	出口	合计		
1928	21552	-1055	101	11206	1916	1112	804	285	350	-65	189981	262793
1929	1841	5803	15872	32454	2515	944	1571	234	345	-111	188406	239263
1930	33906	3273	6908	36782	3456	826	2630	162	330	-168	149743	185609
1931	18282	27174	7939	45342	4653	790	3863	48	618	-570	121124	171140
1932	38321	29336	16832	78498	3713	663	3050	96	347	-251	90026	145919
1933	36877	21382	4158	62603	1194	724	470	28	541	-513	45834	187261
1934	21858	9034	1416	33085	1923	346	1577	22	447	-425	22931	119022
1935	36890	10229	1350	46572	907	521	386	19	241	-222	17940	102180
1936	8057	1703	581	365	673	609	64	10	149	-139	11791	104427
1937	9275	718	77	9605	253	631	-378	190	63	-44	13933	118346
1938	11602	-111	660	16618	274	2258	-1984	28	218	-190	19416	66736
1939	9158	8803	7717	32042	4096	153	3943	62	195	-133	17458	61941
1940	18433	2879	7987	32835	4041	63	3978	174	222	-48	67583	69798
1941	25574	3204	10856	41347	2696	289	2407	388	264	124	207416	38598
1942	3465		-133	6785								
1943												

续表

年份	主要粮食净进口（千市担）				棉花（千关担）			棉纱（千关担）			进口棉布（千海关两）	进口煤油（千加仑）
	稻谷	小麦	面粉折合小麦	合计	进口	出口	合计	进口	出口	合计		
1944												
1945												
1946	531	93	1412	2112	4652		4652	3	2	1	35841335	77380
1947	3260	1	2615	5902	2005		2005		58	-58	20260067	100338
1948					1480		1480		317	-317	3912709	33641

资料来源：

①粮食根据吴柏均的硕士学位论文《中国近代粮食进口贸易研究》一文附表，对许道夫《中国近代农业生产及贸易统计资料》一书第144—146页表18进行补充修正。1886—1902年原海关统计仅有进口面粉值记载，现按1903—1915年各年面粉进口量值加权平均，求得平均进口面粉单价，再反算进口面粉量，并按许教授计算口径，反算成小麦数量，以弥补资料之缺漏。许两资料之缺漏，但这种资料方法会有误差。1908—1910年小麦进口量系根据吴文资料补充的。花、纱、布、煤油据前引 Hsiao Liang Lin 书各有关表计算所得。

②面粉在这里已折算成小麦的数量，由许道夫教授折算。

③主要粮食净进口合计一栏中包括杂粮的净进口数量，故合计栏数与前3栏之数不合。

④进口棉布值1867—1873年原记载为银两，1933—1947年货值也已改算成海关两，但因抗战爆发后通货膨胀，故1938年以后的折算率已没有准确意义了。1948年原用金圆券记载，按1＝300万折合法币元后再折合成海关两，也已无实际意义。

⑤煤油原1870—1885年有货值无货量记载，现根据1886—1895年10年量值加权平均每加仑单价，再将1870—1885年货值反算成货量，由于煤油价格变化大，这种计算方法肯定是有误差的。

不只限于货币汇率变化有关的国家之间。

在1935年法币政策实施之前，中国基本是银本位制，此后则为全汇兑本位制。到抗日战争全面爆发，国民政府废止无限制买卖外汇的办法，又成为纯纸币本位制。而近代中国的主要贸易对象国中，英国于1816年、德国于1873年、俄国和日本于1897年、美国于1900年先后实行金本位制，直到1929—1933年经济大危机时期才先后放弃金本位制。中国近代的工农产品交换比价在1894年以前基本上是进口工业品与出口及在国内市场上流通的农产品之间的交换比价。1894年后虽然由于国内工业的发展，交换内容有所变化，但如前所述，国内工业产品价格仍然受到进口商品价格的重大影响。因此，由于货币制度的不同，进口工业品及受进口商品价格影响较大的国内机制工业品在银汇跌落的情况下，在中国市场上出售的以银表示的价格就呈上升趋势；银汇上涨，则呈下降趋势。而对农产品来讲，既以中国市场的价格为考察点，国内贸易又不存在用金与用银的不同计价方式，那么金银比价的变动对农产品价格的影响也就可以忽略不计了（只有考察对外贸易比价时才需分析农产品价格在金银比价变动时的变化情况）。在此种情况下，银汇下跌，工农产品交换比价的变动不利于农产品；银汇上涨，交换比价的变动有利于农产品，也就是情理之中的事了。从工农产品交换比价相对水平分析的总体结论来看，1890年是比较有利于农产品的一年，目前我们还没有其他方面的资料来对此做出解释。但从海关两对英镑、美元、法郎、马克四种主要外币的汇率来看，1890年是1886—1917年银汇最高的一年，[①] 因此汇率的作用至少是该年比价变化的原因之一。此外，虽然影响工农产品价格及交换比价的因素极多，但如仅从整个中国近代的银汇变化状况来看，1867—1916年是持续下跌的趋势，1916—1920年短暂回升，1921年以后又是下跌的趋势，这基本符合唐编指数[②]的变动状况，与

---

① Hsiao Liang Lin, *China's Foreign Trade Statistics*, 1864–1949, Harvard University Press, pp. 190–191.

② 即唐启宇指数。

相对水平分析总体结论也较相符。刘琦斌先生在其外贸比价研究中指出：中国出口农产品生产者身处腹地，环境闭塞，对国际市场行情茫然无知，因而对价格信号反应迟钝。同时由于国内消费水平低，且自然经济色彩较浓，国内市场狭小，使中国对进口品的需求弹性小于出口品的供给弹性，是导致进口品价格较出口品价格上升快的基本原因之一。这也是对本文所做研究结论的一个支持。①

因生产和流通中的内在因素影响造成外贸商品价值的变化，进而又影响工农产品交换比价的情况在中国近代百年中也是很明显的。从整个近代的角度讲，研究中国近代经济问题的学者都会承认，机器大工业的廉价商品是资本主义列强用以对付落后的殖民地国家最有效的经济武器。对于中国自然经济解体最为典型的耕织分离、纺织分离过程，前辈学者已从进口工业品与传统手工业品的劳动效率和价格差距方面做了极为详尽周全的分析，本文不再赘述。我们只是从 1870 年前后工农产品交换比价变化的情况入手来直接认识一下外贸商品价格变动的作用。

19 世纪 60 年代以后，在生产环节中西方国家由于纺织业技术革新，棉纱、棉布相继降低了成本，而在流通环节则是苏伊士运河的通航，伦敦与香港之间的海底电缆的铺设。这样，外国对华输出的机制工业品的生产成本和运输成本（产品价值和交易成本）大大降低，从而使 70 年代以后中国进口的工业品价格大幅度下降。从唐编指数看，1870 年尤其是 1874 年后工业品价格下降幅度很大，如以 1874 年和 1869 年相比，下降了 37 个百分点，工农产品交换比价也从 229 下降到 184。应该说明的是：该种资料的农产品价格指数也是依据进口农产品价格编制的，但由于当时中国进口的农产品主要是东南亚一带的产品，与上述西方工业品价值降低的情况不一样，所以农产品价格指数下降趋势远不如工业品明显。这种差别在香港市场主要商品价格指

---

① 详述请见前引刘琦斌的硕士学位论文。

数的变动中表现得很清楚。① 为了更准确地说明这个问题,排除进口农产品受银汇跌落的影响,我们将进口漂白市布和出口棉花的价格指数及交换比价变动情况编制成表3。表中可见进口漂白市布的价格在1871—1890年下降22个百分点,而出口棉花在此期间虽有涨跌,但变化不大。因此该资料所显示的1867—1890年工农产品交换比价下跌幅度就比唐编指数要小得多,前者约为13个百分点,后者约为61个百分点。

表3　进口漂白市布和出口棉花的价格指数及交换比价变动情况

年份	价格指数		交换比价
	进口漂白市布	出口棉花	市布/棉花
1867	1.355	1.707	0.794
1868	1.316	1.674	0.786
1869	1.050	1.633	0.643
1870	1.033	1.625	0.636
1871	1.033	1.310	0.788
1872	0.988	1.318	0.749
1873	0.983	0.995	0.987
1874	1.000	1.000	1.000
1875	1.016	1.252	0.812
1876	0.966	1.127	0.856
1877	0.915	1.219	0.750
1878	0.920	1.246	0.738
1879	0.892	1.224	0.728
1880	0.864	1.223	0.706
1881	0.819	1.223	0.669
1882	0.853	1.192	0.715
1883	0.824	1.337	0.616

① 参见陈其广《百年工农产品比价与农村经济》,社会科学文献出版社2003年版,第87页。

续表

年份	价格指数		交换比价
	进口漂白市布	出口棉花	市布/棉花
1884	0.751	1.403	0.535
1885	0.762	1.418	0.537
1886	0.774	1.346	0.574
1887	0.824	1.202	0.685
1888	0.870	1.346	0.645
1889	0.864	1.227	0.703
1890	0.813	1.227	0.662
1891	1.000	1.322	0.756
1892	1.039	1.227	0.846
1893	1.163	1.311	0.887
1894	1.237	1.210	1.022

资料来源：据姚贤镐《中国近代对外贸易史资料》第3册，中华书局1962年版，第1642—1645页资料及勘误表计算编制。

以上分析的是进口工业品价格变化影响工农产品交换比价的情况。进出口商品价格变动影响国内工农产品交换比价实际上也包含进口农产品价格变化的作用。吴承明先生在其《论我国半殖民地半封建国内市场》一文中曾列举了1931年我国棉花减产27.4%，但因美国棉花丰收，进口棉价猛跌37%，从而抑制了国内棉价上涨幅度等事例，就是这方面情况的表现。

进出口商品数量的增减对国内贸易商品价格、对工农产品交换比价的影响是始终存在的。这是因为，供求关系是价格变动幅度的决定因素。工农产品交换比价既然是从价格比例的角度来考察问题，供求关系的影响自然不可忽视。由于市场范围不同，开放程度不同，供给量与需求量就有与市场范围相应的计算界域。就近代中国的工农产品来讲，供给量是国内生产量与国外进口量之和，需求量则是国内有效需求量与出口需求量之和。遗憾的是除了进出口资料以外，其他商品供求关系资料如国内生产量和消费量极不完整、准确。出于资料的可得性和论述的简要性之考虑，我们只以 1915—1920 年、1930—1933 年两个比较典型时期的情况来论证进出口商品数量对工农产品交换比价的影响。

1914 年第一次世界大战爆发后，来自欧美的进口工业消费品数量相对减少。1910 年进口直接消费资料占进口总值的 65.4%，1920 年下降为 54.6%。① 在 1915 年反对军阀政府对日卖国的"二十一条"和 1919 年的五四运动等反帝爱国运动里中国人民又掀起了抵制日货运动。因此，市场上供给的工业品数量下降。如从与农产品交换关系较明显的进口煤油看，以 1914 年的进口量为 100%，则 1915—1920 年的进口量分别为 80.4%、64.0%、68.6%、48%、86.6% 和 82.4%。唐编指数则表明，1915 年的进口工业品价格指数较 1914 年上升了 28.2 个百分点，1920 年则比 1914 年上升了 64.4 个百分点。另外，由于这一时期金银比价和国外物价水平的变动比较有利于中国产品的出口，帝国主义忙于战争，既减少了它们对世界市场的工业品供给，又增加了对工业品的需求。这一时期国内工业品的出口和工业品占出口总值的比重也增加了。1910—1920 年机制工业品的出口值增加了 72.4%，占出口总值的比重则从 19.2% 上升为 23.4%，② 这也带动了国内工业品价格的上升。与此同时，农产品价格虽然也涨了，但由于战争主要是在欧洲进行的，作为世界农产品市场的主要供给者，产麦国美国、澳大利亚和加拿大，产稻地区东南亚受战争的影响并不严重，所以价格上升的幅度不大。这样就出现了此时期工农产品交换比价渐趋于不利于农产品的情况。其他学者对此时期津沪两地棉布与棉花、面粉与小麦比价的研究证实了这一点。③ 1930—1933 年进出口商品数量变化对工农产品比价的影响也很明显。1929—1933 年资

---

① 前引严中平等编《中国近代经济史统计资料选辑》，第 73 页。
② 前引严中平等编《中国近代经济史统计资料选辑》，第 73 页。
③ 前引吴承明《中国资本主义与国内市场》，第 278—280 页。

本主义世界经济大危机爆发后，中国进口的工业品数量和工业品占进口总值的比重明显下降，而进口的农产品数量和进口农产品占进口总值的比重却明显增加，①导致了此时期工农产品交换比价从20年代较为有利于农产品转而趋向不利于农产品。本文所列南开进出口物价，天津与上海的工农产品物价，6省11处农购农售物价指数等几项资料都说明1933年、1934年的比价是1937年以前几十年来最不利于农产品的。

3. 商品流通过程对工农产品交换比价的影响

商品流通是商品生产和社会再生产不可缺少的环节。商品流通的一般性质对工农产品交换比价的利益偏向和偏向程度并无必然影响。影响工农产品交换比价利益偏向和偏向程度的是具体时期中商业与生产事业的相对发展水平、商业组织结构和行为功能等具体因素。

中国封建社会时期，商业就已经有了较高水平的发展。然而在进入近代社会后，特别是在近代工业产生和发展之后，商业依然能够较少受生产事业发展的限制而独立发展，在社会经济生活中发挥翻手为云、覆手为雨的神通，不能不说是近代中国经济发展水平低、统一市场发育不足的表现。当然，内外战乱、天灾人祸频生也是一个促成因素。由买办、买办化商人、封建性商人乃至小商小贩组成的、从通商都市到穷乡僻壤的商业和高利贷剥削网，决定了中国近代的商业利润水平高于国内民族工业的利润水平，商业利润大部分来源于外国资本主义列强对华不等价交换和对小商品生产者的掠夺的特点。②

我们认为，商品流通影响中国近代工农产品交换比价的主要原因有以下两个方面。

第一，前述中国近代工农产品的价格决定方式。进口工业品和国产工业品的成本核算原本就比较准确和便利，基准销售价格又是在通

---

① 见表2及严中平等编《中国近代经济史统计资料选辑》，第76页，表18、表19资料。

② 详论见聂宝璋、汪敬虞、吴承明、黄逸峰等学者关于买办的专著论文。

商都市决定的,因此工业生产经营者(工业资本家)的利益是较有保证的。在由通商都市流往内地城市和农村的过程中,经过产地批发字号、地区之间的客帮、销地批发商和零售商各个环节都要附加商业利润、利息和捐税等,是一个逐级加价的过程。因此,购买工业品的农民所付的价格远比城市市场价格高。按照吴承明先生对1937年前后棉布自上海原件批发字号到重庆、桂林、贵阳等地零售市场加价情况的研究,加价程度分别为36.0%、45.4%和72.7%。① 在工业生产遭破坏和运输困难的情况下,如抗日战争全面爆发后,上海运往重庆的棉布加价率竟渐增至41.2%以至249%。在加价程度的变化中,固然有加价幅度较大的运费、汇水、捐税和保险费等,但幅度最大的还是商业利润。② 在正常年份里,如果除去借贷资本分取的利息、税捐及商业营业费用,商业利润大约为40%。农产品的情况不一样。如本文前述,由于商品农产品,尤其是商品粮食有一部分是进口来的,由于商品农产品的主要消费市场在城市,因此中国近代农产品的基准销售价格是在通商都市决定的,然后由通商都市到内地城市、农村集镇,即由销地市场到中转市场再到产地市场,逐级压价收购。关于农产品销售过程中农民所得价格占销地价格(或产地价格占销地价格)比例的具体情况,中外学者多有研究,③ 本文不再详列资料。一般而言在35%—75%。如仅从粮食贸易看,农民所得价格不超过消费市场价格的1/3,而工业品在农村的售价则要比产地价格大约高100%。④ 这样,工农产品交换比价无疑很不利于农产品。当然,这个观察问题的角度也许有所谓的"亲农倾向"之嫌。但考虑到本文前述农民入不敷出的情况,这点倾向也是事出有因的。

第二,各类不等价贸易方式。近代中国的商业是兼有浓厚封建色

---

① 前引吴承明《论我国半殖民地半封建国内市场》一文。
② 此为1938年9月与1940年10月数,据《重庆物价专刊》,王仲武主编,第66页资料计算。
③ 较集中的有前引严中平等编《中国近代经济史统计资料选辑》,第335页,前引吴承明、刘琦斌有关论著。
④ 前引吴承明《论我国半殖民地半封建国内市场》一文。

彩和买办色彩的商业。工业生产和农业生产水平的低下，文化和交通的不发达，使中国近代的市场成为卖方市场，但这个卖方不是工农产品的生产者，而是居间操纵、上下其手的商人。在工农产品的交易过程中，充斥着形形色色的不等价交易方式，农产品交易活动中问题尤为突出。因具体事例在许多先前的研究成果中已有大量详尽全面的叙述，本文只是在前人研究成果的基础上，对这些不等价交易方式在工农产品交换比价问题上的影响做一概述。我们认为：不等价交易方式虽然涉及工业品，也有关农产品，名目繁多，形式各异，但归根结底起的作用是使工农产品的交换比价更不利农产品。这些不等价交易方式如工业品的赊销、农产品的预卖（即卖青苗一类）以及主要是在农产品收购中发生的商品压价、压秤、压级、加息，等等。我们选择工业品赊销和农产品预卖来证明我们的观点。在自然经济逐步解体、商品经济渐渐发展，一些基本生活资料如棉布、灯油等已经普遍使用机制工业品的情况下，生活贫困的农民虽无足够的购买手段，却又必须使用这些工业品来满足基本生活需要，就往往采取赊购的方法，收获以后再用现金或农产品来偿还。根据一些资料来看，这些工业品不但赊销价格比市价要高 1/3 左右，还常加息。而农民的偿付时间往往是收获时节农产品售价最低时期。农产品的预卖在中国近代比工业品的赊销更普遍。在这种交易方式中农民虽然预先获得了能使生产和生活正常进行所必需的部分资金，但所得资金往往只及所售农产品市价一半左右。从以上工业品的赊销和农产品预卖情况的简单分析中可以看出，如果假定商品正常市价已正确反映了商品内含价值和供求关系，那么，无论是工业品的赊销价格高于正常市价，还是农产品的预卖价格低于正常市价，都是很明显的不等价交换，尽管在这里所做的分析中我们没有能够使用准确的数字资料。

　　在商品流通过程中所产生的影响工农产品交换比价的因素可能还不止上述两种。工业品和农产品的季节价差、地区价差、批零价差变化幅度不同，等等，都可能对工农产品交换比价有一定影响，但因现有资料不足，暂不细究。

五　工农业生产发展水平的不同对工农产品交换比价的影响

工农业除了在人类进化史上产生的时间先后不一，在具体国家具体时期的相对发展水平也往往不一样。中国近代的工业受国外资本主义经济入侵影响，从封建官府工业向资本主义工业生产的转变速度比较快。虽然由于不平等的国际贸易、巨额战争赔款和外债以及外资在华企业的大量设立等原因阻碍了民族资本主义工业生产规模的正常发展，但近代工业的资本主义性质毕竟比较明了。中国近代的农业则不然，帝国主义、封建主义和官僚资本主义的残酷剥削压榨，在巨大人口压力下土地资源的贫乏，低下的劳动生产率和相对落后的农业科学技术等因素交织在一起，严重阻碍了农业中资本主义生产关系的产生和发展。

资本主义性质的近代工业在与基本上是封建性质的传统农业进行产品交换时，双方所处位置有许多重大的区别。

第一，近代工业是以近代科学技术为依托的机械化、半机械化生产，近代农业则是以传统农业科学技术，以人力、畜力和简单工具为劳动手段的手工劳动生产，近代农业生产的发展潜力较小。

第二，近代工业是集中的社会化生产，占有由专业分工和协作所带来的各种好处，如劳动生产率提高快、风险分担、规模经济、配合效益等，同时也是集中的消费。近代农业则基本上是以家庭为单位的个体生产，生产分散、消费分散、规模不经济。当然，要在工业和农业间直接进行规模经济比较，资料是相当难寻的。不过仅从农业内部来看经营规模对经济效益的影响也是极明显的。黄宗智先生对满铁调查资料的研究证明，经营农场主、富农、中农和贫农的平均农场面积分别为129亩、57亩、36亩和13亩，而每个劳动日的收入则分别为1.46元、1.10元、0.81元和0.62元。他认为这是因为经营农场主等可以采用作物组合型的产品结构，分散了风险；隔开农忙季节比较合理地分摊了农场的工作量；避免劳动过度集约化所带来的边际报酬递减，而贫农却不能这样做。① 不过我们所见到的一份湖南华容等28县稻谷生产成本的资料表明，每公石稻谷生产成本依农场面积分组计算，最小组为3.309元，中小组为3.129元，中等组为3.036元，中大组为2.714元，最大组为2.578元。② 单一作物种植的规模经济效益差别也很清楚。

第三，近代工业生产所需的劳动力、生产设备、生产原材料等所有生产条件均来源于市场，生产的产品又都作为商品投放于市场，从而使生产过程的一切经济意义都得以用货币这个一般等价物来衡量，会计核算和会计分析使得生产的经济管理科学化了，产品的成本变动得以明确地反映到产品价格中去。近代农业则带有浓厚的自然经济、半自然经济色彩，直接消费是生产的主要目的。生产要素特别是劳动力价格往往没有明确的判断标准。虽然有些学者主张用农业劳动者从事农业生产的机会成本作为农业劳动力的价格，但在实际生活中，尤其是在近代中国工农业生产技术水平差距较大、人口相对于生产资料和生产力发展水平严重过剩、封建宗法关系和安土重迁的乡土观念在一定程度上还影响着劳动力自由流动等情况下，要进行准确计算是很困难的，因而产品价格与生产成本的数量关系比较模糊。在成本推进的情况下，工业品的价格比农产品的价格更易于保护生产者的利益，等等。

以上种种差别，必然使得农产品与工业品相比在生产与流通环节中都处于不利地位。

六 工业生产发展阶段对工农产品交换比价的影响

本文所研究的工农产品交换比价是具有直接交换互用意义（并不排除货币的中介作用）的工业品与农产品之间的交换比价。换言之，

---

① 黄宗智：《华北的小农经济与社会变迁》，中华书局1986年版，第165、171页。
② 张人价：《湖南粮食生产调查》，洞庭印务馆1938年版，第63页。

主要是农用生产资料和农民生活资料两类工业品与农产品之间的交换比价。但在近代中国，人均耕地少、地租剥削重，农业积累率极低，农业生产中实际使用的、由工业部门生产的农用生产资料极少。据20世纪二三十年代的一些调查，安徽等7省7处的农业投资中农具只占2.6%，成都附近更低，只占1%。①这样低的比例，只能买一些畜力犁、耙、锹、锄之类的简单农具罢了。在近代中国的农业生产中的确也使用过一些动力机械和灌溉机具，但使用的范围和结果又如何呢？拖拉机：1949年时全国只有401标准台，这是1915—1949年35年中的进展。使用拖拉机较多的是东北地区和苏南地区。在东北地区，机耕面积仅占耕地面积的0.04%（1942年资料），苏南地区有105个农场，其中只有3个农场有拖拉机，机耕面积至多只占农场全部耕地面积的4.7%。抽水机：以江浙地区使用最多，但机灌面积只占江浙两省耕地的0.88%。②因此，中国近代与农产品发生交换互用关系最多的是农民日用所需的部分生活资料。不过这样一来，又有了一层比较微妙的关系，这就是：为农民生活所需的工业生产的生活资料商品（轻工业品）往往是以农产品作为其原材料的。由于工业生产完全是建立在商品购销活动的基础上的，工业劳动者的粮食购自农产品市场，工业生产的生活资料商品的原材料也要购自农产品市场，因此在工业发展时期，一方面，工业及城市其他与工业有关行业的就业队伍扩大，城市粮食需求增加，工业生产规模扩大，农产原材料的需求也增加；另一方面，工业生产的发展增加了市场上工业品的供给。在这种局势下，农产品价格因需求拉动而上涨，工业品价格则因供给增加而受压抑，从而出现工农产品交换比价下跌，变动趋势对农产品有利的局面。

由于价格形成因素的多样性和各个时期中形成因素作用强度的多

---

① 章有义：《中国近代农业史资料》第2辑，生活·读书·新知三联书店1957年版，第387—388页。
② 王方中：《旧中国农业中使用机器的若干情况》，载黄逸平主编《中国近代经济史论文选》，上海人民出版社1985年版。

变性,我们不可能在近代中国找出一个能够完全排除其他因素的作用而仅仅由工业发展水平决定工农产品交换比价的时期。但以下两点是对我们所持观点的有力佐证。

第一,从唐编工农产品价格指数及比价的变化趋势看,工农产品交换比价存在一个逐步缩小的趋势。1867—1922 年:1867—1894 年工业品基本上是进口工业品,国产民用工业品极少,这一阶段工农产品交换比价在 153—243,中值为 198。1895—1905 年,近代工业虽有发展,但民族资本工业发展较慢,外资投资重点又在路矿方面,所以交换比价较前一阶段低,但较后一阶段又高,在 122—179,中值为 150 左右。1906—1922 年,由于抵制洋货运动、收回利权运动以及第一次世界大战期间外国资本主义列强暂时放松了对中国的经济侵略等一系列原因,民族资本主义工业有较快的发展。这一时期的交换比价下跌到 84—158,中值为 121。我们这样的分析方法可能会受到一些学者从不同角度提出的质疑。但是,首先,我们已说明不存在单一因素作用的历史时期,这种比价下跌的原因确有中国国内工业发展以外因素的作用,如外国工业的发展降低了进口工业品的成本,等等。其次,唐编指数完全是根据进口商品来编制的,工农产品都是舶来品,因此银价的涨跌对这种资料所反映的比价变化没有特殊作用。如果是以进口工业品和出口农产品来计算比价,那就必须考虑银价变动的影响。由于此时期白银对外币汇率持续下跌①,进口工业品以金价计算成银价后在中国市场上出售,那么进口工业品在中国市场上的价格应上涨,而出口农产品价格在出关以前受金银比价变动的直接影响较小②。这样的话,工农产品交换比价的变化应对工业品更不利一些。

---

① 参见杨蔚《物价论》,商务印书馆 1940 年版,第 129—133 页;以及前引 Hsiao Liang Lin, *China's Foreign Trade Statistics*, 1864 - 1949, Harvard University Press, pp. 190 - 192。

② 这里应说明,我们做此分析时也抽象掉一些其他因素。如由于进口农产品受金银比价影响价格上涨,从而间接影响出口农产品价格。但我们认为:由于进口工业品占进口总量比重大,且中国国内工业品匮乏,而进口农产品数量较小,中国国内供给力相对较强,因此可以认定国内市场上工业品价格受进口工业品价格影响的程度大于国内农产品价格受进口农产品影响的程度。

从而以上所分析的交换比价持续下跌现象还没有充分显示工业发展在其中所产生的影响。

第二，1913年以后虽然物价指数资料增多，但中国幅员辽阔，各地情况千差万别，使用个别地方的资料来说明全国的情况很容易出偏差。因此，我们结合中国近代工农产品交换比价相对水平分析[①]做一高度概括的评述：1867—1949年长达83年的工农产品交换比价变化中，只有1890—1892年、1921—1930年、1934—1936年几个时期相对而言是比较有利于农产品的，尤其是1921—1930年这一阶段。根据吴承明先生在其《中国资本主义的发展述略》一文中的分析[②]，第一次世界大战中蓬勃发展的民族资本主义工业企业有许多是在战后才形成生产力的。1920—1928年新投入的工业资本在3亿元以上。1929年开始的资本主义世界经济大危机并未立即波及中国，由于银价下跌速度甚于物价，中国经济反而受到刺激，工业出现繁荣，到1930年达到高峰。1931—1933年是资本主义世界经济大危机严重损害中国经济的时期。1935年由于实施法币政策，通货贬值，物价上升，经济复又活跃起来，出现了抗日战争全面爆发前的短暂繁荣。根据以上分析，我们就不难明白1921—1930年、1934—1936年两个时期为什么会出现工农产品交换比价相对有利于农产品的现象。有关天津和上海的具体资料也证实了这一时期交换比价是在下跌。[③]

以上是从相对水平分析方法所得结论出发所做的评述，从交换比价变动趋势分析法所得结论来讲，虽然并非工业发展时期每个年份的工农产品交换比价都有利于农产品，如1894—1898年（1890—1902年因有义和团与八国联军之战，我们将之排除在外）的相对水平分析结论就是不利于农产品的，但从变动趋势看，不利的程度有所变化，

---

① 参见陈其广《百年工农产品比价与农村经济》第六章第五节，社会科学文献出版社2003年版。
② 载《中华学术论文集》，中华书局1981年版。
③ 参见陈其广《百年工农产品比价与农村经济》第六章第三节，社会科学文献出版社2003年版。

因而变动趋势分析的结论在有些年份是有利的。1905—1911年的情况也是这样。至于前面做相对水平分析时所引证的1920—1929年、1934—1937年也同样表明了变动趋势的有利性。

在这一部分分析中,我们要指出的是:工业发展时期工业品的价格必然是对生产者有利可图的,否则就不会形成发展时期,但也正因为工业发展离不开农业,所以同一时期对农业生产者也是有利可图的时期。我们已做的分析并非要证明农业获利水平高于工业获利水平,而只是说明在两类产品的交换比价中,农产品的不利地位得到了改善。自1894年中国近代民用工业得以合法发展以后,除了30年代世界资本主义经济大危机和日本侵华战争这两个外来因素造成中国近代民用工业的严重损失和破坏之外,我们很难找出一段近代民用工业遭受内在因素影响而严重衰退的历史时期。因此,我们无法就中国近代工业生产衰退对工农产品交换比价的影响进行较纯净的史实分析。从理论上讲,工业衰退时期生产规模缩减,产品价格下跌,失业人数增加会导致农产品价格下跌。由于工业生产规模可较快地调节,而农业生产周期长,生产规模调节较困难,造成两业产品供给量变化速度上的差别,因此使交换比价更不利于农产品。这一点从30年代经济大危机时期的交换比价情况也可得到部分印证。在前述中国近代工农产品定价方式的具体情况下,不利于农产品的情况就更严重了。

七 商品运输过程对工农产品交换比价的影响

此前,我们已就工农业生产及其产品的特点作出分析,即:工业品易于保存,便于进行长距离运输,从而可以灵活地调节供求关系;农产品不易保存,不便于进行长距离运输,从而对运输的被动依赖程度高。

中国近代曾有1901—1911年和1922—1937年两次铁路建筑高潮[①],

---

① 参见宓汝成《中国近代铁路史资料》,中华书局1963年版。

也曾有 1921—1934 年的公路建设高潮①。内河航运方面，不仅有可供轮船航行的大江大河，更有为数众多的具有舟楫之利的河湖港汊，至 1949 年，全国主要河流通航里程轮船为 15436 公里，帆船通航里程为 23512 公里，加上其他通航河流共计通航里程 73600 公里。轮船航程可达 200 公里以上的有 6 条河流，帆船航程可达 40 公里以上的有 12 条河流。②然而，与世界其他主要国家相比，中国近代的交通事业还是相当落后的。铁路方面，1927 年每万平方公里领土铁路拥有量中国只有 11.4 公里，不但远少于相对来讲工业发达、人口稠密的英、德、法、意、美、日等国，而且大大少于疆域辽阔、当时经济发展水平也较低的印度和苏联。③另据宓汝成先生的研究，至 1949 年时按土地面积或人口作平均计算，都远少于欧、美两洲所拥有的铁路里程，也低于整个亚洲的平均数字。公路方面，按 1940 年的统计资料，我国平均每 74 平方公里领土才有 1 公里公路，而美国是 1.59 平方公里。④至于内河航运方面，我国河流总长为 43 万公里，1949 年时通航里程不过占 17.1%。当然，以上所论系就中外比较而言，中国近代交通的不发达还可以从以下几个方面来评述：

第一，运输线路分布偏东。铁路方面，1931 年全国铁路总里程的 94%集中在东经 110°以东的地区，广大西北、西南地区仅占 6%，而且在上述东部地区分布也是不均衡的，比重最大的是东北地区，占 44%，关内的长江以北和以南地区分别占 33% 和 17%。到 1949 年时，西南、西北和华东南地区的铁路里程虽有增加，修建了湘桂黔、川滇、咸铜、同蒲等线，但并没有根本改变线路分布不均的局面。⑤公路的情况也一样。按 1934 年年末的统计，当时的可通车路线总长

---

① 见经委会公路处《中国公路交通图表汇览》，1935 年公路里程逐年增进图。另据西安公路交通大学运输经济研究所吴志恒同志的一则资料表明：至 1936 年包括土路面公路在内共计修筑 108117 公里，则年均增加约 6700 公里。
② 马洪主编：《现代中国经济事典》，中国社会科学出版社 1983 年版，第 245 页。
③ 吴半农：《中国之经济地位统计图》，北平社会调查所，1931 年，D2 图。
④ 吴志恒教授提供资料。
⑤ 以上资料主要由宓汝成先生提供。

度中，江、浙、皖、粤、闽、鲁、桂、辽、吉、黑十个东部省份①即有 43510 公里，占 51.3%，而西藏、西康、川、滇、黔、新、陕、宁、甘、青西部 10 省区只有 14789 公里，占 17.4%。② 水运方面，前述轮船航程在 200 公里以上、帆船航程在 40 公里以上的 14 条主要河流，除长江、黄河两条横贯东西的大动脉外，其余都在东部地区。

第二，运载工具落后。中国近代的运输线路状况已经比较落后了，但运载工具落后程度更为严重。铁路方面尚无可靠的对比资料，存而不论。公路的近代运输工具是汽车。1940 年的国际对比情况如下：每百公里公路汽车拥有量，中国为 0.58 辆，英国为 9.14 辆，美国为 6.07 辆，法国为 3.55 辆。③ 按各种汽车所占比重看，运货汽车只占中国汽车总量的约 20%，拥有运货汽车 100 辆以上的省市还不到半数，为数最多的还是为达官显贵服务的"普通汽车"。④ 航运方面，1949 年我国百吨以上的商船船吨总计才 109.2 万吨，而在 1937 年时英国已有 1700 万吨，美国有 1200 万吨，日本也有 600 万吨，挪威及德国各约有 400 万吨，相形之下中国真是瞠乎其后。⑤ 此外，中国近代后期虽然也有了航空事业，但主要是为政府的政治、军事目的及权贵们的商业投机服务的，于民间商业并无明显作用。广东在当时无论从铁路、水运或公路任何一方面讲在全国都是比较发达的，可 1940—1941 年全省 78 个县中，有 20 个左右的县完全靠挑夫和船只运输。全省拥有 10 辆以上汽车（不分类别，包括公共汽车、小汽车、货车等）的只有 8 个县。因此在没有水路相连的县与地区间，主要仍然依靠牛车及挑夫来完成运输任务。挑夫就有 10 万人左右。在水运工具方面，全省轮船仅 65 艘，只占运输用船只总数的 0.55%。⑥ 有的学者曾对 1933 年时中国交通业的情况做过一个估计，认为当时由现代交通和通

---

① 当时台湾在日本帝国主义统治下，未纳入统计。
② 据前引《中国公路交通图表汇览》计算。
③ 前引吴志恒教授资料。
④ 据前引《中国公路交通图表汇览》有关资料计算。
⑤ 据聂宝璋先生与王光先生有关资料计算。
⑥ 广东建设厅统计室：《建设统计汇报》，油印本，1942 年。

信创造的收入占当年交通行业总收入的35%，而传统运输手段的收入占65%。在现代交通和通信行业中就业的人数为44万人，而在传统运输业中就业的却多达1086万人。①

第三，运输设施，尤其是中国资本的运输设施，利用水平极低。从1912年到1936年6月底，中国机车挽力吨数的增长，始终高于客车客座容积和货车载重吨数的增长，并且两者间的差额呈扩大的趋势，这说明了铁路机车利用的不充分和不充分状况的恶化。再从主要干线货车的利用情况来看，各线各年每吨容积的平均载重吨数很不平均。与外国资本侵占了管理权或代理经营权的道清、吉长等路相比，国有铁路对货车的利用极不充分。②航运业方面，据1935年的一份统计，是年全国航运业总计纯亏高达27455万元。除大连、湖北、福建、山东四处有小额盈余外，沪、津、粤、江、浙、皖、湘、赣以至香港等航运业较发达的省份或地区都是亏损的。③从长江航运的情况来看问题也很突出。1927—1936年招商局船吨数在与太古、怡和、日清3家外资企业共4家合计的总吨位中占18.1%—23.1%，但载货比重只占2.4%—22.9%。④公路方面，进口汽车多数是国外淘汰车型，技术性能低，加以牌号杂乱，车辆维修保养很困难；修筑的公路能通车的只有53%，且多数是土面公路，缺桥少涵，路况很差。⑤

论证中国近代交通运输事业的落后还不能直接说明其对工农产品交换比价的影响。直接影响工农产品交换比价的是中国近代工农业产品在运输数量、运输方式、运输成本和商品流向等方面的具体差别。

---

① 刘大中、叶孔嘉：*The Economy of the Chinese Mainland*：*National Income and Economic Development*，1933-1959，Princeton，1965，pp. 161、169。唐传泗先生根据1920年左右交通业的收入情况估计近代产业性收入占45.6%，但唐是以运输组织形式和性质而不是以运输工具的发展阶段性来区分的，与刘、叶口径不同。另巫宝三先生认为1936年属于近代企业经营的收入占交通业收入的51%，个体经营占49%，口径也与刘、叶不同。
② 详情可参见前引严中平等编《中国近代经济史统计资料选辑》，第192页。
③ 据《水运年报》，第2册，1937年有关资料计算。
④ 据前引严中平等编《中国近代经济史统计资料选辑》，第248—251页计算。
⑤ 前引吴志恒资料。

工业品和农产品都需要经过运输才能互相交换。以往有些研究成果只是论证了运输条件对农产品销售如何不利,却忽略了与工业品运输情况的对比。

在中国近代百年的商品流通量中,运输量最大的是工业品还是农产品?按照本文所研究的工农产品来说,主要就是工业制造的生活消费品运输量大还是农产品运输量大?公路运输方面的资料暂缺,仅从铁路和水运两方面的情况来做一分析。

在1932—1935年铁路载运货种比重统计中,工业品未区分为生产用制造品和生活消费用制造品,我们将矿产品、林产品、政府用品、其他共4类舍去,用农产品和畜牧产品合为一类来与工业品做比较,得知在此期间的铁路货运量中,农畜产品占14.4%—19.0%,而工业品为10.3%—11.9%。① 船运方面,我们将韩启桐先生所著《中国埠际贸易统计》一书里占据1936年40个商埠间用轮船载运的货物比重最大的前20种商品区分为以下3类:农产品(完全是典型农产品,即粮食、棉花、烟叶、花生仁、蓖麻、黄豆6种)、机制工业品(包括棉布、棉纱、纸烟3种)和其他(包括一些不易划入以上类别或基本上不存在工农之间交换关系的商品,即桐油、面粉、茶叶、煤、糖、猪鬃、豆饼、盐8种)。计算结果是,农产品商品量为1338.55万公担,机制工业品288.14万公担,其他1544.26万公担。② 由此可见,无论是铁路运输还是船运,农产品的货物量都比工业品要多。在这种情况下,一般而言,交通运输条件落后当然对运输量需要较大的商品即农产品不利。这还只是分析了铁路运输和船运,就工业品和农产品的实际运输方式而言,农产品使用大车、手推车、驮畜、肩扛人挑等传统方式运输的比重远比工业品要大。因此,交通运输的

---

① 前引严中平等编《中国近代经济史统计资料选辑》,第213页。
② 前20种商品由吴承明先生选编在其《论我国半殖民地半封建国内市场》一文中。20种商品中另有果实、纸、药材3种无商品统计。将8种商品放在其他一类是因为:茶叶、桐油、糖、猪鬃、豆饼虽然也可算农产品,但加工劳动含量较多,且交换关系不明确。面粉一般农民均自磨而不购买,煤油则主要用于工业和城市居民生活,盐则是手工业品。

落后对农产品运输的不利程度实际上比仅从铁路运输和船运分析要严重。

在研究过程中曾发现过这样的例子：1930 年前后汉口每石米价 10 元，而襄阳邻近地区小城市每石仅 2 元，积存稻米无法销售，但如运至汉口，不仅要花 1 个月的时间，而且每石运费超过 10 元，也根本无利可图。① 更有一则资料说："我国交通不便，运输极感困难，而历年国家多事，交通停滞，米粮转动被阻，致运费高昂而转运迟缓，苟一地米谷过剩，未能尽量接济外省。例如湖南米价每担跌至 2 元 2 角，而广东暹米高至 10 元。湖南与广东虽为邻省，只以交通不便，遂致湘米出长江而广东大买暹米。又如云南、贵州丛山中今年虽告丰收，而将去年余粮纵火焚烧，由此可知交通梗阻，粮食受损，实非少数。"② 工业品因交通不便而价格飞涨之例虽也不乏记载，如边远地区及少数民族地区以极不合理的价格进行工业品和当地农副产品的交换（这也是中国近代百年工农产品交换比价不利于农产品的一种表现，但情况比较特殊），有如纵火焚烧积谷这样的情况却尚未发现过。少数民族刀耕火种的耕作方式或许是焚粮的原因之一，然而焚粮毕竟不合常规。

各种运输方式所形成的运输成本和运输速度对工农产品交换比价的利益偏向和偏向程度也存在重要影响。以往的研究多数只是从狭义的运输成本角度来分析商品的产销价差，而我们认为：孤立地从狭义的运输成本进行分析有一个很大的缺陷：无论是商品成本价格的形成还是商品供求关系的变化都是与一定的时间量紧密联系的。"时间就是金钱"。从某种意义上讲，商品经济环境下任何经济活动都是一定量的价值物在一定量的时间和空间（包括其虚拟形式）中的运动。研究运输方式对工农产品交换比价的影响，狭义的运输成本固然可以说明有关价值和空间因素的问题，但不能说明时间因素在这一经济活动

---

① 《银行周报》，16 卷 48 号，1982 年 2 月，第 18 页。
② 朱西周：《米》，中国银行经济研究所，1937 年，第 100—101 页。

中的作用。

在这里，我们先来分析一下运输成本和运输速度对工农产品交换比价的影响。一般运载工具，往往同时具有货物容积和货物重量两个运力指标；一般运输价格，也往往同时具有货物体积和货物重量两种收费标准（贵重物品除外）。现实经济生活的经验告诉我们：同等价值的农产品与工业品相比，体积往往是农产品的体积大，重量往往是农产品的分量重。如以上海市1925—1937年的有关资料来看：100市斤棉花的价格只相当于60市斤左右的20支棉纱价格或4匹左右的12磅本色细布的价格；而156市斤（即1市石）机粳米的价格相当于1匹左右12磅本色细布的价格或300块日用肥皂的价格。① 由于农产品体大量重值低，工业品则相对体小量轻值高，故无论按体积还是按重量计算，就同样单位重量商品而言，或就同样单位价格商品而言，农产品的运输费用占其全部成本的比重都较工业品大。或换言之，在农产品的产地价格之上因运输费用而造成的加价幅度就较工业品大。这种情况肯定对农产品不利。

由于现有资料中缺乏可比性较强的工农产品运输成本比重，且以上海至天津每公吨棉布、棉纱、大米、棉花的水运运费或铁路运费占其发运地批发价的比重来论证我们的观点（见表4）。②

同样是在长江中运输，四川蚕茧顺江而下到上海，全部运销费用占产地价格的150%，③ 而上海的棉布逆流而上至重庆，纯运费只占

---

① 中国科学院上海经济研究所：《上海解放前后物价资料汇编》，上海人民出版社1958年版有关资料计算。

② 运费标准采用吴绍曾《铁路货等运价之研究》（上海新业印书馆1936年版，全国图书馆文献缩微中心收藏）中有关资料。凡水运有关税者皆将关税除去以表明纯运费之影响。棉花水运分土包装和压紧包装两种价，考虑到压紧包装必又增加批发市场价格，故采用的是土包装运价。另一原则是农产品皆取运价中标准低者，凡工业品皆取运价中标准高者，以免使研究结果受主观取舍标准影响。发运地价格据前引《上海解放前后物价资料汇编》一书中1936年价格资料计算。

③ 马扎亚尔：《中国农村经济研究》，中译本（全国图书馆文献缩微中心收藏），第522—523页资料计算。

上海批发价的3%,全部运销费用不过占上海批发价的36%。[1]

表4　　　　上海至天津每公吨货物运价及运价占发运地
批发价比重　　　　　　单位:元

	上海批发价	水运运价（8.95折）	占比（%）	铁路运价	占比（%）
项号	1	2	2/1	3	3/1
12磅本色细布	1334.7	29.29	2.19	34.47	2.58
20支金城棉纱	1176.27	29.29	2.49	23.41	1.99
常河机粳米	133.73	6.49	4.58	13.16	9.84
火机棉（土包装）	820.98	50.57	6.16	18.25	2.22

注：棉花之所以出现铁路运价比重小于棉布的现象，是因为这里所采用的运价标准未分包装区别。平奉、平汉线就有包装不同之运价区别。见《平汉线客货车运输附则、价章》，1932年重印本。

　　再对运输速度做一些理论和实际的分析。掌握时机对于商品的销售有利与否是一个极为关键的因素，而运输速度是掌握时机一个极为重要的手段，现货交易尤其如此。农产品与工业品相比，原本有生产季节性强、调节短期供求较困难的特点，因此在收获季节农民理应控制农产品上市量待机以售，保护自身利益。然而，一方面农产品有体积大、储运不便、生物有机性强、不易保存等自然性质的不利处；另一方面受人口与土地资源限制，中国近代农民经营规模很小，生产、生活循环较困难，因此农民往往被迫在收获之后立即设法将农产品销售出去从而变得对运输条件的需要较为急迫。不幸的是近代百年中国交通运输不发达，农村与城市间的运输条件往往很落后，一些装载量大、运输速度快的运输工具常常又因运价较高不易为农民所使用，他们宁肯使用运送速度慢但装载量较大的运输方式，这还要有一定的地区自然与经济发展条件为基础。这样，产地市场农产品发散速度就比

---

[1]　前引吴承明《中国资本主义与国内市场》，第283—284页。

较慢，为层层压价的农产品收购方式提供了方便。在农业丰收的年份问题更加严重。工业品则不同，它受自然因素的影响很小，生产、储存、运销的人为控制可能性都较大，加之体小量轻值高，可以对不同运输方式的单位运价和运输速度有较大的选择余地，利用不同运输方式来保证获取最大的利益。

有关中国近代百年各种运输工具的运价情况，以往一些具体地区、具体商品的研究成果和历史资料中可见者较多，但较系统完整的则不多见，本文暂引以下几则较为全面的资料做一比较（见表5）。

表5　　　　　中国近代各种运输工具运价比较　　　运价单位：元

方式＼项目	农产品外运（卜凯资料）					费维恺资料				
	计价单位	田场至当地市场价	比较系数	县城至县外市场价	比较系数	计价单位	运费下限	比较系数	运费上限	比较系数
轮船	每延吨/公里	0.43	100	0.05	100	每吨公里	0.02	100	0.15	100
帆船	同上	0.24	55.8	0.09	180	同上	同上	同上	0.12	80
人负	同上	0.77	179.1	0.44	880	同上	0.14	700	0.50	333.3
独轮车①	同上	0.45	104.7	0.19	380					
手推车②						同上	0.10	500	0.14	93.3
人力车						同上	0.20	1000	0.35	233.3
畜力不分类	同上	0.47	109.30	0.21	420	同上	0.13	650	0.25	166.7
骆驼	同上	0.34	79.10	0.23	460	同上	0.10	500	0.20	133.3
驴	同上	0.49	114.00	0.35	700					
马	同上	0.65	151.20	0.33	660					
骡	同上	0.36	83.70	0.30	600					
畜力大车③	同上	0.27	62.80	0.22	440	同上	0.05	250	0.17	113.3
畜力小车④										
汽车	同上	1.44	334.90	0.70	1400	同上	0.10	500	0.56	373.3

续表

项目\方式	农产品外运（卜凯资料）					费维恺资料			
	计价单位	田场至当地市场价	比较系数	县城至县外市场价	比较系数	计价单位	运费下限	比较系数	运费上限	比较系数
铁路⑤	同上			0.06	120	同上	0.03	150	0.17	113.3
同上⑥										
同上⑦										
同上⑧										

项目\方式	全国经济委员会公路处资料								
	计价单位	运费下限	比较系数	运费上限	比较系数	取中值按最快时速价⑨	比较系数	中值价	比较系数
轮船	每公吨/公里	0.02	100	0.15	100	0.27	100	0.085	100
帆船	同上	同上	同上	0.12	80	0.49	181.5	0.07	82.4
人负	同上	0.14	700	0.5	333.3	2.84	1051.9	0.32	376.5
独轮车	同上	0.11	550	0.14	93.3	1.11	411.1	0.125	147.1
手推车	同上	0.10	500	0.13	86.7	1.02	377.8	0.115	135.3
人力车	同上	0.20	1000	0.35	233.3	2.44	903.7	0.275	323.5
畜力不分类	同上	0.13	650	0.25	166.7	2.11⑩	781.5	0.19	223.5
骆驼	同上	0.10	500	0.20	133.3	1.67	618.5	0.15	176.5
驴									
马									
骡									
畜力大车	同上	0.05	250	0.08	53.3	0.72	266.7	0.065	76.5
畜力小车	同上	0.07	350	0.17	133.3	1.33	492.6	0.12	141.2
汽车	同上	0.24	1200	0.56	373.3	0.4	148.2	0.40	470.6
铁路	同上	0.03	150	0.06	40			0.45	52.9
同上	同上	0.02	100	0.04	26.7			0.03	35.3
同上	同上	0.01	50	0.02	13.3			0.015	17.7

续表

方式＼项目	计价单位	运费下限	比较系数	运费上限	比较系数	取中值按最快时速价	比较系数	中值价	比较系数
同上	同上	0.02	100	0.04	26.7	0.04	14.8	0.03	35.3

注：①1人用小车；②2人用小车；③4畜拉车；④1畜小车；⑤铁路1等货物；⑥铁路3等货物；⑦铁路6等货物；⑧铁路各等货运价算术平均；⑨按以下方法计算所得：从原资料可见，当时以汽车运输速度最快，平均时速50公里。然后用以下公式计算其他运输工具的最快时速比较价：50公里÷该项运输工具的时速×该运输工具的每吨公里运价中值，从而体现了时间因素的效益，原资料无时速者根据实际情况定为：大车日行10小时，人力8小时，畜力10小时，帆船14小时；⑩指驴、骡、马不区分。

资料来源：① 前引卜凯《中国土地利用》，第488页，是1929—1933年对19省100县的调查，当时无一县有农产品用铁路外运，此处铁路运价根据原文所引1937年铁道部公布数转引而来。

② 费维恺：《中国近百年经济史》，中译本，华世出版社1978年版，第123—124页。该处实系从经委会公路处资料编，但编纂似有误差。

③ 据全国经济委员会公路处《中国公路交通图表汇览》，1935年，全国图书馆文献缩微中心收藏。

以上分析表明：如不考虑时间因素，一般而言，火车是单位重量单位运距（简称吨公里）运价最低的运输工具，其次是帆船和轮船。但如将时间因素的作用考虑在内，那么，最经济的运输工具是火车，其次是轮船、汽车与帆船。① 然而，卜凯等人在1929—1933年所做的涉及19个省的调查却表明："自田场至当地市场最通行的运输方法，莫如以扁担肩挑，各地区用此法者，约在半数以上，大车帆船次之。以载重汽车运输产品至当地市场者，仅有两地区（占调查地区的1.52%），而由铁道运输则无。"② 而在自县城往县外市场运输中还有40.5%的地区仍然没有完全放弃人员的方法，并且人员的运输距离平均竟有127公里之遥！③ 出现这种情况，归根到底是交通运输的落后，

---

① 帆船由于有水力和风力的作用，下行与顺风时时速较快，在计算时带动了平均时速的提高，不过实际上这样计算也比较合理。

② 前引卜凯《中国土地利用》，第482页。

③ 前引卜凯《中国土地利用》，第485页。

这种落后不仅是设备与技术手段的落后，也是管理水平的落后。在江浙地区茧与米的运输问题调查中，调查者指出了江浙区内农产品较少使用铁路而更多地使用帆船的原因：一则是因为运距短，经由铁路运输必须多次装卸，又加上铁路运输中间还有转运公司插手，费用增大了；二则是因为当时货车车辆供给不充分，铁路运货要等车皮，往往反而比用帆船运慢；三则因为铁路手续麻烦；四则因为铁路官营，员工对营业盈亏不关心、不负责，而船业运输者多系民营、负责经心，又有传统的联系。因此，除天旱水涸以及欲赶上海市价等不得已时用火车运外，大多取道水路。① 不过，这是指江浙地区的，又是短途运输，不完全等同全国的普遍情况。多数农产品生产区不具备这样充分的运输方式选择权。前引铁路货物运输分类比重资料也证明农产品仍有相当数量经过铁路运输。

中国近代百年的交通运输对工农产品交换比价的影响从商品流向来看也是值得注意的。

由于中国近代的工业品，不论是进口的外国工业品，还是中国境内所生产的工业品，在国内商品流通中，都是以东部沿海城市为起点。西北、西南（抗战爆发工业内迁后情况有所转变）以至于中原地区的工业很不发达，机制生活消费品的供给严重地依赖于东部沿海地区。而我国的自然地貌则是由西北向东南倾斜，高度逐渐降低。通航条件较好的内陆河流流向绝大多数都是由西往东或由北向南的。这样，实际形成了内陆的初级产品（近代中国内陆矿业、林牧业等尚不发达的情况下主要是农产品）在与沿海地区交换工业品时，运输是顺势下行的（水路顺水、陆路顺坡），运输费用较低；而交换的工业品则是逆水爬坡而来，运输费用较高。那么，在河流上游或高原地区的市场上，工业品价格水平相对于沿海地区提高，工农产品交换比价必定不利于当地所产的农产品。而东部沿海地区，由于掌握了内陆或高

---

① 杜修昌：《京沪沪杭沿线米谷丝茧棉花贩卖费之调查》，第32—34页，1935年，全国图书馆文献缩微中心收藏。

原地区所必需的工业品,又能以较低的运输成本获得所必需的农产品,相对而言也就在工农产品交换中处在比较有利的地位。

这种情况在水运中表现最明显。有关江西粮食运输的资料表明:水运运费存在以下规律,支流运费高于干流运费2—3倍,上行运费高于下行运费2—3倍,浅水季节高于旺水季节。① 前两点都是不利于近代中国以生产和供给农产品为主的内陆和边远地区的。铁路因当时多是官营,服务于政府之政治与军事目的比重甚大,虽几经改订运价及货物分等标准,但仍"查考未周、分析未精、列等未当、编制未妥"②。有人曾明确提出应使用方向运价为手段来分布产业中心和贸易中心,但时已届抗战全面爆发前夕,亦不了了之。③ 工农产品所采取的不同运输方式和不同运输方向说明:尽管交换关系意味着双方双向的等距离运输,但这只是在绝对距离意义上的等距离,从相对距离意义上讲农产品的运距大于工业品的运距。

仅就铁路运价而言,对工农产品何者有利?我们搜集了津浦、平汉、陇海、胶济、道清和滇越等16条铁路的货物运价的情况进行分析。

与工农产品交换比价问题研究关系较密切的一些工农产品铁路运输分等情况如表6所示④:

表6　　　　　　　　工农产品铁路运输分等情况

工业品	农产品
二等品:煤油、优等棉纱匹头	二等品:蚕茧、优等茶叶、活家禽、猪鬃
三等品:针、煤油灯、优等棉纱、毛巾、火柴	三等品:茶叶、烟叶、羊毛、蛋
四等品:普通铁器(铁铲等)、铁钉、面粉、普通棉纱、普通棉纱匹头	四等品:细绒棉花、花生、苎麻、麻、鲜鱼
五等品:普通肥皂、布衬	五等品:大麦、玉米、小米、米、小麦、谷、粗绒棉花

---

① 孙晓村、罗理等:《江西粮食调查》,1935年,第12、48页。
② 吴绍曾之评语,见吴绍曾《铁路货等运价之研究》,新业印书馆1936年版。
③ 吴绍曾:《铁路货等运价之研究》,第9—10页。
④ 《京沪沪杭甬铁路客商运货须知》,1933年,第19—24页。

可见，交换可能性较大的工农产品在各个等级中都有，并非农产品都在较低等级，而工业品都在较高等级。当然，就交换量最大的工农产品而言，或许工业品是第四等，而农产品是第五等，即相差一个等级。

16 条主要铁路的分等运价情况很不一样。不但同样等级的运价不一，并且各等级之间的差率也不一。四等及五等运价最高的是平汉铁路，最低的是沪杭甬铁路。各铁路四等运价与五等运价的比率不一，最高的依然是平汉铁路，为 1.48∶1，最低的是京沪铁路（南京—上海），为 1.05∶1。当然，除了货物常规分等方法外，还有专价与特价，以及临时的调价，情况比较复杂。我们在前面所做的上海至天津工农产品运输成本比重分析，已经证明这种分等方法和运价标准对农产品是不利的。这里再引用京汉铁路与胶济铁路的运营情况来加以证明。京汉铁路 1925 年的货物运输总量（重量）中，农产品占 17.22%，工业制造品占 12.5%，矿产品占 56.7%（林产、畜产、铁路公务 3 项略）；而在运价进款中，农产品占 40.28%，工业制造品占 27.78%，矿产品占 23.89%，农产品运量与运价之比为 1∶2.34，工业品为 1∶2.22，矿产品则为 1∶0.42。① 再看胶济铁路各类货物 1932 年与 1933 年单位运价的变化情况，农产品 1932 年和 1933 年每吨公里为 1.01 分、1.09 分；畜禽品为 1.76 分、2.11 分；矿产品为 0.66 分、0.57 分；工业制造品为 1.74 分、1.75 分；总平均为 0.91 分、0.82 分。农畜产品的运价增幅远远比工业制造品大。②

吴柏均博士在做近代粮食进口贸易问题研究时，多次论证了运输成本的高昂，还是导致外粮倾销的重要原因，而外粮倾销的结果又转而压抑了国内粮食价格的提高。③

---

① 据《中华国有铁路京汉铁路会计统计年报》，1925 年。
② 见《胶济铁路运输统计年报》，第 6 卷，1933 年，胶济铁路管理局车务处。
③ 见吴柏均的硕士学位论文。

八 非经济因素对工农产品交换比价的影响

出于稳定政治局面、维护统治的需要,清政府和国民党政府重视对农产品贸易的控制。清政府一方面通过征运漕粮来满足朝廷自身需要,另一方面严格限制粮食运销,如1905年曾颁布过《运米出省章程》《稽查私运米石章程》,运米出省必须特别批准。各级地方政权为地方财政需要,往往采用各种名义征收粮食过境税,厘金就是自米船米行开始征收的。国民党统治时期地方政府,特别是产粮较多地区的地方政府,多次发布禁令限制粮食运出管区。① 就连中央政府的自由流通条例,甚至30年代采用的粮食统制政策对此种地方性限制往往也无可奈何。各地巧立名目收粮食运输捐税的情况较之清后期亦不逊色。由此种种造成了"一方常虞匮乏,促进洋米之倾销,一方乃患拥挤,激成市价之惨落"②。抗日战争爆发后,国民党政府又公布了《战时农矿工商管理条例》等法规,在各省市设立评价委员会,力图控制农产品价格,但终因战时供需严重失调,加以货币发行过度而失败。这里援引成都猪肉价格情况来看限价政策之不合理程度。当时评价委员会规定每斤猪肉售价3角5分,已低于各乡镇的实际价格,所以成都根本就采购不到猪。③ 上述中国近代有关农产品贸易的非经济干预行为既有物价统制中的直接统制方法即限价,也有间接统制中的输出入限制方法,但无论何种方法,实际结果都导致了农产品价格的低落,从而在与工业品交换时处于不利地位。

在对工农产品交换比价产生影响的诸多非经济因素中还有一个很

---

① 巫宝三:《中国粮食对外贸易其地位趋势及变迁之原因》,全国图书馆文献缩微中心收藏,第34—35页开列了1913—1926年湖南、安徽、江西等地禁米出口的具体资料。
② 《银行周报》,卷6号46,1932年11月,国内要闻栏第5—6页,关于抗日战争全面爆发以前这方面的情况,前引吴柏均的硕士学位论文中有较详细的评述。
③ 杨蔚:《物价论》,第108页。

重要却又极难准确把握的方面,即税收。近代中国税种之多、税率之乱常人难以想象。如果说当时中央政府的税收情况还有可能理清查明的话,全国各地的地方捐税即便我们皓首穷经也只能略知一二。尽管如此,为研究之需,我们还是竭尽绵薄之力对此做一粗浅的探讨。鉴于中国近代工农产品交换关系实际演化各阶段之内容不同及资料可得性,我们将主要研究20世纪上半叶的情况。

近代中国农业最主要的税种是田赋。19世纪中期清代田赋的征收额上涨速度就已很快。以人口最众的四川来讲:如与50年代的地丁税相比,则70年代末各大县每亩农田的田赋附加增加了9倍,小县则增加了4—5倍。从全国情况看,虽然到90年代时地丁钱粮在财政收入中的比重已由50年代的80%左右下降到了40%以下,但仍然是最大的一项税收。① 1907—1927年,19个省115个县每公顷普通田地上县政府的税额,小麦产区的上涨趋势很明显,水稻产区也有上涨趋势,但不如小麦产区平顺明显。②

以下专门看一下田赋附加的情况,民国成立时先是实行田赋正税收入归中央政府,而附税收入则归地方政府,并规定附税不得超过正税的30%。但民国初期军阀割据纷争,实际附加层出不穷。在20年代就有一些省县实行预征办法,个别地区竟预征30年以上。③ 1927年后,国民党政府订立"划分国地收支暂行标准案",将田赋划归地方政府收入。稍后又许可除省征田赋外,县一级也得征课田赋附加。田赋附加之滥越发不可收拾,见表7。

---

① 凌耀论:《中国近代经济史》,重庆出版社1982年版,第113页。
② 见章有义《中国近代农业史资料》,第2辑,第559页。不过另一份有关20个左右省份稻田田赋的资料表明,如以1902年最好的稻田每亩田赋为100,则1925—1931年增长最少的江西省为192,人口稠密的四川省竟达1250。见《中国近代农业史资料》第3辑,第12页。更有一份22个省份的材料表明:不论是水田、平原、旱地还是山坡旱地,1931年的田赋正附税额较1912年都增加了60%左右。见《农情报告》,7卷4期,第49页,1939年4月。
③ 据彭雨新先生所做研究成果。

表7　　　　　　　各省田赋附加种数　　　　　　单位：种

省别	种数	省别	种数	省别	种数
黑龙江	15	四川	20	山西	30
辽宁	3	贵州	0	山东	11
察哈尔	8	西康	—	江苏	147
宁夏	4	福建	4	湖北	61
青海	1	蒙古	—	江西	61
河北	48	吉林	3	云南	17
陕西	9	热河	—	广西	15
河南	42	绥远	—	浙江	73
安徽	25	新疆	5	广东	25
湖南	23	甘肃	13	西藏	—

资料来源：邹枋：《中国田赋附加的种类》，《东方杂志》，31卷14号，1934年，第312页。

表8　　　　　田赋附税对正税比率（正税=100）

省别	最低比率	最高比率	备考
江苏	119.69	2603.45	
浙江	134.2	384.9	
安徽	48.1	287.2	大多数在100以上
江西	27.0	958.0	同上
湖南	24.0	1280.4	100以下者仅5县
湖北	9.2	8600.0	100以下者仅1/6
河南	15.7	1019.4	同上

资料来源：原出孙晓村《苛捐杂税报告》，《农村复兴委员会会报》，12号，1934年5月，第6页。转引自章有义《中国近代农业史资料》第3辑，第17页。

可以通过表7和表8来了解有关田赋附加种类和与田赋正税相比的比率情况。1934年全国范围的田赋正附税额统计则表明：该年田赋附税额数已高达正税额征数的 90% 以上。① 抗日战争全面爆发后，由于粮价上涨速度极快，从个别省份开始田赋又由货币税形式倒退到实物税形式。1941 年国统区各省田赋收归中央政府，正式采取征实方法，征实后的田赋负担一般高达土地收获量的 20% 以上。②

作为与田赋相对应的工业方面的主要税种应是统税，但统税税而不统。非但各种主要商品之间的税率差别很大，而且往往已纳统税的工业品在运输过程中仍然要缴纳各种名目的地方捐税，③ 因而我们无法就工业品的一般税负情况作出说明。当然，对工农产品交换比价最直接的影响来自单位工业品和单位农产品的负税比率的不同。在此，结合一些有关棉纱、棉布、大米的资料来进行探讨。1932 年上海 5 家华商纱厂 20 支棉纱每包按税则征收的统税占批发价的 3.68%，加上其他杂税，共占批发价的 3.86%；江苏 7 家华商布厂 12 磅细布每匹所纳统税占批发价的 3.51%，加上杂税共占批发价的 3.71%。④ 而 1935 年前后湖南省每担米价仅 6—7 元，运到上海须缴护照费 1 元，出口关税 3 角 3 分，还不算其他苛捐杂税已占产地售价的 19%—22%，加上水脚、麻袋、火险行佣等，到上海时已值 9—10 元。但由于洋米的竞争，当时上海一担米仅售 7.5 元。运米由湘至沪，每担亏损 1—2 元。该则资料还说明："其他各省粮食之税捐也夥。例如米谷出境有照费，通过有捐税，就地有特捐……捐税繁重，致土米价格上升，反而不如洋米价贱，而难与洋米竞争市场矣。"⑤ 这一点为同样是稻米产区的江西调查结果所证实。该调查说："国家裁厘后，途次本无税捐可言。惟因各地近年招集保卫团，以及其他军事建设或兵差等经费无着或不足时，多有在商人贩售米谷内加抽捐税者，计每石米谷

---

① 王毓铨：《经济统计摘要》，第 79 页，缺南京、天津两市资料。全国图书馆文献缩微中心收藏。
② 据彭雨新先生所做研究成果。
③ 见前引陈真、姚洛编《中国近代工业史资料》第 1 辑，第 716 页。在该资料中反映出棉纱棉布除统税之外，还有营业税、产销税、堤工捐、特别营业税、免票费、筑路捐等。
④ 据前引严中平等编《中国近代经济史统计资料选辑》，第 170 页资料计算。
⑤ 前引中国银行经济研究室《米》，1937 年 12 月，朱西周编，第 101 页。

自1角至1元余不等,且有在本县各市镇出口时抽收之后到外县市镇入口或经过时又须抽取。"① 从以上资料可见,同样是在上海销售,棉纱、棉布的税负较大米要低得多。② 更重要的是我们在前面已指出:中国近代工农产品的定价方式是不同的,因而农产品的税负往往不是用转嫁给消费者的方法,而是用从销地市场开始层层压价、转嫁给农业生产者的方法来解决的,工业品则正好相反。这样就使得农产品生产者在工农产品交换比价中又一次处于不利的地位。

(原载《百年工农产品比价与农村经济》,
社会科学文献出版社2003年版)

---

① 前引孙晓村、罗理《江西粮食调查》,1935年,第48页。
② 这里虽然是用湖南、江西的大米情况来论证,但上海是大米输入区,这样的分析有其合理性。

产权改制与职工在企业中的
地位和作用[*]

讨论职工的地位和作用,首先必须确定"职工"的范围。本文所指的"职工"是企业内除了企业所有者和高层经营管理人员(即正副总经理、总会计师、总工程师和总经济师一类人员)以外的所有员工。换言之,包括中层经营管理人员、基层经营管理人员和不担任管理工作的普通员工。

在不同的所有制、组织方式和运行机制下,职工在企业内的地位和作用必然是不同的。20世纪90年代中期开始的公有制企业产权改革本质上是70年代启动的经济改革的必然结果。这种涉及产权制度的改革发生后,企业职工的地位和作用处于何种状况,是本文所关心的主要问题。

一 原公有制企业产权改制中和改制后职工持股情况

(一)改制为股份合作制企业的企业中员工持股情况

从本次调查的结果来看:无论是按城市考察还是按行业考察,在股份合作制的企业中采用经营者持大股的企业都超过了员工平均持股的企业。采用员工平均持股和经营者持大股的企业比例为1:1.66。

---

[*] 本文是根据对无锡、杭州、郑州、盐城和江门5个城市451个原公有制企业的一项问卷调查结果写作的。该项调查是中国社会科学院重点课题"九十年代公有制企业产权制度改革的效果评价和前景分析"的一部分。

那么,在采用股份合作制的企业中,企业规模和企业的员工持股方式之间有无关系呢?为了更清楚地了解有关情况,我们将有关数据整理成表1:

表1　不同规模的股份合作制企业采用两种持股方式的企业数量和比例

单位:户,%

企业规模	员工平均持股(1)		经营者持大股(2)		(2):(1)
	户数	占比	户数	占比	
小型企业	14	9.9	25	17.6	1:1.79
中型企业	15	12.5	21	17.5	1:1.40
大型企业	3	4.6	7	10.8	1:2.30
各种规模企业平均	32	9.8	53	16.2	1:1.66

注:①在采用经营者持大股的企业中规模不明的一个企业未纳入此表。
②占比系指占同等规模的已改制的企业总数的比例。
③表中数据经过四舍五入处理。下同。

从表1可以看出①,无论是员工平均持股还是经营者持大股,中小企业采用这两种方式的比例都明显比大企业高。大型企业中采用股份合作制两种具体方式的比例数都低于各种规模企业合计的平均数,中小型企业的相关比例数则都超过或接近平均数②。同时,大型企业中实行的股份合作制较多地倾向于经营者持大股方式,其采用经营者持大股方式的企业数与采用员工平均持股方式的企业数之比高于中小型企业。

可以从两个方面来解释股份合作制与企业规模的这种关联。其一,中央已经在公有企业改制上明确了"抓大放小"的方针,也鼓励了各地在中小企业的改制中采用股份合作制的方式。其二,股份合作

---

① 为保持著者行文原貌,文中涉及的数据、表格样式等除有考证外均不修改。——编者注。下同。
② 此部分数据样本量相对较少,统计检测说明有相关但不十分显著。

制给企业员工较大的参与决策权,这对于大企业来讲,容易形成决策效率低且成本高的现象。这可能是大型企业较少采用股份合作制的原因,还可能是大型企业中实行的股份合作制较多地倾向于经营者持大股这种方式的原因。

员工平均持股虽然包含了企业经营者,但这种既不参考历史和现实贡献(因职工工龄、岗位、能力、态度等原因造成)的差别,更不考虑未来发展需要(岗位职责、能力)的平均主义方法显然不是一种最合理、有效的方法。从提高决策效率和增强激励机制的角度讲,平均持股的方法也不是一个好方法,至少不是一个最理想的好方法。

(二) 改制后企业中职工的持股比例[①]

实施改革开放政策以前,所有公有制企业的资产,不论是国有还是集体所有,毫无疑问都是公有的。就这类企业的产权而言,最关键的问题是:不论国有还是集体所有,都没有一项法律明确规定企业的资产具体是哪些人拥有。结果,那些认为自己是"企业的主人翁"的员工也就无从知道"属于自己"的那一份资产究竟有多少,因而企业的产权关系是不明晰的。那么,从此次调查的结果来看,在原公有制企业产权改制的过程中,企业内部不同成员(包括企业主要经营者、中层管理人员和普通员工三个群体)的实际持股情况如何呢?

表2　　　　　　　三类员工持股主体持股比例　　　　　　单位:%

持股主体类型	改制完成时		调查进行时		变化
	范围	平均值	范围	平均值	
主要经营者	0—100	20	0—100	23	+3
中层管理人员	0—80	6	0—69	7	+1
普通员工	0—100	16	0—100	15	−1

---

① 这部分分析的企业包括前一部分分析的股份合作制企业在内。

从表 2 可以看出，虽然在改制完成时和调查进行时这两个时点上，企业三类成员的持股比例变化不大，但从变化趋势来看，还是有值得注意的地方。从平均值来看，企业主要经营者的平均持股比例在两个时点之间上升了 3 个百分点，是三类企业成员中变动幅度最大的一类。虽然每个企业所面临的内外部环境都不同，但 90 年代里宏观经济形势总体向好，在此种情况下持股比例的上升对持股人是有利的。中层管理人员的持股比例也有 1 个百分点的增加。但是，和我们在分析中所界定的"职工"更为接近的群体"普通员工"的持股比例则下降了 1 个百分点。将"主要经营者"和"普通员工"两个群体相比，改制完成时两者的差距是 4 个百分点，但调查进行时的差距已经扩大到 8 个百分点，扩大了一倍。换个角度再来看，如果将"中层管理人员"和"普通员工"两个群体合为一个群体（这个范围应该大体等同于一般所谓"职工"的范围），改制完成时这个大群体的持股比例平均值为 22%①，而"主要经营者"的持股比例平均值是 20%，前者持股比例大于后者。但是，尽管到调查进行时这个大群体的持股比例平均值依然是 22%，但由于"主要经营者"群体的持股比例平均值上升到 23%，这个大群体已处于低位。这个变化，虽然幅度还不大，但表明企业的股权有向管理人员集中的趋势。

样本企业各类持股主体在改制完成时和调查进行时的持股比例差异进一步凸显了这一变化。表 3 是对各类持股主体在"改制完成时"和"调查进行时"这两个时点之间的持股比例做配对样本 T 检验的结果。从中我们可以看出，在 19 个配对数据检验结果中，只有第 11 对（企业主要经营者或经营班子）和第 13 对（不含经营者的普通员工）的持股比例在这两个时点之间发生了显著变化。其中，调查进行时经营者持股比例比改制完成时的经营者持股比例上升了 3.3970 个百分点，其双侧检验的 P 值为 0.001（意味着在统计上高度显著）；而调查进行时不含经营者的普通员工持股比例比改制完成时下降了 1.8048

---

① 简单算术平均。

个百分点,其双侧检验的 P 值为 0.030(统计上也很显著)。而其他持股主体的持股比例变化都不具有统计显著性(P 值都大于 0.10)。这说明,改制后的企业中主要经营者或经营班子和普通员工的持股比例变化最为明显。

表3　各类持股主体在改制完成时和调查进行时的持股比例差异的统计检验

	持股比例差异均值	标准偏差	T值	自由度	P值(双侧)
(1)中央行业主管部门或行业公司	0.1376	2.3307	0.822	193	0.412
(2)地方行业主管部门或行业公司	-0.3418	10.4864	-0.454	193	0.650
(3)省级政府或省级国资部门等	无变化				
(4)地市级政府或地市级国资部门等	-0.5006	7.9833	-0.873	193	0.384
(5)其他政府机构	-0.0639	0.8903	-1.000	193	0.319
(6)当地国有企业法人	-0.8026	10.4940	-1.065	193	0.288
(7)外地国有企业法人	0.0242	3.3648	0.100	193	0.920
(8)当地非国有企业法人	-0.0675	5.4580	-0.172	193	0.863
(9)外地非国有企业法人	0.2289	3.6946	0.863	193	0.389
(10)境外投资者	-0.2835	7.6887	-0.514	193	0.608
(11)企业主要经营者或经营班子	3.3970	13.8631	3.413	193	0.001
(12)企业中层管理人员	0.3120	5.6814	0.765	193	0.445
(13)不含经营者的普通员工	-1.8048	11.4830	-2.189	193	0.030
(14)企业外部自然人	0.6423	6.8575	1.305	193	0.194
(15)企业自有企业股或集体股	-0.1253	1.6336	-1.068	193	0.287
(16)乡镇政府	-0.7423	7.1971	-1.436	193	0.152
(17)镇村集体	-0.5567	5.5895	-1.387	193	0.167
(18)工业(手工业)联社	无变化				
(19)其他出资主体	0.5470	6.2917	1.211	193	0.227

注:有改制企业,持股率中的有效样本,共194户企业。

那么,企业改革所形成的制度安排对不同企业成员的持股比例又是如何规定的呢？表4中的数据体现了企业经营者（主要经营者）和企业内职工（中层和基层职工）[①]在公有制企业产权改制之初和其后的运营过程中持股比例的变化。

表4　　有关企业内部不同成员群体持股比例的规定及其变化　　单位：%

持股主体类型	初次改制完成时		调查进行时		变化
	范围	平均值	范围	平均值	
企业经营者	1—100	46	1—100	53	+7
企业内职工	0—100	44	0—100	39	−5

显而易见，企业经营者的持股比例"调查进行时"的规定水平比"初次改制完成时"增加了7个百分点，增幅为15.2%，而企业内职工的持股比例的规定水平则下降了5个百分点，降幅为11.4%。从相对关系角度看，虽然两种情况下规定的企业经营者的持股比例都高于企业内职工的持股比例，但相对差距（两个时期中这两种持股比例的比值）从1.0455∶1上升为1.3590∶1，绝对差距（百分点）则从2个百分点扩大到14个百分点，扩大了6倍。非常值得注意的是："调查进行时"规定的企业经营者持股比例的平均值已经高达53%。这意味着从平均数角度看，有关制度或规定至少是已经允许企业经营者成为企业的绝对控股者。那么，相关企业的主要经营权和剩余索取权也就将从产权改制前的国家（政府）和集体转移到企业经营者的手中。这不仅是原公有制企业改制后产权所有性质的重大变化，同时还是原公有制企业在产权改制后出现的所有权和经营权合一的一种制度安排。这样的安排或许既不是公有制企业产权改革的预期结果，也不符合西方经济学关于委托—代理关系理论的主流倾向。在现实生活中这种现象已经开始引起"用企业经营者一股独大

[①] 表4的分类方法应该是相当接近于本文开端处所界定的企业内人员群体划分标准的，虽然这里的经营者没有明确表述为主要经营者还是包括可能参与经营的中层管理人员，但从字面理解是"者"而非"层"，因而应该只是指相关企业内的少数主要经营者。

来代替国有股一股独大是否合理和有利"一类的讨论。

由于调研问卷中在这个问题上的提示是"如果进行初次产权改制的时候和现在对企业中各类持股主体的持股比例有明确规定，请说明其范围"，因此这一期间持股比例的变化是制度安排的结果，是"规定"的制定者的意愿体现。

很显然，公有制企业产权改制以前虽然主要经营者已经实际拥有比职工更多的决策权和收入，但那只是"革命分工"的不同以及企业出资人（国家、集体）对不同的岗位责任付出的不同报偿。而在改制后的企业中，持股比例的不同对应着与改制前，特别是与改革开放前不同的企业运行环境和社会福利保障制度，对应着不同持股人在企业经营决策、运行监督和剩余索取等各个方面的合法权益的差别。根据股份公司制的规范，不同持股者的持有比例差别对应着享有以上所述各项合法权益的权利差别。因而，相对而言，一方地位和作用的增强必然是以另一方地位和作用的削弱为代价的，即经营者权益的扩大意味着员工权益的缩小。

再从"调查进行时"规定的持股比例和实际持股比例之间均值的差距来看职工在企业内地位和作用的变化趋势：为主要经营者规定的持股比例平均值为53%，实际实现的持股比例平均值为23%，两数之间的差距为30个百分点，实现率为43.4%。与此相对，为职工规定的持股比例平均值为39%，实际实现的持股比例平均值为22%，两数之间的差距为17个百分点，实现率为56.4%，也就是说，在调查截止时间那个时点上，就主要经营者和职工在企业内部的地位和作用的相对变化趋势而言，主要经营者地位和作用上升的制度空间比职工更大。

（三）职工离开企业后是否可以继续持有其在改制中获得的股份

在改制后，当职工因某种原因离开企业后能否继续持有其在改制中获得的股份，也是判断职工在改制后的企业（尤其是股份化改造后的企业）中的地位和作用的一个方面。有关调查的统计结果如表5所示。

从合计平均角度（不考虑职工离开企业的具体原因）看，规定离开企业的职工可以继续持有其股份的企业比例最高,其次是不能继续持有,但两者都没有超过半数,且差距很小。在职工离开企业后,只能继续持有其原来持有的企业股票中的一部分的情况是少数。

表5 职工离开企业后能否继续持有其所获得的企业股份

单位:户,%

离开企业的原因	能继续持有		能继续持有部分		不能继续持有	
	企业数	占比	企业数	占比	企业数	占比
调离	75	47.77	12	7.64	70	44.59
辞职	65	41.93	9	5.81	81	52.26
退休	104	66.67	15	9.61	37	23.72
被解雇	52	33.77	10	6.49	92	59.74
合计平均		47.59		7.40		45.01

注:合计平均是将同列的户数相加后平均作为分子,四种处置方式的企业总数作为分母计算的。

如果将可以继续持有和可以部分继续持有这两种情况合并成一类,那么也只有55%的企业属于这一类,而不能继续持有的企业占到了45%。为什么有这么大比例的企业不允许职工在离开企业后继续持有其原来持有的股份?以下是其中的两种可能。

首先,在我国公有制企业产权改制的实际操作中,确实有部分企业对在职员工用虚拟股票的方法作为激励手段。这种虚拟股票的持有人往往只有分红权(或部分情况下也可能有股价升值受益权)而没有所有权和表决权。因此,在职工离开企业后,就需要收回这部分权利[1]。其次,实施股份制改造的企业可能不是上市企业,因此要保持对在职职工的激励机制而又不增资扩股的情况下,只好将离开企业的

---

[1] 但重要的是,由于虚拟股票并不增加企业的总资本,也没有改变真实股票的持有结构,因此为了确保虚拟股票持有者的分红权和股价升值受益权(此类权益应是同股同权的),企业就要为可能增加的有关现金支出做出专门安排,而在采用虚拟股票作为激励手段的改制企业中是否这样做了呢?

职工所持股份收回再转给在职职工或新职工。

上述这两种情况的规范程度都很值得探讨。在社会保障体系尚不完善、健全的情况下,企业不允许离开企业的职工继续持有企业股份的规定在某种程度上损害了处于弱势地位(特别是因退休转而处于弱势)的职工的权益。至于有 23.72% 的企业在职工退休后不能继续持有其原来持有的股份的情况就更值得探讨了①。这一质疑的合理性可以从以下事实得到反证:在职工退休后可以继续持有其原来持有股权的企业比例为 66.67%,是三种股份持有状况、四种离开企业原因的各种组合中所占比例最高的一项,而被解雇和职工主动辞职两种情况下不能继续持有股份的企业所占比例都超过了 50%。为什么这将近四分之一的企业在持股问题上将职工退休与职工辞职和被解雇等同视之?

不论是国有企业还是集体所有企业,本质上改制前的企业资产所有权应该直接或间接地有普通职工的"份"。虽然这种"份"具体是什么、有多大从来就没有明确过,但是改制前以分配住房、公费医疗和退休养老等形式所体现出的普通职工所享有的福利也可以视为这个"份"的一部分。如果改制后这个福利没有了,就应该在股份制改造时用一定数量的企业资产来补这个"份"。特别是对于原来的国有企业职工来讲,他们为这一"份"所应付出的劳动已经完成或已部分完成,而他们所应得到的那"份"福利是曾经得到政府保障的,在职工离开企业时简单地否定职工持有企业股份的权利就意味着职工丧失了其那一"份"重要的权益。

二 企业管理组织构成中的职工地位和作用

在股份制企业中,董事会和监事会是两个至关重要的权力机构。改制前的公有制企业中资产所有者虚置,职工被定性为企业的"主人

---

① 由于相关调查表中没有职工所持有的股份来源构成的数据资料,做相关分析的条件暂不具备。

翁"。从原则上来讲，职工可以通过职代会（或工会）参与和监督所在企业的经营活动。但在改制后企业中，特别是建立了现代企业制度的企业中，笼统的、抽象的"企业主人翁"概念已于法于理于情都不成立，那么在董事会和监事会这两个操控企业的重要机构中，职工的地位和作用如何？

（一）董事会成员的来源

1. 按城市考察

表6　　　　　　　　　董事会成员来源的城市比较　　　　　　单位：%

地方 来源	无锡	盐城	杭州	郑州	江门	全体
（1）行业主管部门的代表	25.0	6.7	11.8	11.9	13.8	14.1
（2）行业控股公司的代表	25.0	0	20.6	10.4	6.2	11.8
（3）国有资产经营公司的代表	15.4	6.7	2.9	10.4	16.9	11.4
（4）其他企业法人股东的代表	25.0	8.9	20.6	11.9	12.3	15.2
（5）外部自然人股东的代表	5.8	2.2	11.8	14.9	15.4	10.6
（6）企业主要经营者	92.3	91.1	91.2	86.6	84.6	88.6
（7）企业中层管理人员的代表	44.2	46.7	26.5	32.8	43.1	39.2
（8）普通职工（或工会）的代表	36.5	26.7	23.5	29.9	23.1	28.1
（9）独立董事	7.7	6.7	8.8	20.9	9.2	11.4
（10）其他	3.8	4.4	17.6	3.0	3.1	5.3

注：表中数据为占各城市有董事会的企业的比重。

从样本企业总体来看，董事会中有中层管理人员代表的企业占39.2%，有普通职工（或工会）代表的占28.1%，这两类董事会成员的比例较之董事会中企业主要经营者参与的比例（88.6%）要低得多。而且董事会中普通职工（或工会）代表的比例与地区经济发展水平没有明显关系。同样是经济较为发达的无锡和杭州，这两个比例差别很大。企业规模、行业生产要素构成、股权结构甚至行业景气程度等方面的差异都可能对董事会的构成产生影响：企业规模可能影响董事会的人数进而影响不同背景、不同职能的代表参与董事会的可能性；所在行业的生产要素构成可能影响资本、技术（包括管理技能）和劳动对行业内企业效益的贡献度和认可度；股权结构决定不同利益集团的代表占董事会人数的比例；而行业在特定时期内的景气程度可能影响在相应时期内对不同生产要素的需求强度，等等。因此，单纯从董事会的职工（或工会）代表的比例来判断职工地位和作用是非常不够的。要想了解产权改制对企业董事会构成的影响，需要从更细致的层面上来展开分析。

2. 按企业规模考察

通过表7，我们似乎很难直观地在企业规模和职工代表参与企业董事会的程度之间发现明显的关联。但是如果我们将分析做得更细致些，情况又如何呢？例如，我们把董事会中的职工代表分成中层管理人员代表和普通职工（或工会）的代表两个群体来看（见表8）。

表7　董事会中有无职工（两个群体合计）代表与企业规模的关联

单位：%

企业规模	无职工代表	有职工代表	小计
小型企业	51.4	48.6	100.0
中型企业	44.6	55.4	100.0
大型企业	46.4	53.6	100.0
合计	47.8	52.2	100.0
皮尔逊卡方检验	$\chi^2 = 0.982$	$P = 0.612$	$N = 253$

表8　不同规模的企业中董事会里有三个群体代表的企业的比例　　　　单位：%

代表群体	大型企业	中型企业	小型企业
主要经营者	98.2	84.4	87.2
中层管理人员代表	30.4	45.8	36.7
普通职工（或工会）代表	35.7	29.2	23.9
其他群体（省略）			

注：表中数据是指董事会中有三个群体的代表的企业占同等规模的企业中有董事会的企业总数的比例。

当我们把职工区分成普通职工和中层管理人员两个群体后，再从企业规模的角度来看职工在董事会中的参与程度，就会发现，企业董事会中有无普通职工（或工会）的代表和企业规模之间的关系：董事会中有普通职工（或工会）代表的企业占有董事会机构的企业的比例和企业规模是成正比的。值得注意的是，中层管理人员代表所占的比例以中型企业最高，小型企业次之，大型企业最低。这种情况是否与中层管理人员在不同规模的企业中所发挥的作用有关呢？在小型企业中，企业主要经营者甚至是企业所有者往往"事必躬亲"，并且有"深入基层"的客观可能，从而中层管理人员的作用就显得不那么重要了。而在大型企业里，由于规模大、人员多，决策涉及面宽，因而其决策机制往往趋于复杂，参与决策的高层管理人员本身就比较多，中层管理机构和机构功能的设置被过分细化，故而中层管理人员多数情况下都只能扮演参谋的角色。倒是在中型企业里中层管理人员真正参与决策乃至在某些场合自主决策的可能性要大得多。这可能是中型企业中的中层管理人员参与董事会的比例最高的重要原因。

在前文中我们曾经推论过：企业规模可能对企业董事会的人数有影响进而影响不同群体在董事会中具备其代表的可能性。以下我们来分析企业董事会的人数规模和职工代表董事人数之间的关系。首先，我们将企业董事会按董事人数的多少分为三类，"2—5人"的董事会可视为小型董事会,"6—8人"的董事会可视为中型董事会,"9人及以上"的董事会可视为大型董事会;同时,将董事会中职工代表董事的人数分为"0人"、"1人"、"2人"、"3人"和"4人及以上"五个档次。其次,我们来分析这些职工董事人数的档次与董事会规模的关联。

表9　　　　企业董事会的董事人数与职工代表董事人数之间的
　　　　　　　　　　　　　　　分布结构　　　　　　　　　　单位:%

董事人数 \ 企业数比例	0人	1人	2人	3人	≥4人	全体
2—5①	60.3	52.5	62.2	23.8	16.7	50.2
6—8	29.8	35.0	24.3	66.7	47.2	35.3
≥9	9.9	12.5	13.5	9.5	36.1	14.5
合计	100.0	100.0	100.0	100.0	100.0	100.0
皮尔逊卡方检验		$\chi^2 = 38.005$		$P = 0.000$		$N = 255$

注:①不包括那些虽然填报"有董事会"但将董事会人数填报为1人的企业。

从表9可以看出,董事会规模较小的企业中,董事会里没有职工代表或只有一两名职工代表的企业所占的比例高于全体样本企业中的同一比例,这意味着规模较小的董事会倾向于没有或只有少数职工代表;而董事会规模较大的企业则相反,董事会里有3名以上职工代表的企业所占的比例高于全体样本企业中的同一比例,这意味着规模较大的董事会倾向于有较多的职工代表。相应的统计检验显示,这种差异具有统计显著性。因此,在中小型改制后企业中如何保证普通职工参与经营决策是一个需要注意的问题。

(二) 监事会构成中的职工地位和作用

在切实发挥对企业经营活动的监督作用方面,社会各界对监事会的期望不小,但对现实情况的评价却都比较低。那么,在我们所调查的企业中,这方面的情况如何?我们先看看监事会的构成。

1. 按城市考察

表 10　各城市里有各类代表监事的企业占当地样本企业总数的比重　单位:%

来源＼城市	无锡	盐城	杭州	郑州	江门	总计
(1) 行业主管部门的代表	26.5	7.0	3.3	5.8	9.5	11.1
(2) 行业控股公司的代表	16.3	0	10.0	7.7	2.4	7.4
(3) 国有资产经营公司的代表	12.2	11.6	16.7	1.9	4.8	8.8
(4) 其他企业法人股东的代表	10.2	4.7	20.0	7.7	4.8	8.8
(5) 外部自然人股东的代表	2.0	9.3	6.7	11.5	2.4	6.5
(6) 企业党组织的代表	44.9	60.5	33.3	50.0	33.3	45.4
(7) 企业中层管理人员的代表	42.9	67.4	36.7	38.5	54.8	48.1
(8) 职工（或工会）的代表	87.8	81.4	80.0	76.9	66.7	78.7
(10) 其他	6.1	4.7	10.0	3.8	4.8	5.6

从表 10 来看,企业职工,无论是中层管理人员还是职工（或工会）,参与企业监事会的程度都明显高于他们参与董事会的程度。在五个城市之间,职工（或工会）代表参与监事会的比例虽有差别（平均为 78.7%,最高为 87.8%,最低为 66.7%）,但这个差别小于中层管理人员代表参与监事会的比例间的差别（平均为 48.1%,最高为 67.4%,最低为 36.7%）。这说明,各城市的企业在职工（或工会）

代表参与监事会的问题上的认识和实践都比较一致。

从表10中还可以看出,各城市之间,在职工参与监事会的程度上存在差别,如无锡的职工(或工会)代表比例最大(五市中第一),中层管理人员比例相对较低(五市中第三);而江门则是中层管理人员参与比例较高(居第二),而职工(或工会)代表参与比例最低。但对于形成这种差别的具体原因尚需考证,这两类代表总体上都属于职工代表的范围,在监事会名额有限的情况下,这两者之间很可能存在着替代性。

2. 按企业规模考察

在按照企业规模来考察企业监事会的构成时,我们按照调查的口径将监事会中的职工代表分成科室人员代表和普通职工(或工会)代表两个群体分别进行考察。

结果发现:小型企业的监事会倾向于没有职工代表(因其没有职工代表的企业数比例高于全体样本企业的同一比例),而大中型企业的监事会倾向于有普通职工代表(因其有职工代表的企业数比例高于全体样本企业的同一比例),且这种差异具有统计检验的显著性(见表11)。

表11　监事会中有无普通职工(或工会)代表与企业规模的关联(企业数比例)　　　　　　　　　单位:%

企业规模	没有普通职工代表	有普通职工代表	合计
小型企业	31.0	69.0	100.0
中型企业	14.0	86.0	100.0
大型企业	8.2	91.8	100.0
全体企业	19.0	81.0	100.0
皮尔逊卡方检验	$\chi^2 = 12.268$	$P = 0.002$	$N = 207$

那么,科室人员代表参与监事会的情况又如何呢(见表12)?即便从频率分布的情况来看,企业规模和监事会中有无科室人员代表监

事之间的关联远不如企业规模和监事会中有无普通职工（或工会）代表之间的关联明显。统计检验的结果也表明，企业规模对于监事会中有无科室人员代表的影响是不显著的。从数据看，小型企业的监事会倾向于没有科室人员代表，而大中型企业的监事会倾向于有科室人员代表。这个现象与董事会的构成有类似之处。

表12　　　监事会中有无科室人员代表与企业规模的
关联（企业数比例）　　　　　单位:%

企业规模	没有科室人员代表	有科室人员代表	合计
小型企业	53.8	46.2	100.0
中型企业	48.8	51.3	100.0
大型企业	49.0	51.0	100.0
合计	50.7	49.3	100.0

同我们分析董事会规模的影响得到的结果相似，规模较小的监事会倾向于没有或只有较少的职工代表，而规模较大的监事会则倾向于有较多的职工代表。统计检验表明，监事会的人数规模对于监事会中是否具有职工代表以及有多少职工代表的影响也是很显著的（见表13）。

表13　　　监事会的监事人数与职工代表监事人数之间的
分布结构　　　　　单位:%

监事会规模	企业数比例					同一规模合计
	0人	1人	2人	3人	≥4人	
≤2	20.0	66.7	13.3			100.0
3	5.0	25.2	44.5	25.2		100.0
≥4	1.7	13.3	18.3	25.0	41.7	100.0
合计	6.2	27.8	32.5	21.5	12.0	100.0
皮尔逊卡方检验		$\chi^2 = 114.581$		$P = 0.000$	$N = 209$	

(三) 按工商部门登记注册类型来考察董事会和监事会的构成

从表 14 可以看出，按照工商部门登记注册的类型来区分，除了"合伙制"和"其他"两类企业以外，董事会中有中层管理人员代表的企业所占的比例在不同所有制的企业中差别很大，其取值范围在 11.1% 至 64.3%。再试细分之，这一比例最高的是集体企业，其次是股份合作制和股份有限公司，再次是有限责任公司和国有企业，余下的联营企业、合资企业和私营企业中，这一比例都很低。至于董事会中有普通职工（或工会）代表的企业所占的比例，在将"合伙制"和"其他"两类去掉后，比例范围在 5.3% 至 50.0% 之间，差距比有中层管理人员董事的企业比例取值范围要稍小一些。可以看出，两类职工参与董事会的程度比较接近。

表 14　　　　董事会和监事会中有无职工代表与
　　　　　　　企业注册类型的关联　　　　单位：个,%

工商注册类型	有董事会企业		有监事会企业	
	有中层管理人员代表	有职工（或工会）代表	有中层管理人员代表	有职工（或工会）代表
国有企业	37.5	50.0	62.5	75.0
集体企业	64.3	42.9	72.7	63.6
联营企业	25.0	0	33.3	33.3
有限责任公司	38.9	25.4	45.5	79.1
股份有限公司	42.9	35.7	41.0	89.7
股份合作制企业	44.1	32.4	60.6	75.8
合伙制企业	0	0		
私营企业	11.1	22.2	0.0	66.7
合资企业	21.1	5.3	40.0	60.0
其他企业	100	100		

为了多角度地把握结论,我们将有无职工代表参与董事会的情况按照企业的工商注册类型分别统计(舍弃"联营""合伙人""其他"三类样本极小的注册类型)并检验两者之间的关联。从统计检验的结果来看,企业董事会中有无职工代表参加和企业的工商注册类型之间的关系非常密切(见表15)。

表15　董事会中有无职工(两个群体合计)代表与企业注册类型的关联　　　单位:%

所有制类型	没有职工代表	有职工代表	小计
国有或集体企业	25.0	75.0	100.0
有限责任公司	50.0	50.0	100.0
股份有限公司	42.9	57.1	100.0
股份合作制企业	35.3	64.7	100.0
私营企业	77.8	22.2	100.0
合资企业	76.5	23.5	100.0
全体	47.6	52.4	100.0
皮尔逊卡方检验	$\chi^2 = 15.793$	$P = 0.007$	$N = 246$

从表15可以看出,企业董事会中有无职工代表参加与企业工商业注册类型间的关联非常密切。有限责任公司、私营企业和合资企业倾向于董事会中没有职工代表,而国有或集体企业、股份有限公司和股份合作制企业则倾向于董事会中有职工代表。

同样,将这两类职工作为一个群体,考察企业监事会中有无职工代表与企业注册类型的关联,结果如表16所示。

表16　监事会中有无职工(两个群体合计)代表与企业注册类型的关联　　　单位:%

工商注册类型	没有职工代表	有职工代表	小计
国有或集体企业		100.0	100.0
有限责任公司	8.3	91.7	100.0

续表

工商注册类型	没有职工代表	有职工代表	小计
股份有限公司	2.7	97.3	100.0
股份合作制企业	3.1	96.9	100.0
私营企业	33.3	66.7	100.0
合资企业	76.5	23.5	100.0
全体	5.9	94.1	100.0
皮尔逊卡方检验	$\chi^2 = 7.550$	$P = 0.183$	$N = 202$

从表 16 来看，虽然监事会中有职工代表的企业所占的比例与企业工商注册类型之间有一定的关联，如国有企业和集体企业的监事会中都有职工代表（100%），而私营和合资企业的监事会中没有职工代表的企业比例比较高，但这种关联不如董事会中的相应关联那么明显。

三　与职工利益直接相关的问题在企业决策中的影响

（一）职工就业等问题在企业产权改制决策过程中的影响

自 90 年代中后期以来，安置富余职工一直是公有制企业改制中普遍存在的难题。从表 17 可以看出，在全体企业中，至少有 63 家企业的经营者认为解决富余职工安置问题是一个困难问题（排序在前五位的企业数合计）。这个数字占全部被调查企业的 14%，其中，将此原因作为未改制的前五位原因之一的企业占尚未改制企业的 22.3%。这一原因在前三位未改制原因中占据第二位，仅次于"难以处理企业的历史遗留债务"。

在解释其尚未改制的原因时选择"企业职工不同意"作为主要原因的企业有 28 家，占全部被调查企业的 6.2%，其中将此原因作为未改制的前五位原因之一的企业占调查时尚未改制企业的 12.4%，在 10 种未改制原因的前三位原因合计中排最末位。

表17　　改制与未改制所涉及的诸多原因中与职工直接有关
的原因　　　　　　　　　　　　　　　　　单位：家

	难以解决企业富余职工安置问题		企业职工不同意	
	改制后企业	未改制企业	改制后企业	未改制企业
排第一位的企业	21	12	4	4
排第二位的企业	7	11	4	4
排第三位的企业	7	3	2	4
排第四位的企业		1	3	2
排第五位的企业	1			1
排前五位的企业合计	36	27	13	15

让我们进一步分析上述两个未改制原因的内涵，就选择"难以解决企业富余职工的安置问题"作为未改制原因的企业而言，它实际上是企业的改制组织者因为职工安置上的困难而搁置了改制，而就选择"企业职工不同意"为未改制原因的企业来讲，虽然我们不清楚职工"不同意"的具体内容和形式，但它说明企业未改制是出于职工的意愿，是职工的选择。在这两种场合中，普通职工在企业内的地位和作用是不同的。从所占比例看，选择前者作为前五位原因的企业超过了选择后者的企业。

在同一份问卷中还有一个问题，即"采用现体制的原因"，这方面的统计结果显示，因职工认同并支持现行体制而采用现体制的企业在"有改制企业"中占24.24%，比"企业职工不同意"占未改制企业的比例（12.4%）要高。尽管不进行改制，企业也许就没有活路，但主要因为职工不同意而没有进行产权改制的企业是最少的，即职工的选择对企业的决策影响力是最小的。

（二）职工在企业日常经营决策中的地位和作用

我们将9项决策对职工利益可能产生的不同影响进行区分，表18第一列中的前7项是直接涉及职工切身利益的，后2项则是间接

表 18　在企业日常经营决策活动中具有重要作用的主体　　单位:%

各类决策活动	法人大股东	外部自然人大股东	企业经营负责人	中高级管理层	职代会或工会
经营管理	15.99	2.28	58.00	13.53	10.19
投资和融资	24.07	3.11	50.83	12.86	9.13
产品和技术创新	9.55	1.83	53.46	31.30	3.86
资产处置和企业兼并	27.39	2.83	40.00	11.96	17.83
利润分配	25.48	2.12	42.25	13.80	16.34
工资制度	12.62	1.97	45.56	15.78	24.06
对中高层管理人员和技术人员的奖励	13.45	1.95	61.82	9.54	13.23
任免高级经理	27.46	2.58	57.04	5.87	7.04
内部人事管理	8.09	0.64	63.83	22.34	5.11

注:被调查者被要求在他认为对有关决策具有重要作用的主体中做出选择,可以多选。

涉及职工利益的。从总的情况看,改制后企业的主要经营负责人基本控制了企业重大决策权力。因为50%以上的受调查者认为,具有重要作用的有6项;在其余的3项决策活动中,认为经营负责人有重要作用的被调查者虽然没有超过50%,但他们所占的比例也是最高的且远远超过其他主体的被认可程度。按照比例的高低顺序排列,企业经营负责人在决策活动中具有重要作用的前3项为内部人事管理、对中高层管理人员和技术人员的奖励以及经营管理,排在最后的是资产处置和企业兼并。作为职工总体(包括中层管理人员和普通职工)代表的职代会或工会在9项决策中有4项排在第4位(仅高于外部自然人大股东),另有4项排在第3位。相对而言,能够发挥作用的决策活动主要是决定工资制度、资产处置和企业兼并以及利润分配，影响力最小的是产品和技术创新以及内部人事管理。简而言之，职工在决定与其自身基本利益有关的制度方面（工资、利润分配）和企业命运抉择方面（资产处置和企业兼并）有一些影响力。但是与企业经营负责人的影响力相比，职工的这种影响力还是非常有限的。即便把"中高层管理层"和"职代会或工会"两项在9种决策活动中的比例相加，合计数也仍然低于"企业经营负责人"所占的比例。

四 企业产权改制中及改制后与职工地位和作用相关的政府行为

（一）地方政府是原公有制企业产权改制的主要推动力量

回顾从20世纪70年代末实施改革开放政策以来的经历，我们可以看到：每一项涉及"经济细胞"（城市中的企业和农村中的基层生产组织）的较为重大的体制（经营体制、所有权体制等）改革，在其发生之初可能只是个别的、自发的甚至是偶然的事件，但是一旦得到政府的认可，就会迅速转变成以政府为主导的、借用行政力量来推动的"运动"。本课题的研究表明：90年代中期以后普遍开展的原公有制企业产权改制与我国此前农村和城市各类经济组织的改制一样，同样带有政府主导的"运动式"改革的色彩。

以下的分析可以证明，调查所涉及的时期中，公有制企业产权改制的主要发起者是地方政府而不是中央政府的行业主管机构。这种地方政府主导的改制本身是中央政府对下级政府放权的表现。

在我们的问卷中有这样一个问题："企业产权改制的发起者是谁"，受调查者对这一问题的回答经汇总后结果如图1。

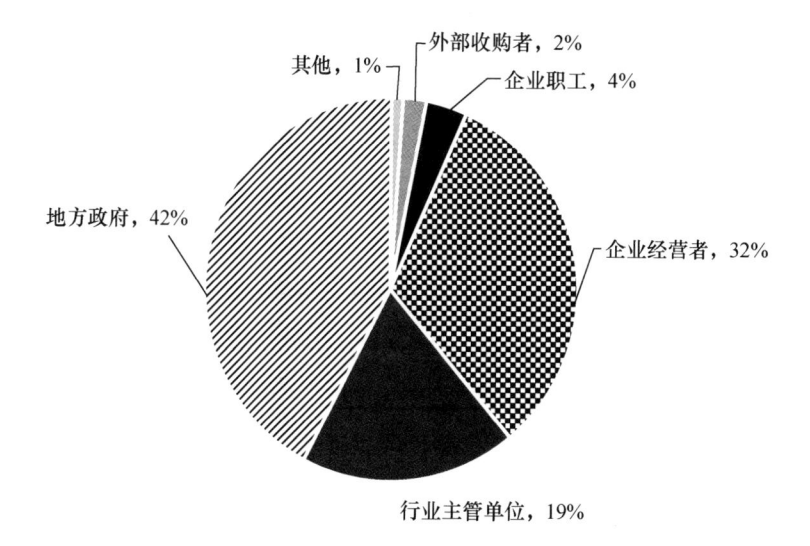

图1 改制发起者主体的分布

上图清楚地说明：在企业改制的发起者中，地方政府所占的比例最大，而行业主管单位要小得多。如果我们将前两项相加，政府作为改制发起者的企业超过了60%。可见说公有制企业产权改制是政府主导的并不为过。

值得注意的还有：由经营者发起改制的企业也占到了32%，仅次于地方政府；而由企业职工发起改制的企业只占4%，显然处于少数。

（二）纠纷解决方式中政府的作用

从表19可见：企业内部发生纠纷时，多数企业的第一选择是通过职代会解决。如果解决不了，再向政府求助；如果政府也解决不了，企业才会转向法院和仲裁机构裁决。这种情况应该说比较符合我国的国情：企业还是有"有事找政府"的习惯，虽然政府协调解决纠纷的重要性似乎还应该更靠后一些才更符合市场经济和法治社会的规则，但从两个方面讲，企业和企业职工的此类做法也有其合理性：第一，如前所述，进行产权改制时，职工在原公有制体制下的部分权益可能受到减损，而这些权益是原公有制企业的所有者代表——政府——在某种程度上应该予以保证的；第二，由于改革开放以来，除了初期个别的、自发的企业改革措施以外，"成规模"的企业改制或多或少都是由政府来发起、组织甚至实施的，因此按照"解铃还须系铃人"的思维方式，企业职工在和企业所有者或企业经营层发生纠纷而在企业内部又得不到妥善解决时，自然要找政府来协调。

不论通过职代会解决纠纷的实际成功率如何，至少多数企业是把职代会放到了第一位，因此加强职代会建设，真正让职代会发挥作用，从而使企业内部的纠纷尽可能在企业内部得到合情合理合法的解决而不是上交给政府或扩散到社会去，应该是有关部门切实努力推进的重要任务之一。

表19　　　　　　　　解决企业内部纠纷的途径及其排序

（对各选项做出相应排序的企业数与选择该选项的企业数之比）

单位：%

纠纷解决方式	第一位	第二位	第三位	第四位	第五位	全体
（1）通过职代会解决	73.3	13.9	10.0	0	0	46.4
（2）上级政府协调解决	10.9	45.8	16.0	10.4	4.3	20.3
（3）法院诉讼解决	1.9	16.9	36.0	58.6	4.3	11.3
（4）仲裁机构仲裁	5.8	19.9	36.0	31.0	4.3	13.1
（5）其他	8.1	3.6	2.0		87.1	8.9

（三）与职工利益有关的政府服务

我们的问卷中有一个问题要求被调查者回答：1990年、1995年、1999年这三个时点上，政府向企业提供的主要服务。问卷就此列出了20个政府服务的选项，请被调查者做出选择。其中与职工利益有关的政府服务项目有两项,即"解决企业与职工间的利益纠纷"和"安置冗余职工"。表20汇总了回收问卷中有关这两项的调查结果,并按城市作了对比。

表20　　　　三个不同年份中有关城市地方政府提供的
　　　　　　　有关服务的对比(做出选择的企业数)　　单位:个

地方	政府服务	1990年	1995年	1999年
无锡	解决企业与职工间的利益纠纷	10	7	15
	安置冗余职工	1	7	9
盐城	解决企业与职工间的利益纠纷	3	4	10
	安置冗余职工	1	1	7
杭州	解决企业与职工间的利益纠纷	3	3	4
	安置冗余职工	0	1	7
郑州	解决企业与职工间的利益纠纷	7	11	17
	安置冗余职工	1	3	5
江门	解决企业与职工间的利益纠纷	21	30	24
	安置冗余职工	7	10	13
合计	解决企业与职工间的利益纠纷	44	55	70
	安置冗余职工	10	22	41

从这两项政府服务的被认可程度来看,所有城市在所有时点上,认可解决企业与职工间的利益纠纷的企业数比认可安置冗余职工的企业数都要多。这是不奇怪的。因为,毕竟不是每个企业都需要安置冗余职工特别是都需要靠政府帮助才能安置的。而且对每个改制企业而言,多数情况下,集中安置冗余职工只是一次性的问题。但是,企业与职工间的利益纠纷却可能是一个普遍存在和长期存在的问题,不但在企业产权改制过程中产生的冗余职工安置问题本身就极可能导致企业与职工之间的利益纠纷,而且没有安置冗余职

工要求的改制企业也可能发生企业与职工间的其他利益纠纷。

从三个时点的比较来看，如果以1990年的数字为1，那么三个时点的合计显示，认可1995年和1999年政府在解决企业与职工间利益纠纷方面发挥了作用的企业数与1990年相应数据的比值分别为1：1.25和1：1.59；而有关安置冗余职工问题的相应比值则分别为1：2和1：4.1。这说明，在90年代里，虽然政府直接介入企业经营决策的程度下降了，但政府介入安置冗余职工和解决企业内部纠纷方面的程度却提高了。这反映了政府职能转换的一个侧面。

五 结束语

原公有制企业的产权改革很大程度上是在各级政府的指导（主导）下推进的，且各地都出台了相应的政策和法规。因此可以认为，目前改制后企业中的职工地位主要是现行制度安排或政府认可的结果。

在产权改制后，笼统地说职工是企业的主人翁已经于法于理于情都不妥当。职工在企业中的地位和作用可以分解成两大部分：其一，凭借他们所持有的企业股权，依法享有其作为企业出资人的权利并履行其相应的义务；其二，根据国家有关就业和劳动保护以及工会等方面的法规，参与和监督企业的经营管理。我们希望在公有制企业产权改制过程中和改制后，企业职工的上述权益能够受到法律和政府的维护，也能得到企业主要经营者的尊重。

原来普遍存在的公有制企业不但是1949年后社会政治和经济制度设计的结果，同时也是国家和亿万人民共同创造的宝贵财富。在改制过程中，对原公有制企业的资产处置必须尊重历史、尊重事实，应着眼于企业持续健康发展的需要。尤其是，应该合情合理地处理国家和企业成员（包括企业的主要经营者和普通职工）间的利益关系，以及企业内部主要经营者和广大普通职工之间的利益关系。

职工在企业中的持股状况决定了他们在改制后企业中的基本地位

和作用。在一个生产要素交易日渐市场化和人们的价值取向、社会经济活动日益商业化的大环境中，没有理由期望职工在企业的经营管理和利益分配中能够获得超出其持股比例所决定的经济权益。

20世纪80年代初主张改革的经济学者中就有人提出过，建立社会保障制度是改革能够顺利推进的前提。但是由于种种原因，这一富有远见的建设性意见在当时未能得到重视，使得社会保障体系的发展远远落后于中国市场经济的成长。但到了90年代后期，随着中国公有制企业产权制度改革的范围不断扩大，中国经济市场化程度的不断提高，建立社会保障体系的任务日渐受到决策高层的重视。尽管这有点晚，但至少在今后的公有企业产的改制过程中，应该对企业职工（特别是原公有制企业职工）积欠的合法权益有个合理的安排。

（原载《20世纪90年代中国公有企业的民营化演变》，
社会科学文献出版社2005年版）

农业经济发展研究中的若干方法问题探讨[*]

在我国于20世纪70年代末80年代初从农村启动经济体制改革后，计划经济作为原社会主义国家核心制度之一，成为改革者发动和推进改革的首选对象，也是世界各地学者对经济转型问题研究的焦点之一。虽然在原来同属"社会主义阵营"的各国中目前引入和推进改革的程度仍有区别乃至明显的区别，但"市场经济"作为改革的基本导向已被普遍接受。

改革前计划经济在我国农村地区的主要体现，在生产资料方面主要是耕地利用的计划管理如基本农作物的种植计划；在生活资料方面则主要是农村劳动力基本收入（在政策允许的时期少量家庭副业收入不在此范围内）的集体核算和分配、农村人口基本口粮的分配；在劳动组织方面则是集体用工安排、在各级具备行政管理职能的组织范围内的农业基本建设计划和相应的物资、劳动力筹集。由于并非所有生产资料（如小农具）均属公有，特别是生活资料中的大项如住房都是私有的，因此和城市经济尤其是工业经济不同，农村经济的计划主体不是唯一的：县级政府和人民公社在计划安排中的作用是由它们作为行政机构的地位决定的，而生产大队和生产队则主要是由它们所扮演的劳动和生产资料的集体组织的角色决定的。在某些领域上述两类组织的计划作用是垂直衔接的，如基本农作物的种植安排，农业基本建

---

* 本文原为庆贺恩师吴承明先生九十华诞而作，由中国社会科学出版社收录于2006年12月出版的《中国社会经济史论丛》一书。此次笔者又进行了少量修改完善。

设中的规模工程，某些重要或稀缺生产资料（如拖拉机、化肥）的分配，等等；而在有些范畴内的计划作用则是平行或分离的，如：农户居住用地的计划许可面积（由政府管理）和选址（由集体管理）、强制规定的集体提留之外的再提留、非规模性的生产资料购置，等等。虽然不能说管理的权限绝对和相关财产权利（或按当时的观念统称为利益）严格对应（如"一平二调"就不是），但总体上或多或少还是体现了这种对应关系。尽管所有者主体和经营主体有所不同，在这种以"集体经济"命名的所有权和经营权模式之下存在的问题却是和"国营经济"（从改革前的"全民所有制经济"到改革开始后的"国有经济"都是这类所有权和经营权模式的别称）基本相似的：主要表现为经营者的选择机制问题、经营者与劳动者的激励机制和约束机制问题。

自中国开始经济改革，在农村地区出现了许多引人注目的变化。以安徽凤阳小岗村20世纪70年代末率先实行"家庭联产承包责任制"的经营模式为起点，各种形式的以农户家庭为基本生产单位的责任制被迅速推广到全国各地。20世纪90年代初期笔者曾到若干个东欧国家进行学术访问，在和当地学者和官员交谈时，几乎所有被访者都认为中国的农村改革是一个完完全全的成功事例。在我国更是有许多学者包括一些社会知名度很高的学者在评价80年代前期的农业经济形势特别是主要农业作物的连年丰收和乡镇企业遍地开花时都高度评价"家庭联产承包责任制"这种经营方式在广大农村的引入和推广，少数学者进而从创新学说的角度出发，认为"家庭联产承包责任制"是伟大的制度创新[1]，中国农业、农村和农民的问题从此似乎已经一劳永逸地解决了。

---

① 追根溯源，非常类似的经营方式应该早在20世纪50年代的"三自一包"中就已存在。

农业统计的准确性与宏观问题的定量分析

统计数据的质量（覆盖面、时间序列长度、口径的合理性与可比性、误差率等）对于系统性研究的重要性是不言而喻的。直至今日，除了少数因研究专题需要对个别地区、某些农户进行实地调查的研究者以外①，绝大多数对我国农业、农村和农民问题（以下如无特殊需要，简称为"三农"问题）的研究尤其是具有时期对比性质的定量研究都是建立在政府公布的统计数字基础上的。

作为一个组织严密的国家，在计划经济时期所有的统计数据都是由各级政府所属的统计部门逐级上报汇总而成的。计划和统计互为依据和参照，共生于一个体系之中。由于在以往一个相当长时期内政府工作重心并不在于经济建设，因而考核干部的关键业绩指标也不在经济领域。同时，虽然各个具体年代如20世纪50年代、60年代和70年代生产资料尤其是生活资料的计划分配范围和控制强度有所不同，但主要生产资料和基本生活资料的生产、分配、流通和消费始终处于计划管理的范围，对于实际情况的了解由于计划安排的需要和组织联系的紧密相对而言还是比较认真可靠的。尽管由于政治的需要，某些年份也出现过系统性的统计问题，如"大跃进"时期"亩产万斤"之类的浮夸风，但制度和执行的统一，使得各个部分、各个时期的数据之间的可比性也还是比较强的。然而即便如此，就是在人民公社时期，以笔者个人的亲身经历而言，至少在北方地区对于"自留地""小片荒"等类属于个人收入的耕地面积和产量统计的准确程度也是很有疑问的。

为了适应农村主要经济活动由集体经营被拆解成了家庭经营的现实，20世纪80年代中期统计部门成立了农调队专事农业调查，但面

---

① 笔者推崇的有如中国社会科学院经济研究所所做的无锡、保定农户经济的调查一类的，时间跨度大，口径统一，调查对象锁定程度较高。该所近年来倾注精力所完成的收入分配课题关于农村部分也具有较高的学术水准。

对个体农户的汪洋大海,靠吃"皇粮"而人手不足的农调队已极少有可能做系统、全面、翔实的调查了。"抽样调查"成为日常统计工作的实质主体。以北方某省关于农村居民家庭收入统计的计入和排除范围的明确规定为例:"农村居民家庭收入是指共同生活的家庭成员全年的货币收入和实物收入总和。主要包括从事农副业生产的劳动收入;外出务工、自谋职业等获得的劳务、经营、管理等收入;出租或变卖家庭财产获得的收入;法定赡养人、扶养人或抚养人应当给付的赡养费、扶养费或抚养费;依法继承的遗产或接受的赠与;受灾户领取的救济款(物);其他应计入的收入。不计入家庭收入的范围包括,优抚对象按照国家规定享受的抚恤金、优待金等;对国家、社会和人民作出特殊贡献,由政府给予的奖金及市级以上劳动模范享受的荣誉津贴;为解决在校学生就学困难,由政府和社会给予的补助金;因意外伤亡获得的护理费、丧葬费和一次性抚慰金等;独生子女费;参加新型农村合作医疗享受的医疗费;农村贫困家庭大病救助费;其他按规定不应计入的收入。"① 这样的规定不可不谓细致严谨,但在农村进行全面的实际调查统计的可操作性如何?

在当前的农村广大地区,首先,撂荒和开荒在某种程度上已经成为个体农户的家庭决策。实际的耕地和播种面积,尤其是在地广人稀的中西部地区变得更加难以统计了。航测倒是相对准确一些,但也不可能到处都用,年年都做。其次,产量和收入的统计问题更大。农作物收成的丰歉、农村副业劳动收入的多寡除了应缴纳的各种税费以外不再直接关系当事农户以外的任何经济主体。而据有关学者对1978—1996年农户经济情况的研究,农户生产的"农产品仅有25%通过市场交换,转化为现金收入,75%的农产品是自行消费的"②。无论是在

---

① 河北省关于确定农村居民家庭收入范围的规定,刊登在2005年6月5日的《河北日报》。

② 徐逢贤等《中国农业扶持与保护:理论·实践·对策》,首都经济贸易大学出版社1999年版,第85页。较早一些的如1997年《战略与管理》第3期温铁军《小农均平地权与农业规模经营》一文更有当时"我国仍有50%的小农其土地的产出的商品率为0,还有30%小农的商品率低于30%"之说。

经济发达、耕地资源稀缺的东南沿海地区还是经济欠发达、耕地资源相对丰富的三北地区,近年更有不少握有土地经营权的农户将承包土地转包、转租给他人耕种,"不事耕耘,只问收获",以定额或分成形式"收租"。这种情况是在土地所有权还没得到法律认可的私有化以前,中国近代某些地区出现过的田面权(耕作使用)和田底权(土地所有)分离现象的再现。在同一耕地面积上产生的收入要"一分为三":承种(承租)农民的劳动收入、转包(收租)"农民"的发包(租金)收入、政府(农村基层组织)的各种税费。而农业和农村副业以外的收入更是变成农户家庭隐私,农村基层组织也没有可靠的核查方法。由此可见,农作物的产量、农村副业劳动收入、农村劳动力外出务工收入、农民家庭收入怎么可能有准确统计?!① 虽然抽样调查理论上可以用来推测、校正普查结果,但计划经济时期"千家一面"的平均主义局面已不复存在,从对 4 万个人民公社 600 多万个生产队的统计转变为对 2 亿个左右农户②的数据进行调查统计,技术上的难度可想而知,"差之毫厘,谬之千里"并非完全不可能③。以农户调查为例,农调队目前调查的农户数量大约只占农户总数的万分之二④。更何况在把政府工作转移到以经济建设为中心、把经济统计指标作为

---

① 清华大学秦晖教授曾带领学生在 6 个省区做农民家庭收入调查,但只有半数被调查农户回答关于家庭总收入的问题。不仅有思想顾虑问题,更有具体的计算技术困难在内。秦晖指出,农户收入统计的基本倾向是高估,不像乡镇企业的统计数据那样双向含水都非常可能。载国学网中国经济史论坛(http://economy.guoxue.com),2003 年 3 月 18 日。

② 各个出处数据不一,最少为 1.8 亿个,最多有 2.4 亿个农户之说。统计现状之混乱可见一斑。

③ 一个同事告诉我说他到农村去调查,县里给他们提供了农民年均收入数据,他们到一个村做了几个农户的实地调查,发现数据结果出入不大。但这里有几个关键问题没有澄清:这个村是随机抽样出来的还是定点调查的样本村?这几十个农户又是怎么确定的?而且如果像他所说,虽然数字基本吻合,但有的村民说该村在县内是中等水平,也有的说是中高等水平,那么按照标准的五级分类方法(低、中低、中、中高、高),中等和中高等的差别就不能算是细微差别了。因此,我还是不能苟同缺乏统计方法科学性的简单辨认方法。

④ 国家统计局关于农户调查样本量调整的有关文件。为此国家准许统计系统增加了4000 余名专职人员。

干部考核的关键指标的情况下，部分基层干部主观上的好大喜功（丰年和平年虚增成绩以求表扬晋升，灾年或隐瞒灾情以求无过或夸大灾情以谋上级政府补救）和客观上"三农"问题准确统计的困难结合到一起，更增加了有关统计数据的"水分"。

"三农"问题经济统计数据的不准确，对于相关学术研究和法规决策工作的实际影响不容轻视。如果说因用肉眼无法跟踪判断各年的作物收成和农民家庭非农收入，难以做到准确统计还"情有可原"的话，那么土地、耕地面积总不应该那么困难，毕竟简而言之，地球表面除了固体形态的地（哪怕是山地、沙漠和原始森林）和液体形态的水（不管是河流湖泊还是冻冰或沼泽），没有太多的别样地貌形态，而地面和水面不可能简单快速地互换角色。然而大至全国、小到一省一市的耕地面积统计也屡屡出现问题。

《财经》杂志 2004 年 12 月刊载的常晓红的文章《耕地数据"数出多门"影响科学决策》以非官方的身份透露了耕地面积统计上的严重混乱局面：从全国来看，1999 年国土资源部在对 1996 年全国农业普查机构通过土地变更调查获得的行政村耕地面积统计做出"协调"（让步）后，将通过 1984—1996 年 12 年工作的积累获得的全国耕地数公布为 1996 年 19.51 亿亩，其后在 2003 年公布已减少到了 18.51 亿亩；农业部统计的"（1998 年开始的）第二轮承包耕地面积是 14.25 亿亩"，农业部某官员则说二轮承包扫尾时的 2000 年（还不是 2003 年！）为 12.56 亿亩，与以上的 14.25 亿亩又有约 1.7 亿亩的差别（当然其中可能既包括统计上的误差，也包括相应年份中耕地面积的实际减少）；而国家税务总局提供的数据则是 2003 年全国农业税计税面积仅 12.6 亿亩。

至于专业统计部门，无论和上述三个部门中的任何一个相比，对于耕地面积的直接了解程度可能都应该稍逊一筹。按照有关官员的说法，上述各部门数据之间的差别首先是计量标准的不同造成的。按照国家计量制度每亩土地的标准面积应为 667 平方米，而农村土地承包中承包田的亩标准五花八门，但一般都比"标准亩"大三分之一甚至更高。少者 880 平方米，多者竟然达到 1000 平方米算一亩。至今沿袭数十年，耕地亩产、农作物播种面积、农业税费等都根据"习惯亩"计算。① 若事实果真如此，则：

第一，如果农作物总产量统计是比较可靠的，那么实际单产一般就要比统计反映的低 23% 以上，进一步推断：我们的科学家培育的良种单产应该是按照"标准亩"测算的，那么按照"标准亩"测算的良种单产和按照"习惯亩"统计的实际单产换算成"标准亩"实际单产之间的差距就是理论单产增长潜力区间，单产的增长空间就很可能比用目前统计方法推算的空间要大。

第二，如果合法农业税费的征收对象曾经是以"标准亩"的产出为参照制定的，那么国家历年少收的农业税费就占已收的 30% 甚至更多，进一步推断：近年来"三农"问题突出的根源之一是农民负担太重，如果把这少交的 30% 税费再让农民补缴，那"三农"问题一定会比我们已经认识到的情况更严重。

第三，以 2003 年国土和税务两个不同部门的数字来看，还不完全是因为按"标准亩"还是按"习惯亩"来统计、报税的差别，因为两者的差距大于 1/3。如果从更高更广的角度来看"三农"统计的误差问题，影响就更严重了：我们的耕地到底能够容纳多少农业劳动力？因而我们需要从农业转移出来的过剩劳动力又相应是多少？我们的粮食生产潜力有多大？从而我们的粮食安全政策（预警系统）又该如何设定？我们的人口政策是否需要调整？……

按照所引用文章的作者对政府机构官员的调查所得和笔者农村工作的亲身经历，实际情况很可能是：首先，农民并不是两种土地面积计量标准差别中的唯一甚至主要获利者，因为"过去农民种'黑地'，每年照样上缴农业税，地方得了好处，中央并没有见过这笔钱"②的情况也可能的确存在。其次，尽管农业税实际上是以耕

---

① 上引《财经》杂志常晓红文。
② 上引《财经》杂志常晓红文。

地面积为征课对象的定额税,但征税土地面积在多数地区几十年来可能都是有减无增的;相关法规规定只是在一定年限内不征税的被开垦的生荒土地(包括农户自行垦殖用来增加个人收入的"小片荒")早就成了老熟地,农业税却可以不增加,而一旦耕地被城镇工业等用途征用就可以相应地减免农业税。改革开放以后国家储备购粮也从计划指派购买逐渐转向政策保护引导购买,所以农村地区干部虽有不少人喜欢虚报产量来粉饰政绩,但往往不会据实报告更极少会夸大报告耕地面积。因为:一来如果按实际耕地面积上报,理论上就应该多缴农业税;二来如果让农民按实种耕地面积纳税,而农村基层组织和地方政府却按上报的耕地面积而非农民实种的耕地面积向国家(中央政府)缴税,基层组织和地方政府就可以将两者之间的差额作为自由财源支配。这种判断在为解决"三农"问题中央政府出台减负政策后某些地方政府的表现所证实:为了要求中央政府补贴免征农业税后地方政府和基层组织收入的损失,它们主动将原来没有计入农业税纳税面积的耕地面积上报,黑龙江省上报的此类耕地面积占此前计税面积的21%,扣除国有农场纳税面积后上升到28.7%。

有学者提出:只要将各个主管部门的耕地统计数据和实际耕地数之间的误差作为一种系统性误差来处理,就有可能利用这些主管部门的统计数据做出比较可靠的定量分析来。但收集到的资料表明:耕地面积有误差是比较普遍(系统性)的现象,但存在系统性误差而不导致分析结果产生重大失误或误差较易被修正是要有一定条件的,如:误差发生在不同方向,特别是同时存在反向的误差,大样本量就有可能弥补某单向误差样本对样本总体结论的影响;误差发生基本是单向(同向)的,而误差程度又比较均等,依据一定数量比例的部分样本(而不需要普遍调查)测算一个比率也可以修正总体样本结论的偏差。然而,从我们所接触到的耕地统计数据看,虽然误差基本上是同向的,但各个地区之间的差异非常大,无法简单地仅用少数地区的数据计算一个换算系数便可解决全国性的问题。虽然也许不能完全等同于严谨的学术研究资料，上述文章中引用的几个省份不同管理部门的耕地面积数据的差额之大还是触目惊心的：

黑龙江：国土资源厅1.7亿亩，农业部门1.45亿亩，税收部门1.4亿亩。

贵州省：实际面积7300万亩，税收部门2700万亩。

湖北省：国土资源厅7077万亩，省统计局4550万亩。

从上述三省的数据看，最小误差分别为15%、36%、63%。各省之间差别非常大，如果再细分到各个市、县、镇（乡）、村，差别也会很大。

有关的经济数据统计的准确性问题，是我们在从事研究工作特别是宏观性课题的定量研究、比较研究时必须清醒地认识到的。我国的风俗地理民情具有丰富的多样性，这就是我们以往决策和执行中过多地采用"一刀切"的方法效果不佳的原因，但由于种种主客观原因我们又很难对每一个全国性问题的研究都用普查方法来做。笔者认为：如果有必要和有可能，倒是可以多做一些实地典型的微观调查来检验我们的宏观定量研究结论，不过我们仍然需要警惕：典型并不完全等同于一般，而且从系统论的角度看，1+1也不一定就等于2。

要全面地实事求是地研究问题——影响农业生产的多因素现象分析

有了统计数据，甚至是比较系统、比较可靠的数据，数量分析的方法依然值得重视。这里所说的方法选择还不是计量经济学中那些比较高深复杂的方法选择，而是更为基础的视角、视野一类主要考虑参数的取舍的统计学方法。

1980—1984年是改革开放以后我国粮食生产的第一个高速增长时期。如何分析这一现象产生的原因？在20世纪的整个80年代中几乎所有的研究分析特别是宣传都将之主要归功于，70年代末80年代初在广大农村地区先是自发为主其后又转变为行政推动为主的农业经营体制变革——由"三级核算、队为基础"、党政军农工商一体①的人民公社集体经营制度，转变为农民家庭联产承包经营的个体农户经营制度。尽管粮食生产在1985年后出现了徘徊甚至个别年份下降的局面。

毫无疑问，改革开放政策实施前"一大二公"的农村集体经济和城市中的公有经济类似，不缺乏对经营者和劳动者的政治激励机制和约束机制，但经济激励机制和约束机制却严重缺乏。因为那本来就是制度设计有意识的选择，"君子喻于义，小人喻于利"，如果希望人人都努力去学做高尚的人、纯粹的人，当然就要提倡公而忘私、舍己为公。所以，如果农民"自发的资本主义倾向"不能在短时间内消灭，那就尽量把它控制在自留地和时禁时开的家庭副业的小范围里。如果说对于作为整个农村经济细胞组织的生产队的收入丰歉差别（主要体现在队与队之间）和变化（年份与年份之间），那些刚性较强的影响因素（如所处的地理位置、土地资源数量和品质禀赋、公社大队生产小队三级管理体制、基本口粮分配制度）的影响力即便不是恒定的，至少也往往是相对稳定的话，那么几年一次的生产队干部选举、各年的气候变化以及非基本农副产品的生产结构（这是当时极其有限的按供求关系确定的"自由经济""自由市场"领地）的影响力就不一样了，它们是变动的，而且对那些刚性较强的因素的影响力可能产生乘数效应。

20世纪80年代末90年代初笔者在国外主要从事中国农村问题研究。虽然对于农村经济改革取得的成绩也深感欣喜（毕竟自己曾经实实在在地做过八年农夫，把自己最美好的青春年华奉献给了农村），然而对于当时几乎是一边倒的研究结论却不敢轻易苟同。为此，笔者从制度变革、价格变动和气候变化等方面入手做了一些研究。

---

① 当时的说法是"五位一体"，但实际上除了教育这个既很难归入管理职能（党政军）也很难算做产业（工农商）的领域外，农村地区几乎没有什么社会政治经济活动不在人民公社的框架内了。

如果和同时期世界粮食和农业生产的增长速度相比，改革开放政策实施之初的十年中我国的增速要高得多：1978—1988年世界粮食和农业生产增长20.84%，而我国增长55.88%；世界粮食生产增长18.79%，而我国同期增长52.34%[1]。这是横向的比较。从纵向看，1978—1989年，我国的农业总产值年均增速（按1980年不变价格计算）达到了5.5%，的确不低，但如果我们回顾1952—1978年的统计数据，1961—1965年的增长速度也并不逊色。但在那个期间并没有重大的制度变革（创新）[2]。

笔者用1970—1990年21个相关变量分析了粮食生产中的劳动生产率的问题。分析和检验表明：农业劳动力的人均粮食播种面积、人均化肥使用量有显著的积极影响，人均灌溉面积也是正相关的。自然灾害却有明显的消极影响，工农产品交换比价和机耕面积也是负相关的。除此之外，笔者又检验了粮食播种面积的生产率和各种贡献要素间的相关程度，证明播种面积的亩均劳动力人数对粮食播种面积的生产率的影响并不明显——反映了农业生产中的就业不足而产生的边际效率递减问题，而其他贡献要素的分析和对劳动生产率的有关贡献要素的分析所得结论是基本一致的。

从集体到个体的微观经营体制的变革对于20世纪80年代我国农村经济形势的变化的确产生了很大的促进作用，但如果没有农村行政管理体制、农业（大农业概念的农业）结构计划管理体制等一系列宏观管理体制的相应变革，农村经济面貌的变化也不可能那么迅速、那么广泛。以下是以指数形式表现的1978—1988年农业总产值及其构成部门的增长情况和1978—2003年农业总产值的构成变化（见表1）。

---

[1] FAO, 1988 Yearbook, Production.

[2] 对于1958—1965年那个时期国民经济表现的评价可能会有一些争议。《中共党史资料》2000年第4期陈东林的文章对自然灾害因素做了比较系统的分析。

表1　　　　　　　农业总产值的增长和构成变化

年份	农业总产值	其中				
		种植业	林业	畜牧业	副业	渔业
1978年当年构成	100%	73.7%	4.6%	15.4%	4.2%	2.1%
1978（基年）	100	100	100	100	100	100
1979	107.6	107.2	101.4	114.6	96.5	96.6
1980	109.1	106.6	113.7	122.6	102.4	103.9
1981	116.2	112.9	118.4	129.8	127.0	108.5
1982	129.3	124.5	128.5	147.0	154.8	121.8
1983	139.3	143.8	141.6	152.8	172.8	132.4
1984	156.4	148.2	168.5	173.2	229.9	155.8
1985	161.8	145.3	176.1	203.0	277.3	185.1
1986	167.3	146.6	169.8	214.2	332.6	223.1
1987	177.0	154.4	169.3	221.1	383.8	263.5
1988	182.6	153.7	176.0	244.1	423.6	294.5
1988年当年构成	100%	62.1%	4.7%	20.5%	9.5%	3.2%
1990年当年构成	100%	64.7%	4.3%	25.7%	副业不在农业的范围内计算，故没有数据	5.4%
1995年当年构成	100%	58.5%	3.6%	29.4%		8.5%
2000年当年构成	100%	55.7%	3.8%	29.7%		10.8%
2003年当年构成	100%	51.7%	4.3%	33.1%		10.9%

注：①表中数据经过四舍五入处理。②1978年、1988年以及此后年份所在行的数据为各年农业总产值的业别构成比例数，1978年（基年）至1988年所在行的数据是以1978年农业的各二级业别产值分别为基期指数100，1979年至1988年各年各二级业别产值的指数。

从表1可以看出：第一，1978年后的十年中，农（种植）林牧副渔五个二级行业产值增长较快的是畜牧业、副业和渔业，作为中国数千年传统农业核心行业的种植业的产值增长幅度是最小的,尽管从集体经营转向家庭经营是从种植业地区发起而种植业又在农业各个行业中占据最大的比重;第二,从事种植业、林业、畜牧业和渔业都是需要以所在地域的自然条件禀赋为基础的:人们不可能在海面上搞种植业和畜牧业,也很难在原始森林和黄土高原搞渔业。因此上述四个二级行业对于具体地区具体农户而言一般都是主业。副业是相对于主业而言的:一方面是指小手工业或利用主业生产资料从事非农产业如用休闲时期的渔船、畜力车乃至拖拉机搞城市运输业等,另一方面是兼营主业以外的其他农业二级行业,如以种植业为主的平原地区农户在农闲季节去打鱼或卖果蔬。正因为副业是农户现金收入相对容易的来源,所以对于农户从事副业(不管是家庭个体还是生产队集体)在政治挂帅的时期是始终加以限制的,生怕农户"不务正业"影响了计划经济的顺利执行。而1978年后增长速度最快的恰恰是副业。试问:没有农业生产结构计划管理体制的"让利放权",副业有可能有如此大幅度的增长吗?因此,尽管农村经济体制改革的各项改革、变革措施可能不是用一种精心设计的、系统的、有序的方式出台的,但我们不能片面、过分地强调某一项改革措施的效用而忽略这些相关措施的配合效应。对于农村副业提高农户收入的作用,费孝通20世纪30年代进行"江村经济"调查时也已经表述得很明确。当然,对于费老所说乡村工业与大工业争原料、能源和市场的问题,笔者仍然希望保留自己的一点异议:在笔者看来,乡村工业首先应该发展的是农副产品的加工和深加工,而非和城镇工业雷同的轻、重工业如机械、电子等行业[①]。

那么,1979—1984年粮食生产的高速增长和其后几年中的徘徊甚至下降又该如何解释呢?

1984年既是实施农村经济体制改革后的第一个粮食生产高峰年,

---

① 相关观点参见陈其广《百年工农产品比价与农村经济》第九章,社会科学文献出版社2003年版。

也是家庭联产承包责任制在全国范围内基本完成推广工作的一年。如何认识制度创新的效用牵涉对创新学说的理解和评价问题,因而是一个相当复杂的问题。笔者无意在此对创新学说做全面、详尽的探讨和评价。笔者认为需要指出的是:任何一项对社会生产力发展有积极意义的创新,无论是制度创新还是技术创新,都是对旧的制度和技术的批判、否定、扬弃和升华,但是这种批判、否定、扬弃和升华是有明确的具体针对性的,用一项创新来克服或超越所有旧制度、旧技术的缺陷,甚至是克服和超越某一旧制度、旧技术的所有缺陷,如果不是完全不可能的话至少也是极其困难的。因此新制度创立推行、新技术发明应用之初,对其所针对的旧制度和旧技术的缺陷而言有显著的冲击、改进作用,甚至是爆发性的冲击、改进作用。但是"冰冻三尺,非一日之寒",我国农村在改革开放政策推行之前存在的问题,不仅有属于农户、生产小队的微观层面的生产、分配决策方面的体制机制问题,还有其他从微观到宏观、从内部到外部、从人类社会到包括自然界在内的大千世界等诸多方面的问题。家庭联产承包责任制在爆发式地冲击、改观了农村经济、农业生产微观决策层面缺乏有效的经济激励和约束机制问题之后,并不能像人们所希望的那样成为"万应灵丹",自然而然地解决微观层面存在的其他问题,更不可能解决宏观层面的问题。近年来有学者提出"家庭联产承包责任制的制度创新效用在80年代中期发挥完毕"的观点[①],这和20世纪80年代中期乃至后期许多学者为家庭联产承包责任制引入农村欢呼雀跃,认为它似乎可以一劳永逸地解决所有有关"三农"的问题的评价是一个巨大的反差。笔者认为:体制创新和技术创新在其爆发性的冲击、改观作用实现后,对其所针对的旧制度、旧技术的批判、否定、扬弃和升华作用依然存在,但会由高显性作用转为低显性甚至非显性作用。所以说作用"发挥完毕"并不十分准确。尤其是如果这一创新所针对的是诸多旧制度、旧技术存在的问题和矛盾中的主要问题、关键矛盾的话,那

---

① 黄季琨:《中国农业的过去和未来》,《管理世界》2004年第3期。

么爆发式的冲击、改观作用会"异常"明显、迅捷。但是如同前面所说,事物是在不断运动和变化中发展的。旧的主要问题、主要矛盾解决了不等于所有原有的问题和矛盾都迎刃而解了。原有的次要矛盾可能上升为主要矛盾,或者由于新的环境因素的导入而产生新的主要矛盾。这就是对20世纪80年代后半期粮食生产徘徊不前甚至下降,1996—2000年的增长率几乎为零,2000—2002年更出现负增长一类现象需要进行认真分析的价值。

我们以1970—1979年为第一个阶段,以1980—1989年为第二阶段来做比较。前一阶段中粮食产量年均增长速度为3.67%,后一阶段仅为2.7%[①]。

那么影响这后一阶段粮食生产增长的因素可能有哪些呢?

笔者的研究成果已经清楚地证明:即便是在完全市场化的社会经济条件下,农产品在和工业产品进行交换的过程中由于经济规律自身的作用也会处在相对不利地位。世界上似乎还没有哪一个国家,无论社会政治制度、经济制度和经济发展水平如何,单纯依靠价格(无论是行政干预的调整还是竞争性市场的"自发"调节)的调节手段成功地改变了农产品的这种长期不利地位。[②] 尽管1979年后政府为了增加农民收入、缩小城乡差别(工农差别)而数次采取了提高农产品价格的办法,但在非农产业吸收消化了提价的影响之后,通常都变成了工农产品交换比价在更高的总体价格水平上的复归。当然,即便如此,价格在调节农业生产方面的阶段性的短期影响依然是不可忽视的。

在价格方面,除了当时盛行后来又被诟病的价格双轨制的情况外,农村经济体制改革开始后政府首先采取了提高粮食收购价格的激

---

① 根据《中国统计年鉴》的数据,这一年均增长速度在1990—1999年更下跌到1.46%。

② 参见陈其广《百年工农产品比价和农村经济》,社会科学文献出版社2003年版。

励方法①。众所周知,从粮食生产的自然周期看,在耕地、播种面积总体规模稳定的情况下,如果没有别的因素干扰,农户对于此价格信号的第一反应很可能是增加粮食播种面积、调减其他农作物的播种面积,从而导致粮食播种面积在播种总面积中比例的上升。但当时的问题在于:仅从农业(大农业)内部看,处在短缺经济时期供给不足的不仅是粮食,还有经济作物、畜牧业和渔业产品等,粮食价格上涨的同时棉、油、肉、鱼产品的价格也在上涨,甚至涨幅更大;而从国民经济的整体看,一方面城乡人民生活必需的轻工产品严重供给不足,另一方面政府又改变了过去对于农村地区发展非农产业的集中控制政策。于是提高粮食收购价格的激励作用在农户务工(乡镇企业)和务农,种粮食、种经济作物还是从事其他农副业的经济利益比较中被弱化了。当然,纳入农民视野需要考虑的也许不完全是单纯的经济收入,被户籍制度强化了的教育条件、卫生条件等方面的城乡差别也对他们有极大的吸引力。根据相应年份《中国统计年鉴》的数据,从1952年开始粮食播种面积占农作物总播种面积的比例虽然有一些波动,总体上呈现缓慢下降趋势,但都在81%以上,而正好是1981年跌破了80%②。

1984年后我国粮食生产进入徘徊状态,为此1985年政府重施援手,导致三大类比价出现了1970年以后首次大幅提升,粮食和经济作物的比价上涨了55个百分点,粮食和农业生产资料的比价上涨了71个百分点,粮食和农村地区(消费类)工业产品的比价上涨了76个百分点。在这样的情况下粮食价格信号的刺激终于造成了粮食播种面积与经济作物的播种面积的比例有了60个百分点的增加。1989年的情况和1985年比较类似,当年粮食和经济作物的比价上升了19个百分点,也带动粮食播种面积和经济作物播种面积的比例有了20个

---

① 中华人民共和国成立后政府就一直在逐步提高农产品价格,但改革开放之初的提价也是有明确的政策鼓励含义的。

② 1952—1966年算术平均为84.99%,1967—1979年为81.73%,1980—1989年为77.83%,1990—2000年为73.56%。

百分点的提高①。1980—1990 年，因为粮食价格的提升而刺激农民明显扩大了相应农作物的种植面积的也只有 1986 年和 1989 年两个年份②。

那么，为什么即便 1985 年的提价措施的确刺激了农民种植粮食作物的积极性，而粮食产量依然没有相应的增加呢？在改革开放政策实施初期，几乎所有关于农村问题的研究都把注意力集中在如何评价家庭联产承包责任制的积极意义上了，即使是到了 20 世纪 80 年代中期，在个别工业相对发达、农村耕地资源相对比较紧张的大城市有个别青年学者开始思考和提出关于农业规模化经营的问题的声音也很快地被淹没了。笔者当时尝试引入更多的影响因素来分析当时粮食生产的问题，例如气候条件和抗御自然灾害能力的变化。

作为一个疆域辽阔的国家，自古以来我国的农业生产就没有摆脱自然灾害的影响。自然灾害对农业生产是施害因素，而人们在历史实践中不断摸索、总结和创造出来的农作物种植技术、农业基础设施建设和一些主动或被动防害、抗害、治害的物理、化学、生物手段等则形成了防范、抵御和缩减自然灾害影响的重要手段。尽管自然灾害对农业生产的实际危害取决于施害方和抗害方双方的力量对比，但是上述人类抗御自然灾害的各种手段最终能否有效地、充分地形成实际抗害能力，还取决于各种手段之间的配套、协调和组织程度。发展经济学的研究结论之一就是农业中的现代化要素投入（诸如现代排灌设备，农业操作机械，化肥和化学杀虫剂、除草剂等）只有在农田基础设施的相应适用条件已经具备的情况下才能充分发挥作用。作为严密的论证方法，我们应该采取先分别从气候因素的相关数据和农业基础设施的相关数据分析入手，再结合两方面的分析综合研究所覆盖时期自然灾害对农业生产的影响，只是本文更侧重于讨论采取不同视野、视角对研究结论的影响，而且从控制篇幅的角度考虑，采取直接从形

---

① 转引自 Q. Chen 的工作文件 Institutional Change, Price, Weather and Grain Production in China，原出处为《中国农村经济统计大全》。

② 意指与上年相比粮食播种面积增加 200 万公顷以上的年份。

成结果的有关数据入手的分析方法。

"文化大革命"时期,在从中央到地方的各级政府的大力倡导下,广大农村全方位地开展了"农业学大寨"的运动。尽管不能否认该运动中包含着政治理念宣传成分,但同样不能否认的也还有其整体规划、集体构筑农业基础设施等方面的经济建设内容。以往历史学、社会学和经济学在讨论"亚细亚生产方式"、东西方社会和国家制度的起源和变化等问题时都有把农业排灌系统的建设和管理作为重要成因的学派。

表2　　1952—1965 年与 1965—1978 年两个时期的农业
基础设施改进情况　　　　　　　单位:万亩

时期	机耕面积增加	灌溉面积增加	其中:机灌面积增加
1952—1965 年	23145	19650	11670
1965—1978 年	37650	17865	25200

从表2中可以看出,在 1965—1978 年,我国的农业基础设施情况有了很大的改进。虽然增加的灌溉面积不如前一时期多,但一则后者是在前者基础上的更进一步发展,何况灌溉还要较多地受到自然条件的影响;二则"农业学大寨"运动的主题之一就是在自然条件差的地区改进生产条件,相对落后地区条件改观的难度大于相对发达地区,相应付出的经济代价也比较高;三则我们无论如何不能否认在"文化大革命"期间生产建设遭受了严重干扰。然而,尽管有政治运动的干扰,但每到农闲季节大多数农村中的青壮年劳动力还是在准军事化的组织形式下被集中到农田基本建设的第一线,如火如荼的劳动竞赛燃遍祖国大地。官方对此的评价可见于正式的文件,如:"因此可以说,从 70 年代开始,我国灾害防御能力已经有了质的飞跃。"[①]

---

① 《中华人民共和国减轻自然灾害报告》,1994 年 5 月日本横滨联合国减灾大会中国政府文件,转引自前引陈东林文。

"直到进入 21 世纪，中国现有水利设施的 80% 以上仍然是 70 年代以前修建的"①。

农村改革开始以后，由于微观层次的经营单位规模缩小了，原有的集体农业基础设施甚至包括农村科技服务体系为了适应家庭经营的需要，有一些被改造，有一些则被废弃甚至破坏了。1979—1988 年的统计表明：不但机耕面积缩小，就连灌溉面积都减少了②。对于灌溉面积减少的影响，需要结合以下情况来正确理解：当时灌溉面积只占耕地面积的一半都不到，但却贡献了粮食总产量的 2/3 和经济作物的 3/4。

如果要审视 1979—1988 年自然灾害的施害力量和农民的抗害力量之间的博弈结果，那么以下数据是非常有价值的，即相关年份中的播种面积、受灾（洪水、干旱、冰雹、霜冻等自然灾害）面积和成灾面积。形象直观地说③，如果我们把受灾面积和播种面积之比（CA/SA）视为自然灾害对农业生产施害的宽度（范围）指标，那么成灾面积和播种面积之比（AA/SA）就是自然灾害施害的成功率指标，而成灾面积和受灾面积之比（AA/CA）就是抗害力量和施害力量对抗的结果，换言之，是人们抗击自然灾害的成功率指标。历年统计数据整理所得见图 1。

---

① 新华社 2000 年 6 月 10 日讯。

② 在此时期内机耕面积下降 1950 万亩，而灌溉面积至少减少了 945 万亩，按农村人口计算人均减少 15%。不同官方机构对于此时期内灌溉面积的减少情况的统计存在重大出入。如：1981—1984 年的情况，《人民日报》1985 年 11 月 2 日的一篇文章报道为减少了 731 万亩，而《中国统计年鉴》1988 年公布的同期减少只有 181.5 万亩！与此类似的是 1981—1985 年的数据，《农业经济问题》1989 年第 7 期第 6 页的研究论文数据是灌溉面积减少 1500 万亩，但按上述《中国统计年鉴》的数据计算只减少了 807 万亩！而且两个时期的差距也非常值得注意。

③ 因为灾害还有地域分布宽度和烈度等级问题。如果统计记录每年每种灾害的地域分布和烈度分布都有可靠数据的话，完全可以用数学方法来做比较精确的分析。

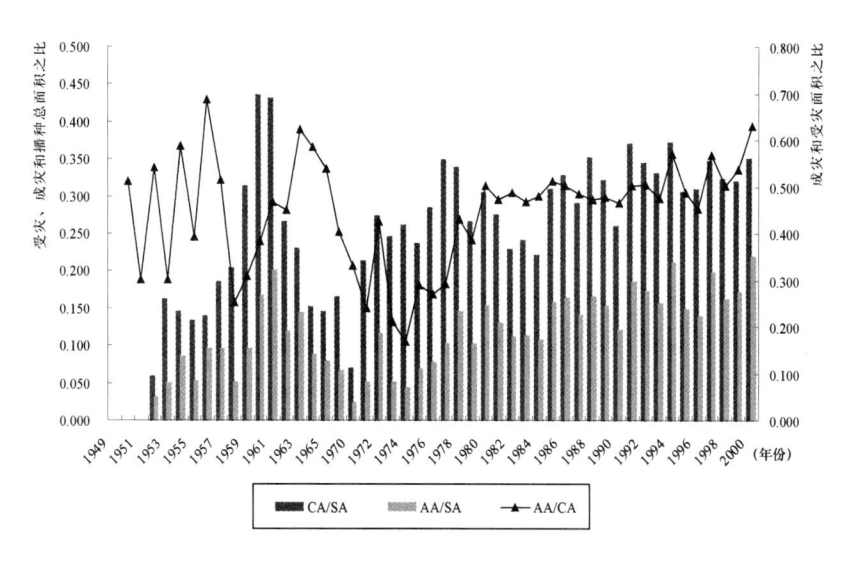

图1 各年播种面积、受灾面积和成灾面积三者相互比例关系的系数统计

1950—1966 年成灾面积占受灾面积比例的算术平均值在 46.1% 左右，而在全国范围内轰轰烈烈地开展农田基本建设的 1971—1978 年这一比例大幅度下降到 29% 左右[1]，但是到了 1979—1988 年又急剧回升到了 47.6% 左右，且居高不下，以致在 1989—2000 年更上升到 51.3%。在经济和科技不断发展的大背景下，我们抵御自然灾害的能力却变得越来越弱了！从图 1 我们还可以进一步发现：受灾面积占播种面积比例在 1971—1978 年以及 1979—1988 年两个时期是比较相近的：前一时期的算术平均数为 27.5%，后一时期为 28.1%，而成灾面积和播种面积之比后一时期和前一时期相比却明显地呈现出持续高位运行的态势。从平均值来看，前一时期为 8.18%，而后一时期居然上升到 13.4%！结合三组比例数据在不同时期的组合情况而言，如果将 1952—1958 年、1959—1966 年、1970—1979 年、1980—1989 年、1990—2000 年分别作为五个阶段来对比，各个阶段中受灾面积占播种

---

[1] 可能是受"文化大革命"运动的影响，1967—1969 年的相关数据缺失。

面积之比例、成灾面积占播种面积之比例和成灾面积占受灾面积之比例三个比例的年均算术平均值如表3所示。

表3　　　　不同时期 CA/SA、AA/SA、AA/CA 的
　　　　　　　　　平均数统计　　　　　　　　单位：%

时期 类别	1952—1958 年	1959—1966 年	1970—1979 年	1980—1989 年	1990—2000 年
CA/SA	14.66	26.69	25.34	28.67	32.99
AA/SA	6.57	11.98	7.75	13.93	17.14
AA/CA	46.8	46.9	30.3	48.5	51.7

虽然 CA/SA 的逐年上升在某种程度上可以解释为人类生存的地球上自然气候条件在不断地恶化，但从 AA/SA 不足 CA/SA 的一半到超过一半，从 AA/CA 的不断上升，难道还不足以肯定我们抗御自然灾害的能力在削弱吗？

用统计中的回归分析方法来验证：我们把 AA/CA、CA/SA 作为一组，假定 CA/SA 为自变量，AA/CA 为因变量，检验证明没有充分理由认为两变量间存在统计上的显著关系；而当我们把 AA/CA、AA/SA 作为另一组，假定 AA/SA 为自变量，AA/CA 为因变量来检验时，则表明两者存在统计上的显著关系。也就是说，受灾的范围（CA/SA）对于灾害施害和人类抗害的较量结果（AA/CA）并不明显，关键还是在于人们能否有效地抵御和缩减自然灾害对农业生产造成的不良影响，从而使灾害实际造成影响的范围（AA/SA）缩小。

统计数据表明：20 世纪 60 年代到 70 年代，每个农业劳动力用于农业基础设施建设的劳动积累为年均 30—40 个劳动日，到了 80 年代下降到只有 3—4 个劳动日，亦即下降了 90%，在部分地区甚至完全废除了这方面的安排[①]。农田基本建设投资占全国基本建设投资的比

---

①　《农业经济问题》1990 年第 4 期，第 22 页。

例,从 1980 年开始明显下降,年均值"五五"时期为 11.48%,"六五"时期为 6.68%,"七五"时期为 3.2%,"这一速度在新中国成立以来是从没有过的"①。因而 80 年代自然灾害对农业增长波动的影响不是在减弱,而是在强化,90 年代连续出现了各种严重的自然灾害。"目前,农村水利基础设施仍然十分脆弱:全国还有近 2/3 的耕地没有灌溉设施,即使有灌溉设施耕地的抗旱标准也不高,农业整体上还没有摆脱靠天吃饭的局面;农田灌排设施老化失修,效益衰减,已严重威胁到农业基础的稳定。"②

各种论据和分析都表明:各个时期我国农业生产防范和抵御自然灾害的能力是不同的,而这些应该和农业基础设施、农业科技服务体系的完善程度以及抗灾农业劳动力的组织程度、政府调动非农资源支持农业抗灾的能力等有直接的关系。

要认清问题产生的深层次原因而不仅仅关注现象

实行改革开放政策以来,特别是近些年来农业生产徘徊不前、农业人口收入增长缓慢且和城市人口收入差距有逐渐拉大趋势、农村产业结构调整步履艰难的现实已经引起了社会各界的广泛关注,党和政府也在相当长的时期内把农业问题作为每年"一号文件"的主题。有研究表明,21 世纪中国将面临的六大基本挑战几乎都和"三农"问题有关:人口三大高峰(人口总量高峰、就业人口总量高峰、老龄人口总量高峰)相继来临的压力;能源和自然资源的超常规利用;加速整体生态环境"倒 U 形曲线"的右侧逆转;实施城市化战略的巨大压力;缩小区域间发展差距并逐步解决"三农"问题③。笔者认为:"三农"问题的表象在各类著作、论文中已经归纳得相当明确、系统

---

① 国家科委全国重大自然灾害综合研究组编:《中国重大自然灾害及减灾对策(总论)》,科学出版社 1994 年版,第 38 页。转引自上述陈东林文。
② 水利部部长汪恕诚在全国农村水利工作会议上的讲话,2000 年 1 月 11 日。
③ 《2004 中国可持续发展战略报告》,新华网,2004 年 5 月 14 日。

了，但产生"三农"问题的原因是否都揭示清楚了还是非常值得思考的。近些年来有一些让人困惑的说法问世，如："三农"问题产生的原因"不在农业内部，而在农业外部，也不在农村内部，而在农村外部，甚至不在中国内部，而在中国外部"①。

农业、农村和农民问题的产生固然和外部的因素不无关系，因为当代的农业早已不是自耕自足的自然经济了。即便是恢复到了以家庭为基本单位的微观经营形态，尽管农户从事农副业生产的所得中有较大的比例是自用而非出售（实质为最终和其他产业的产品进行交换以满足生产的再生产和劳动者自身的再生产需要），但在当今社会经济生活的几乎各个环节都可以发现农业、农村和农民的参与。内因是变化的根据，外因是变化的条件。如果没有农业、农村和农民问题产生的内部根源，会有"三农"问题的存在吗？把"三农"问题产生的原因完全归结为外部的影响，不仅会误导人们对问题的认识，更严重的是会误导我们为解决"三农"问题所做的决策。

笔者曾对工农产品比价问题进行过比较系统的以定量分析为基础的研究，从长达100余年、基本是市场经济形态的统计数据和资料记载中，得出了"工农产品比价长时期客观上不利于农产品主要是符合价值规律的因素在起作用"的结论。既然我们要实行的是社会主义市场经济制度，要发挥市场调节的作用，那么农产品在与工业产品的交换中处于不利地位就是不可避免的（服务业产品的问题似乎还没有足够的研究和成果可供参考）。大量事实表明：工农产品交换比价不利于农产品不但是历史问题，也是重大现实问题，而且是全球性的问题。因此在解决"三农"问题上笔者曾着重指出：完全寄希望于市场力量自发调节或纯粹依靠行政干预来改善农产品在交换中的不利地位，进而实现农村、农业经济的持续稳定发展和农户收入的提高都是不能成功的。这是对解决"三农"问题产生原因所做的根本性诊断之一。但是除此之外还有别的因素吗？笔者认为是有的，如土地权属及

---

① 王建：《三农问题原因何在？》，中国宏观经济信息网，2001年7月31日。

相关利益分配问题。

当前"三农"问题一些比较严重的表象,如:在人均耕地面积不断减少的情况下个别地区却出现了将土地撂荒不种的现象;非农产业(如房地产业)包括一些地方政府(如大搞形形色色的"开发区")滥占耕地(我们所说的"滥占"是不顾实际需要的征用、占用,而不评价在经济补偿上是否合理),造成"三无农民"(无地、无业、无社会保障)数量的增加,构成了社会发展的重大隐患,等等,都是和土地所有权问题密切相关的。从目前笔者已经收集到的资料看,国内当前讨论中涉及的观点有两个方面是值得注意的:第一个是是否应该把土地所有权、占有权、使用权、处置权区别对待,分别考虑不同的制度安排;第二个是实现上述安排的具体方式。仅就关键问题而言,笔者认为应该解决的首先是土地制度到底是要在土地所有权方面做出安排,还是仅就土地占有权和使用权等权益问题做出安排;其次是实现土地制度的方式;再次就是在实施土地制度后如何保证新制度设计意图(动机)的实现。第一个问题的争议较尖锐。在总结国际农地改革实践经验时有关专家曾指出:不能把公有制或私有制作为社会主义农地制度或资本主义农地制度的特有属性。如澳大利亚和加拿大都是以土地国有制为主的[①]。本文主要谈的是后两个问题,即实现方式和后续保障问题。

要使土地的使用价值在国民经济整体、农村经济和农户家庭经济的增长和发展中得到合理运用,实现稀缺自然资源效用和效益的最大化,必须赋予土地的所有权、占有权、使用权和处置权以相应的经济价值体现——货币化。笔者坚信这是我们在新的历史时期环境下设计新的土地制度必须落实的一项原则,是新土地制度能够真正作为实现我们建设和谐社会和节约型社会,建设现代化强国的保证制度之一的基础。唯有将土地相关权益货币化并立法予以保护,才能形成真正、

---

① 转引自慈鸿飞《中国农地制度深化改革的国际经验和科学依据》,《中国社会科学》1998 年第 3 期。

持久的有效强约束和强激励,而如果沿用土地改革时将土地(耕地)权益无偿赠与农民的方法(不论是土地所有权还是土地使用权或其他土地权益)将无法从根本上防止滥用土地的现象再发生:农民还可能撂荒,企业和地方政府还可能侵害农民的土地权益……

当然,实现土地相关权益的货币化给新土地制度的设计增加了相当的难度,但一则"他山之石可以攻玉"——我们可以借鉴其他国家和地区的土地改革经验教训,二则只要我们认真听取、仔细辨别、慎重取舍有关利益各方的意见和建议,从国家和民族可持续发展的终极目标出发,兼顾整体和局部、集体和个人、当前和长远的方方面面,精心设计、精心组织、精心实施,坚决排除来自各个方向的干扰和破坏。"细节是成功的保证",在笔者已经考虑到的范围内,以下问题都是极其重要的"细节",因而在新土地制度的设计中不可忽略:新土地制度涉及变动的土地有哪些?新土地制度应不应该有一个明确的法律有效期限(特别是如果只考虑土地使用权的情况下)?怎样获取需要重新安置的土地(原因的法律解释、怎样定价、怎样实际交割……)?谁应该获得重新分配的土地?新的获得者怎样支付?应该获得但现时没有支付能力怎么办?重新分配后的土地权益应不应该有交易限制(如用途的限制、规模的限制、收购者身份的限制、交易场所的限制、交易成立的法律认可程序限制……)?重新获得土地的农户如何避免因贫失地成为流民?等等。

当然,必须说明的是:笔者并不认为土地问题是从根本上解决"三农"问题时唯一需要解决的问题,甚至不认为是唯一需要解决的经济性质问题。

(原载《中国社会经济史论丛》,
中国社会科学出版社 2006 年版,
收入本书时有删节)

城乡协调发展视野下新型农村合作医疗体系的目标探讨

城镇化是各国社会经济发展的共同途径之一，也是社会经济发展到一定阶段的必然结果。但我国的城镇化建设决不应以保持甚至扩大城乡差距、以工农业和城乡经济社会发展的失衡为结果，而是要实现兼顾经济发展、生态保护、社会和谐等多重目标的城乡协调发展。目前，这项工作在我国经济较为发达的地区，已是"当务之急"。

缩小城乡既有差距是城乡协调发展的目标也是方法手段。这里所言的城乡差距，从"以人为本"的角度来考量，除了收入水平、居住条件这类显性的经济表征外，还或多或少、或隐或现地存在于城乡人口的文化教育、生活习俗、道德法治、职业技能和健康保障等方面。尽管不能绝对地从城乡之间的地域区别来认识这种多方面存在的差距，更不能机械地认为仅仅根据居住地点、工作地点的区别就可以肯定具体个人之间存在这些方面的差别。

可以说，文化知识、生活习俗、道德观念、法治意识、职业技能和身心健康等都可以归入人的基本素质构成，进而和人的生活质量、社会境遇密切相关。只有对提高城乡人口基本素质的必要性一视同仁且持之以恒地努力，城乡和谐协调发展才有可能实现。当前，城乡之间相比较，医药卫生体系和健康保障体系方面的差距就是一个比较突出的问题。城镇人口不但保障种类多而且保障程度高：种类上不但有公费医疗和城镇职工基本医疗保险，还有医疗商业保险，最近又明确要建立城镇居民基本医疗保险制度。这些医疗保险制度基本上都兼顾门诊和住院；而乡村人口虽有 2002 年提出建立的新型农村合作医疗制度，但由于经费筹集标准较低、参合率不太高和流动人口的筹资比较困难等，主要功能限于大病医疗统筹。怎样发展和巩固新型农村合作医疗？能不能发展和巩固新型农村合作医疗？这些问题都首先取决于能否为它设定一个现实、合理的目标。以下就此目标的设定提出一些具体看法。

一 "以人为本"

国家建设和社会发展要"以人为本"，而在上述人口基本素质各个相关因素中，身心健康不仅是城乡居民个人生存发展的基本条件之一，而且是创建城乡协调发展的和谐社会必不可少的基本条件之一。20 世纪六七十年代，以针灸、拔罐、推拿和其他"简便验廉"的中医药方法为主要手段，以"赤脚医生"为队伍和网络基底的农村初级合作医疗预防体系，曾经是我国基本医疗预防保障体系的一个亮点，得到过世界卫生组织的高度评价并被其他发展中国家，如孟加拉国、朝鲜等奉为榜样。那段时期的农村医疗卫生管理模式被概括为"依托集体经济、发展本地乡村医疗卫生资源、配合合作医疗保障制度"。但是，近些年来，一方面，在以家庭联产承包责任制为起点和基本特征的农村经营体制变革过程中，"统分结合"的双层经营体制在一些农村地区尚未得到认真落实，统得虚、分得实，导致先前建立和维持农村合作医疗预防体系所需的集体组织功能和集体经济支持功能严重弱化；另一方面，由于对医疗卫生资源作为公共资源的社会服务功能认识不到位、制度不到位，随着我国医药卫生机构不断导入和加大市场化经营的比重和力度，"以药养医""以查养医"渐成风气。不少医疗机构为增加收入而不顾实际治疗需要，有意在诊病阶段增加物理学、化学和生物学的检查项目，在开药物处方时开大方子、贵方子，甚至动用不必要的外科手术，致使医疗费用逐年大幅度上升，不但超过了 GDP 的增速，而且远远超出了中低收入人群（其中大部分分布在广大农村地区)的可支付能力。据国家科技部门的一份研究报告计算,1990—1999 年的十年间农民平均纯收入、农民每人次平均门诊费用和住院费用三项数字分别增长 2.2 倍、6.2 倍和 5.1 倍,其中门诊费用的增幅最大。① 另据国家卫生部门官员提供的数据,1998 年到 2003 年,城市门诊费用按可比价格计算上升了 84.6%,农村更是上升了 100%;与此同时,城市住院费用上升了 77%,农村上升了 73.8%;而同期城乡人口的年均收入只分别上升了 8.9% 和 2.4%!② 医疗费用的高涨导致了我国患者中有 13% 完全不看病,36% 主要靠自己购买一些非处方药服用,还有 36% 则能不看病就不看,真正有医疗保障的只占患者总数的 15% 左右。③

近些年来,乡村人口的保健和医疗条件不但已经成为我国国民健康保障体系中的一个严重问题,而且是"三农"问题紧迫性的一个具体表现。国家卫生部门的一项调查表明:我国农村人口占全国人口的 70%,但所使用的卫生资源却只占 30%。在中西部地区因为看不起病、住不起院,因病在家死亡的病人人数估计在 60%—80%。由于目前约有 80% 的农民须自己负担医疗费用,④ 许多农村地区"小病拖、大病熬、重病抬",因病致贫、因病返贫的现象普遍存在。

针对农村人口医疗保障体系出现的严重困难局面,2003 年 1 月 16 日国务院办公厅转发了卫生部等部门《关于建立新型农村合作医疗制度的意见》。2003 年年末,中央主要领导同志从"以人为本""立党为公、执政为民"的理念和原则出发,对做好新型农村合作医疗试点工作做出了批示,要求各级党委和政府、各级卫生部门切实把医疗卫生工作的重点放在农村,加大投入、完善政策,努力探索新形势下建立和完善农村合作医疗制度的新路子。

---

① 国家软科学计划项目:中国科学技术信息研究所《中医药基础理论建设及农村初级卫生保健体系科技支撑研究》,2005 年 1 月。
② 转引自《北京娱乐信报》2004 年 12 月 3 日。
③ 转引自北京航空航天大学王湘穗教授在 2005 年 4 月"新时期中医药发展战略与政策论坛"发言《从国家战略高度认识中医药复兴的意义》。
④ 见上引中国科学技术信息研究所,2005 年 1 月研究报告。

可以肯定的是，建设新型农村合作医疗制度，首先，和城市地区一样，要努力实行"预防为主"的既定方针和主动态势。早在革命战争年代，党中央就把"预防为主"作为卫生工作的三大原则之一，其后又多次加以重申。其次，在当前建设新型农村合作医疗制度的过程中，重点要做好卫生服务工作"窗口前移""重心下移"的工作。可以说，这是政府医药卫生工作的核心任务之一和改进方向之一，也是促进城乡协调发展的焦点之一。只有把医药卫生服务"前移"和"下移"的工作做好了，广大农村群众才有可能亲身体会到党和政府对他们身心健康的关怀关注，接触到、享受到新型农村合作医疗制度给他们带来的实际便利和良好保障，提高他们参与的积极性和主动性。

经过两年的努力，同时也是由于作为"首善之区"具备较多的有利条件，截至 2004 年年底，北京 13 个区县的新型农村合作医疗制度的参合率已经达到 75.2%。① 但是，北京根据各区县的地理位置和交通便利等因素对每个参合农民分别给予 15—25 元的补助，使北京新型农村合作医疗体系总筹资数量中市、区（县）、乡三级财政出资比例达到 53.2%。② 这样的支持力度只怕全国多数省区市还是难以实现的。

二 "安全、有效、经济和可持续"应是我国医疗服务保障体系包括新型农村合作医疗体系的基本目标

研究社会保障问题的专家曾经指出："在社会保障体系中，最为复杂的部分是医疗的社会保障体系的完善化。"③ 新时期我国国民健康保障体系和医药卫生服务体系的基本目标应定为"安全、有效、经济

---

① 《北京走向人人健康的首善之区》，《北京晚报》2005 年 6 月 10 日。
② 《北京走向人人健康的首善之区》，《北京晚报》2005 年 6 月 10 日。
③ 王延中、王诚：《"十一五"时期社会保障的目标》，《中国社会科学院院报》2004 年 9 月 9 日。

和可持续运行"。无论是农村地区还是城镇地区，这四个特征作为基本目标都是适用的。虽然这四个特征对于成功的国民健康保障体系和医药卫生服务体系而言，应该既是必要条件也是充分条件，但在不同的时期（同一地域不同的经济发展阶段）和不同的空间（同一时期不同经济发展水平的地区）又或多或少地具有相对性，尤其是关于"有效""经济"的界定范围。

（一）安全

新型农村合作医疗体系的"安全"是一个广义的概念，其中至少应当包括三个层次：首先，这个体系本身必须是合乎法规要求的，它是按照国家相关的法规建立和运行的，因此受到相关法规的保护而不会被外部力量随意破坏、瓦解；其次，这个体系内部的运行制度和规则、各个环节之间的衔接配合是按照公平、公正和公开的"三公"原则制定和执行的，可见、可控，不易被体系内部的利益群体扭曲和破坏；再次，这个体系中所运用的技术手段是相对安全的。这个安全应该是覆盖了预防和治疗全部过程的技术上的相对安全，但它又是预防和治疗专业意义上的相对安全，而非绝对意义上的安全，也就是说不排除在采取了最大限度的安全防范措施之后依然存在的合理风险，如急救手术的风险，等等。

当然，有些关于"安全"问题的存在和解决超出了地方政府的能力和管辖权限范围。如：在一些边远、贫困地区，尤其是农村地区，缺医少药还是一个很现实的问题。而在那些地区，有一些通过祖传家学、跟师学徒甚至自学掌握了一些中医药知识技能的民间人员，他们利用自己的中医药一技之长长期为当地民众提供有一定疗效的医药服务，但他们很难通过目前主要依据院校教育制度而设置的任职资格考核，经常处在"非法行医"的地位。好在此类问题近些年来通过不同渠道向管理部门和领导机关反映，也得到了一些重视，希望立法机构在条件成熟时加以考虑。

（二）有效

"有效"同样是一个多角度的概念。目前，我们所寻求建立的国民健康保障体系对于为实现国民（包括所有国民在内，无论其个体特征如性别、年龄、职业、受教育程度等有何差别）身心健康所需的预防和治疗工作必须是切实有效的。包括体系的运转是有效的、保健和医疗所使用的技术及药物对消费者和患者是有明确效果的，等等。我们把"安全"放在第一位，只是一个最低限度的主观要求，也就是即便没有疗效或疗效不显著，至少医药服务提供方绝对不应存在故意危害患者的情况。而之所以没有把"高效"作为目标，是理想对现实可能性的妥协，而并非表示我们对于效用、效率的要求定位在比较低的水平上。

"如何提高新型农村合作医疗体系的有效性"的问题在已经开展的实践中有一些较好的尝试。如四川都江堰市在制度设计中贯彻的"三个有利"方针，即有利于基本医疗与大病统筹基金的设立、有利于医疗卫生服务竞争机制的建立完善、有利于方便农民就医和报销医疗费用。这个方针的实施，较好地解决了一些新型农村合作医疗体系的运行效率方面的问题，其中有些还是非常有推广意义的。如：为避免定点医疗导致"垄断"而实行"一卡通"，参合农民持卡可以在本市范围内的多个定点医疗机构中自由选择就医机构，通过平等竞争提高医疗机构的业务水平和服务水平，同时也通过这种方式提高了保健和医疗资源的利用率。又如组织实施"名医工程"，参合农民不论在哪个定点机构就诊，都可以在全市公示的名医中自由选择医生为其治疗，从而对提高危重病症的治疗效果提供了可支配资源中最大的便利和保障。除此以外，加大卫生资源调整力度，通过各种相关制度和机制的建立和完善，将市场份额分配的"倒三角"调整为"正三角"，初步达到"小病不出村、大病不出乡、疑难重症不出市"的目的，也是非常值得重视。

针对我国目前公共医疗资源严重不足、分配不公的现状，有些地区还应该大力挖掘、利用中医药资源。尽管由于使用的是中成药为主的中医药而降低了中医药在和西医药对比中的性价比优势，但实地调查和国家统计数据都表明：用西医药方法处置的门诊病人的平均费用还是高于中医药处置的费用。以西南某市的实地调查数据为例：当地用西医药方法处置的门诊病患平均每例费用6元，而用中医药方法只有5元，低17%。如果采用典型传统中医药方法处置，中医药的优势还会更加明显。"差之毫厘，谬之千里"，如果能充分利用各地丰富的中草药资源，新型农村合作医疗体系的经费使用和管理状况很有可能得到改善。

（三）经济

经济问题是一个重要问题。因为无论就每一个具体的时点而言还是在一个可预见性较强的时期内，参与新型农村合作医疗体系资金募集的各方的支付能力总是有一定限度的。而"安全""有效"又都必须靠一定量的资金来加以保证。我们所设定的目标中的"经济"，总体上是指在投入既定、制度刚性从而成为医药费用支出的有效约束的前提下，从投入产出比角度来考量新型农村合作医疗体系的运转和维系"经济"与否。

中国社会科学院的调研团队在一些地区的调查表明，合作医疗的参与各方（农民、政府、医疗机构）尽管受益内容不同，但都是这一体系的受益人。相比较而言，参合农业人口应该是直接受益最大者。因此，在可支配收入既定的情况下，参合农业人口首先会以没有参合以前的情况作为对照，根据参合以后能够从新型农村合作医疗体系中所能获得的费用节约程度、治疗效果和就医便利程度等指标做出类似于"性价比"的判断。其次，参合农民会考虑参合费用的承受力问题。在分担比例（相对结构）方面，目前人均参合费用中一般只有三分之一由个人承担，而各级政府和一些当地效益较好的经济实体承担的是"大头"，就全国总体而言，参合农民的承受力并不是一个重大的、根本的问题。之所以目前达到百分之百参合的地区并不很多，既有农业人口中的青壮年人口自恃身强力壮、不惧头疼脑热，缺乏防患于未然的意识的原因，也有极少数确有支付困难的赤贫农户存在之故；此外，也不排除还有部分群众对新型农村合作医疗是否能做到"三公"抱观望态度。

从政府方面来讲，考虑"经济"与否也有两个角度：其一，用一定数量的财政支出支持新型农村合作医疗体系，对政府所应或所须承担的农村地区公共医疗卫生条件建设而言，是否比用同样数量的财政支出通过其他形式来支持农村公共医疗卫生条件建设，如：为农村保健医疗体系的硬件建设出资、直接承担或补贴农村医务人员薪酬支付等，更加"安全"和"有效"。其二，所承担的出资数额对财政构成的承受力。由于各地各级财政情况差距很大，所以除中央财政转移支付的人均费用（一般为10元）以外，各省、市、区（县级市、县）、乡（镇）、村各级行政机构分担的比例可能就有一个协调、谈判的过程。

医院对"经济"的理解有所不同。因为如果说政府和参合农民是买方，医院就是卖方。对买方而言是"经济"的交易，卖方可能不认为是"经济"的。但有一点要首先明确：由于生存权是最基本的权利，而医药卫生服务直接关系民众的身体健康和生命安全，因此，医药卫生服务不应该等同于一般的服务类商品，医院也不可以把追求利润最大化作为第一目标和最终目标。医院所应认可的"经济"有上下限之分。下限是"保本"，也可以看作绝对承受力。这样，医院退则至少可维持运行，进则可从为患者提供的非医保商业化服务（如自费医疗项目、特需医疗等）中获取一定限度的收益。[①] 上限是"略有盈余"，也可以视为衡量医院的投入产出比的一种考虑，即按照新型农村合作医疗制度规定获得的收入扣除成本之后也还有盈余作为参合医疗机构的一部分发展资金。但这部分盈余绝对不应该很丰厚，否则新

---

① 中央政府正在就医疗卫生体系中存在的问题进行决策，医药费用收取标准太高成为共识，但对如何解决问题当事各方认识差距很大。笔者最近在南京召开的一次研讨会上明确主张要合法、合理、合情限制医疗机构和个人的灰色利得。

型农村合作医疗体系对农民和政府都会失去吸引力。如果参合医院有其他盈利来源而政府又不规定它一定要承担参合农民患者的保健和医疗任务，那么医院特别是技术水平较高、地理位置和声望又较好的医院就会躲避参合责任。所以，特别需要指出的是：在我国医疗卫生体系的法律定位还需要进一步探讨和明确的现状下，政府除了动用行政手段如为增加"体制内"患者来源提供便利（公费医疗和医保定点就是一种）等来为参合医疗机构减负增利外，必须就医院对参合农民患者的收费方法和结果实行"三公"做出强制规定，否则参合医院从自身利益出发，就不可避免地照搬照抄各种用来从非参合患者身上牟利的手法，造成新型农村合作医疗入不敷出、难以为继的局面。目前极个别地区已经出现新型农村合作医疗制度中途下马的现象，应该引起政府有关部门的高度重视。

简而言之，"经济"的含义从总体进一步分解，就是参合农民、政府和医院都要对新型农村合作医疗制度是否"经济"分别从投入产出比和绝对承受能力两个角度进行判断。按优先顺序排列，首先是参合农民要认可其"经济"，这样政府才会参与支持；其次是政府要认可其"经济"，这样政府才不会考虑转而采用其他方法，才会动用行政纪律手段来约束医疗机构的行为和督促下级行政管理机构履行职责。

我们从一些地方的资料中可以看到，定点医疗机构必须针对"合理检查、合理诊疗、合理用药、合理收费、合理结算""严格按规定、规范和比例结算，方便农民群众"等签署书面承诺。虽然核定和检查在实际操作上有相当难度，但至少在制度上明确了：参合定点医疗机构有"分担超支医疗风险"的责任，基金财务管理方面"任何地区、部门、单位、个人均不得以任何借口增加支出项目和提高开支标准"，监督体系由政府、人大、政协和社会多重监督组成，其中社会监督部分包括"农民代表定期会议制度监督"。

但是，"经济"性的问题也是一个难度很大的问题。首先，因为这是一个相对指标；其次，相关各方的利益刚性决定了调整的难度。

目前，全国范围内已经有一些城市开始实行药品器材的招投标工作，但还存在不够透明和公正的地方，希望有关部门能在解决这些问题的时候进行更多的思考和更多更合理的制度建设，使新型农村合作医疗制度对参与各方的激励和约束"两手都硬"。

（四）可持续

安全、有效和经济三者既是可以单独表述、分别考量的不同目标，又密切相关、互相制约，服务于一个共同的目标——将新型农村合作医疗体系建设成一个可持续运行的良性体系。安全只有在有效的情况下才有意义，有效又必须考虑经济成本（投入产出比分析），而经济必须是在安全和有效前提下的经济。

"可持续"是我们建立新型农村合作医疗体系时最为关注的方面，可否持续是判断这一体系的建设和运行是否真正成功的首要标准。一些运行较为成功的地区明确了"农民自愿，以大病统筹为主，兼顾基本医疗，保障适度，略有结余"的原则，将全部资金分成门诊和住院两类用途设立账户，既兼顾一般医疗，又侧重急难重症，落实"五个合理"（合理检查、合理诊疗、合理用药、合理收费、合理结算），等等，都为新型农村合作医疗体系的可持续创造了一些条件。但在此我们也必须指出：新型农村合作医疗体系同样应该从动态的角度来考虑可持续的问题，如考虑老龄化问题的影响就非常重要。因为虽然老龄人口的参合积极性较高，但基金的支出比例也相应较高。合作基金要考虑长期趋势，不宜稍有结余就提高报销比例和限额。

随着经济建设和社会文化教育事业的发展，我们要统筹规划，积极稳妥地促进城乡协调发展，但这应是在总结改革开放政策实施以来的经验和教训的前提下，着眼于国家、民族长治久安的目标来进行的。农村人口怎样实现"少有所教、壮有所业、病有所医、老有所养、住有所居"，就是提高乡村人口生活质量和维护身心健康，推进城乡协调发展的非常实际、非常紧迫的诉求。而"安全、有效、经济和可持续运行"才是新型农村合作医疗体系建立的目标。

（原载《中国社会科学院研究生院学报》2005年第6期，转载《走城乡统筹 科学发展之路》，四川出版集团·四川人民出版社2007年版）

人文社会科学研究可以助力中医药生存和发展

给中医药下一个定义，可以从许多不同的角度出发，使用各种不同的方法，诸如从自然科学或医学的角度，使用理论概念或技术术语的表达方法，等等。而本文则是要从人文社会科学和管理决策角度给"中医药"下一个定义，这既是因为作为中国社会科学院的一支研究团队受命开展中医药国情调研工作，为领导机关对中医药的管理决策提供参考建议的需要，也是因为笔者个人知识、能力和精力有限，必须"开宗明义"，明确工作对象和目标，避免因对中医药定义理解的不同而导致不必要的误解和争议。

我们从人文社会科学和管理决策学角度对中医药所下的基本定义为：中医药是中华民族用数千年时间和亿万人生命实践不断发现、创造、积累、检验和完善所形成的，从天、地、人三者的相互关系，从整体和局部的相互关系，来把握生命、健康和疾病的本质和表象，协调运用外部力量和人类自身力量来养护身心健康和防治疾病，从而正确认识和处理人与自然、人与人以及人体自身各个部分之间的关系，使人类能够与其所赖以生存的周边事物和环境有序、和谐和可持续发展，明显有别于西方近现代医药的一个原创的、独立的、完整的医药知识理论和方法技能体系。中医药和儒、释、道相通、相容、相生、相助，四足鼎立，共同构建了中华传统文化的主体。中医药是建设独具中国特色的医药卫生体系和国民健康保障体系的基石。中医药不但是中华民族智慧和才能的结晶，在我国传统文化和传统科技中历史最悠久、系统最完善、应用最普及，而且是我国在新的历史时期实现自主创新、造福人类最具潜力和前景的主要战略领域。

在本文中，笔者希望以自身对中医药的定义的认识为基点，说明从人文社会科学和管理决策学角度来研究中医药有关问题的有利和必要之处。

一 近一个时期，医药问题已成为国家和民众高度关注的重大社会问题

任何时候都会有一些问题需要国家和民众关注，也能实实在在地吸引国家和民众的关注。而且在诸多问题中，不同时期、不同社会阶层的关注重点也会有所不同。然而，近一个时期中，看病吃药的问题，归纳为"看病贵""看病难"，成为让我国各地各界，从高层领导到广大民众都普遍关注的重大问题之一。更有少数群众把"看病、上学、买住房"比喻成新时期的"三大难题"。国家和民众之所以高度关注医药问题，并不是医药的科学原理和技术方法出现突发问题，而是医药服务的运行管理以及相关的经济、文化、政治和社会等领域出现了问题，而且是难题。对于以人文社会科学研究和管理决策研究为重点的国情调研工作而言，这一类问题无疑必须重点关注！

从国家角度讲，奉行"国以民为本"的立国、治国大道，"保民安民"自然就是施政第一要务。从民众方面看，通常所说的"民以食为天"其实并非绝对正确。俗话说天有"九重"，从根本上说，"身心健康"和"生命安全"才是第一重天！因为身心健康和生命安全是追求生活理想和事业目标的基础，否则一切理想和目标的意义和价值都会大打折扣，甚至毫无意义。而保障身心健康和生命安全所借助的外部关键手段之一就是医药服务。故此，对于有关民众身心健康和生命安全的问题，国家责无旁贷，必须及时、妥善地加以解决。

近代以来，源于对科学本质的一知半解而产生的盲目崇拜在我国蔚然成风。表现在医药相关领域，就是把西医药学当作科学的正面榜样，而把中医药学当作"不科学"的反面例子。但持有上述观点的人

们似乎还没有认真地反省过：为什么尽管从科学技术的角度而言，自英国工业革命以来，西医药学和西医药产业（行业）所高度依赖的物理、化学和生物科学技术一直都在快速地更新、发展，甚至还有不断加速的迹象，然而恰恰就是在这样的背景下，医药问题却成为全球范围内既不论医药产业（行业）发展水平如何、医疗保险制度为何种，也不论社会政治、经济制度又为何类，几乎所有国家的重大社会问题？就连号称"世界头号经济强国"的美国，医药政策竟然也因此而成为竞选总统的核心政纲、成为朝野两党斗法的焦点！由此难道还不足以证实医药问题之严重吗!？

就我国具体情况而言，笔者认为：如果我们还可以勉强把"看病贵"的原因仅仅归结为一个费用问题、经济问题的话，那么要准确理解"看病难"究竟"难"在何处、因何而难可就复杂多了。大而言之，笔者认为这个"难"不仅与当前医药界防治疾病的技术能力、与医药产品（广义的，包括服务产品）的供求关系失衡状态以及医药有关的社会保障制度设定等因素有关，甚至与求医者和行医者双方对生命、健康和疾病的本质认识、双方对医药从业人员应有的职业道德的认识等的差别，都有一定关系。然而限于本人的学识和精力，在此只能做一个简要的分析。

其一，"现代疾病"的产生和高发趋势使民众的身心健康和生命安全遭受严重威胁，然而当前医药的技术能力、医药资源的供给等诸多方面客观上尚不足以有效解除此类威胁。

现今我们的医药工作不但需要面对人类过去的疾病谱系中已有的疾病种类，而且还面临着"现代疾病"的不断产生和渐趋高发的态势，这一情况无疑对民众身心健康和生命安全构成了新的重大现实威胁。

在"现代疾病"中，我们可以粗略地区分成生理疾病和心理疾病两类。

生理方面的"现代疾病"之所以会产生，主要原因可简单归结为两个方面，其中较为普遍和严重的是化学污染和物理污染。追根溯源，就是单纯为了增加所在地区的生产总值、为了获取最大商业利润来满足物质享受欲望，不加区别和节制地片面追求和强调现代科技的研发和应用，结果造成不少科技手段和成果被不当应用甚至滥用，从而产生了多领域、多层次的严重化学污染和物理污染。这样的分析结论，其最直接的证据就是近年来陆续发生的重大食品安全事故几乎没有一个不和不当应用甚至滥用现代科技成果有关：从最常见的过量使用化肥到滥用农药、添加剂，再到国人耳熟能详的瘦肉精、苏丹红、孔雀绿、三聚氰胺……哪一个不是用现代科技手段研制而成？！个别的甚至还曾被作为科技成果奖励！化学污染和物理污染问题已经严重到连人类最基本的生存所需空气、水和食品都不能保证安全。

除此之外，与生理有关的"现代疾病"还有因不当使用现代医药手段而产生的医源性疾病和药源性疾病。有一种解释说，医源性疾病和医院获得性感染密切相关，但又可区分为诊断性医源性疾病、治疗性医源性疾病和护理性医源性疾病三类。药源性疾病则是在预防、诊断或治疗过程中，不当使用的药物通过各种途径进入人体后诱发的生理生化过程紊乱、结构变化等异常反应或疾病。无论是医源性疾病还是药源性疾病的发生既与医疗技术水平密切相关，也与医务人员能否严格遵守规章制度和尊崇职业道德密不可分。在百度搜索中使用"医源性疾病"和"药源性疾病"作为主题词，显示相关网页已经达到上亿个。

尽管目前我国对于医源性疾病和药源性疾病的调查、统计制度还很不完善，但一定程度上罹患此两类疾病的人数规模联系到近些年就诊人数的迅速增长是可以有所想象的。在笔者搜索到的有关文献中，有一篇 2007 年由医药专业人士写作的比较严肃的科研论文披露，我国某医疗机构对 6668 例尸检的调查分析表明：医源性疾病中仅诊断性医源性疾病一类，20 世纪 50、60、70 和 80 年代分别为 28.7%、29.1%、36.7% 和 32.5%。提示医学科学和诊断手段的进展，未能有效地解决临床误诊问题。而药源性疾病方面，虽然存在调查、统计制度不健全的问题，但数字依然触目惊心，在我国，据卫生部药物不良反应检测中心不完全统计,每年约有 250 万人因药源性疾病而住院,死亡 19.22 万人。长沙、武汉、北京等地死亡病例调查发现,与药源性死亡有关者占 5%—17%,目前,我国大约有 2000 万聋哑人,其中 80% 与不合理使用抗生素有关,儿童居多。尤其值得警醒的是,近些年来,各地陆续报道了新生儿对多种抗生素耐药的病例。从全球范围看,WHO 在过去的统计表明,全球有 1/3 的患者死于不合理用药。药源性疾病是列在心脏病、癌症、肺病及中风之后的第五大疾病,已成为全球居第五位的死亡原因。①

而心理方面的"现代疾病"渐趋高发则和在引入市场调节机制的大背景下,过分强调物质激励和财富效应,从而与社会竞争加剧、工作生活节奏加快、人际关系紧张有着密切关系。典型地反衬了我国传统有识之士倡导的处世为人"有容乃大、无欲则刚"的积极意义。

可以说,肺结核卷土重来,恶性肿瘤高发甚至显现低龄化趋势,抑郁症有增无减地袭扰各个年龄各种职业人群,等等,在很大程度上,都和社会环境因素的变化直接关联。因此,如果我们不能正视"现代疾病"产生的社会环境原因,尤其是可能和政策制度导向有关的原因,而只是单纯地因病治病、就医药论医药,那就必然会严重影响国家和民众对此类问题产生原因的重视,延宕以至贻误此类问题的整体和根本解决,造成国家和人民群众更大更多的健康和生命财产损失。

其二,如何设置国民医药卫生保障制度已成为世界性执政难题,必须加以破解。

事实表明:不论医药产业(行业)发展水平如何、医疗保险制度为何种,也不论社会政治制度和经济发展水平为何类,为了维护人类身心健康和生命安全所耗费的医药费用连年持续和大幅度增长,几乎毫无例外地成为各国国家财政和民众难以长期承受的巨大经济负担。

---

① 于述伟、于晓军:《医源性伤害的公共卫生防控问题的探讨》,《中华疾病控制杂志》2007 年第 6 期。

以中美两国的简单对比为例：2010—2011 年美国人均医药费用是我国的 40 倍左右。如果按照彭博社 2013 年公布的对 47 个人口在 500 万以上的国家的调查结果，美国的人均医疗开支为 8608 美元①，而根据我国官方统计数据推算，2012 年年末我国总人口的年人均医疗费用为人民币 1270 元左右②！如果国内有人非要照搬发达国家如美国以当代物理学、化学和生物学的最新发展为主要技术支撑的医疗模式，以此作为我们医药体系的合格标准，那么，就算我国的 GDP 不吃不喝，都不够看病用。这种情况非但现在如此，今后一个相当长的时期内也都不会有根本改变。

其三，解决问题的基本思路。

在近十年的中医药国情调研中，笔者认识到并坚持阐释这样一个原理：在大多数情况下，解决社会性问题的技术路线、经济成本和社会政治影响三者之间存在非常直接的线性因果联系：不同的技术路线往往要付出不同的经济代价，而不同的经济代价又决定了运用这种技术方法的体制和机制是否能够稳定和可持续运行，进而对社会政治状态会有直接影响。在技术方法的选择上，至少需要考虑所采用的技术对解决问题的有效性、技术的成熟程度（可靠性）和持续使用的安全性；而经济方面则要衡量采用此种技术所产生的成本的合理性和可承受性，同时明确使用此种技术和其他替代技术相比较在性价比上具有优势；在对社会状态包括对政治的影响方面，则必须在安全和稳定的前提下力争使前两者（技术路线和经济成本）具有可选择性（可替代性）和可持续性，因为没有选择、不可替代和不可持续的话，安全系数就必然要打折扣。在这个具有因果作用的关系链之中，技术和经济两个环节或许还可以主要考虑物质方面的因素，但社会政治影响这个环节除了物质因素外还必须考虑到精神方面的因素，如对不同技术方法的心理和文化认同程度。

---

① 引自"美国中文网"（www.sinovision.net），推断此数为 2012 年数据比较合理。
② 《中国统计年鉴》《中国卫生统计年鉴》均未提供直接统计数据，笔者根据年鉴中的有关数据推算得出。

近年来，虽然医保制度的覆盖面扩展明显且迅速，报销比例里医保资金的支付比重有所提高，但医保资金的缴用矛盾也逐渐显露。无论是新农合，还是城镇职工和居民的医保，都有一些地区出现了当年资金入不敷出的现象。毫无疑问，随着我国老龄化社会的到来，缴费的人数逐渐减少，而花费的人数逐年增加，缴用矛盾必将越来越突出，从而可能成为我国继续推进以扩大人均筹缴费用数额、改变相关支付主体的支付比例为重点的医改模式难以跨越的关隘。我国必须而且也有可能制定和运作一种独具中国特色的、技术成熟可靠、疗效明显、费用相对低廉的医药卫生模式。这个模式的根本立足点必须是也只能是宪法规定的"发展现代医药和我国传统医药"，必须是也只能是党和国家"中西医并重"的医药卫生工作根本方针。

二 要抓抢大好机遇、开创崭新局面，就必须勇敢面对、深入分析和认真解决影响中医药健康、自主生存和可持续发展的关键问题，人文社会科学研究在此方面可能有其独到功能

问题存在的同时也意味着解决问题的机遇存在。

回顾历史，自"西学东渐"伊始，中医药就不断遭受质疑和压制。从社会现实感观和有关著述对中医药统计数据的整理和分析[①]来看，中医药萎靡不振的状况，甚至直到20世纪之末都或多或少存在。

进入21世纪以来，党中央、国务院高度重视中医药问题，多次重申坚持"中西医并重"，明确"扶持和促进中医药事业发展"。在中医药业界和社会各界的共同努力下，中医药工作有了明显起色，迎来"天时地利人和"的大好发展机遇。然而，中医药真要抢抓机遇、实现突破、开创崭新发展局面也面临着不少问题和困难，其中比较突

---

① 参见陈其广《战略的中医药：国情分析和国策建议》"前言"和第十章民间中医药有关的内容。

出的是一些跨时代的、跨领域的问题和困难。对于此类问题，人文社会科学的研究可能有其独到的功用。

在《战略的中医药：国情分析和国策建议》第六章中我们专门分析了近代以来相当长的历史时期国内中医药屡遭质疑、排挤和打击，从而陷入委靡不振甚至渐趋衰退的主要原因，尤其是社会意识环境、医药管理体制和运行机制三个方面的原因。而与社会意识环境、医药管理体制和运行机制有关问题的研究和破解显然需要运用人文社会科学和管理决策的知识理论和方法技能。

如果仅仅使用自然科学和社会科学两个概念来识别，医药学似应更多地属于自然科学的范畴，这也是当前医药业多数人的认识。因为在他们看来，应该用生物学来认识人的生命和疾病问题，用化学、生物学来解决药物的研发问题，用物理学来创制医疗器械设备。但是，这只是从狭义的自然科学甚至是微观的技术科学角度来看待医药学。和自然科学中的基础理论学科不同，医药学作为应用学科的显著特性之一就是，其知识理论和方法技能必须得到社会实践的验证，而且也只有在社会实践过程中才能得到更多更好的机会来实现自身的完善和发展。如此，就使得医药的社会实践活动作为受众广泛的行业、产业，必然会受到所处的社会意识环境、医药管理体制和运行机制的影响和制约。

当前，在医药学的学科属性方面存在不同的见解。仅举两例：一种比较浅显直接的观点，就是把医药学简单地视为自然科学中一门应用学科，侧重关注医药有关的物质、技术方面的问题。如果我们用中国传统理论中的术语——"道、理、法、术、器"五个层级或"道、法、术、器"四个层级来评价，这种医药学主要处于"法""术"的层次，甚至可以从"形而下"到"器物"的层面来认识。另一种观点的视野较为宽广一些，认为医药学和其他应用学科不同：首先，医药学的社会实践主体和客体主要都是地球上各类生物中最智慧的生物——人类；其次，人类因血缘、历史、文化、宗教、地域等因素的差别具有很强的族群特色，从而对生命、健康和疾病的本质存在不同的认识和信念；最后，医药学的作用客体是生命，是与生命研究关系密切的科学学科，但现有科学分类方法中的自然科学和哲学社会科学"都缺乏完整系统地研究生命（包括人类自身生命体）的学科和学问，特别是缺乏对人类自身生命体意识认知的专门学问"，因此，应该把生命科学作为"独立于自然科学和哲学社会科学（人文社会科学）之外"的第三类科学①，而医学是生命科学的一个从属学科。笔者赞同完整意义的生命科学应该有别于单纯的自然科学和哲学社会科学，但又是以有机地"跨接"在自然科学和哲学社会科学之间的方式形成的。这样一个层次的生命科学，包括其所属的医药学，就应该更多地具有"形而上"的内涵，具备中国传统理论从"道""理"到"法""术""器"的各个层次。

当然，区分医药学的社会实践活动的方法不止一种。我们还可以将与医药学的实际应用密切相关的问题大致分成两类，一类是时效性不强的基础性问题，如：人体作为一个开放的复杂巨系统，心理状态、知识结构和意识能力对健康、对疾病有无影响？有影响的话又是什么影响？医药学的社会功能是什么？政府、业界和民众在构建医药卫生体系和国民健康保障体系中各自应该如何定位和担责？等等。另一类则是具有现实性、紧迫性的问题，如：怎样改善或消除"现代生理和心理疾病"产生的外部条件？中医药为什么会出现"弱化、退化、淡化、异化、西化"的"五化"②现象？公立医药机构的激励和约束机制应该怎样设置才合理、有效？等等。

上述问题，无论是时效性不强的基础性问题，还是具有现实性、紧迫性的问题，都对医药学的社会实践能否正常平稳开展，对医药事业和产业（行业）能否健康生存和持续发展，存在直接、明显乃至重大的影响，但这些问题却肯定不是仅仅用现有的自然科学知识理论就可以回答的。简言之，医药学作为生命科学密切相关、直接所属的一

---

① 李慎明：《建议成立中国生命科学研究学会》，光明网，2011年3月13日。

② 《坚守中医根基 传承更为紧迫》中引用张伯礼院长在中医科学院传承工作会上的报告内容，见《中国中医药报》2013年2月20日。

门学科，作为应用科学的一门学科，将其应用于社会实践，必然要涉及人文、社会和管理方面的问题。

笔者在此所使用的"人文社会科学"（哲学社会科学）概念应是"人文科学"和"社会科学"两者的结合，具体包括哲学、经济学、政治学、法学、社会学、管理学、民俗学、教育学、历史学、心理学、传播学等多个学科。而"管理决策"，则主要是说把中医药问题作为国情调研重大项目的对象，首要目的就是通过政府管理决策手段，解决那些不利于中医药健康、自主生存和可持续发展的问题。

三 人文社会科学研究助力中医药健康、自主生存和可持续发展的现实作用方向

其一，哲学观念的不同是在不同医药方式选择中存在不同偏好的主要根源，提高哲学认识水平并自觉加以运用，有助于医患双方的相互了解、有助于对中西医药各自特点的认识。

中西医药都是人类维护健康、防治疾病的有效手段，但从哲学基点、认识论到直接目标和技术路线、方法手段都存在重大区别。在这些相关因素中，哲学基点不同是最根本的不同。正是因为哲学基点不同，才导致对"什么是生命"、"怎样才算健康"和"疾病是什么和如何发生的"等关键问题的本质认识不同，进而对用以维护健康和防治疾病的方向、方法产生了不同认识。在理论方面，如果不能准确区分中西医药学在哲学基点上的不同，就无法准确理解同样是医药，何以会产生两种如此不同的医药知识理论和方法技能体系，也难以对这两种体系进行客观的比较和评价。在实践方面，之所以不同的民众群体、尤其是个体会在对不同医药方式（例如：中医药和西医药）的选择中表现出不同的偏好，正是因为无论是患者还是医者；也无论是有意识、无意识或是下意识，不同的民众、患者和医者所接触到的、所接受的是不同的宇宙观、自然观、生命观和价值观。

其二，文化背景也会影响对医药方式的选择，传承好中华民族本

体文化的同时坚持文化多样性原则是贯彻落实"中西医并重"基本方针的重要条件。

文化多样性不仅是人类社会的宝贵历史遗产,更是新时期人类文明繁荣、进步的重要基础和动力。但近代以来,在相当长的历史时期和在相当多的国别界别中,一方面,这种认识往往受到一些所谓"强势文化"的有意贬低、排斥和压制;另一方面,在试图反省自新、救亡图存的弱小或"落后"的国家和地区,又往往被部分社会群体"矫枉过正"的认识方法自觉地舍弃放逐。不同的文化不仅有外化表象的区别,而且存在内在实质差异;不仅语言文字形式迥异,而且行为习俗规范不一。由于不同地区和不同民族的人类在生存、发展过程中所积累的知识和经验不同,因此,不同文化也可以说是人类历史上所创造的不同"生存式样系统"。理解了文化的本质和要义,就不难理解为什么不同的文化背景会对医药方式的选择产生直接影响。抛开具有明显差别的中西医药不说,就是我国不同地区不同民族之间的传统医药也或多或少地存在不同传统文化影响。比如:汉民族地区流传的传统医药偏重使用植物药材,而同样是中华传统医药的组成部分,有的兄弟民族就偏重矿物药材或动物药材。人文社会科学中的文学、历史学、民族学、伦理学、民俗学等都属于广义文化的分类学科或与广义文化密切相关。和哲学观相比较,文化可以说是对不同医药方式选择的第二个重要因素。

其三,不同的社会发展模式决定不同医药学及其应用体系的社会地位和发展方向。

党的十八大把"努力走向社会主义生态文明新时代"① 作为重大决策,成为新时期一切工作包括医药工作在内的战略导向,号召举国上下都"必须树立尊重自然、顺应自然、保护自然的生态文明理

---

① 《坚定不移沿着中国特色社会主义道路前进 为全面建成小康社会而奋斗——在中国共产党第十八次全国代表大会上的报告》,人民出版社 2012 年版,第 41 页。

念"①。这是对新时期我国社会发展模式的重大改进和完善。

社会发展模式的选择除了和主观因素如宇宙观、世界观和价值观等有关外,和客观因素如自然资源禀赋的拥有程度、经济发展水平和科学技术能力乃至国家周边环境等等也有关,是一个多因素多层次的模式选择。工业革命发生以来相当长的一个历史时期内,多数国家都把工业文明、科技文明作为社会发展目标模式来追求。在这样的社会发展模式引导下,自然界仅仅是人类发展的利用物甚至是对立面,只要能够通过扩大产值规模(经济学中的"增长")或增加创新发明(经济学中的"发展")来增加人们的物质财富和享受,生态环境是可以被忽视、被牺牲的。而生态文明恰恰是人类在片面、过度追求工业文明、科技文明并遭受到由此造成的(或意识到将要遭受的)种种恶果之后幡然醒悟:唯有高度重视处理人和自然的关系,切实恢复、保护人和自然万物的和谐共生关系,人类才有可能真正长期享有文明所带来的满足和幸福,才能有意愿追求文明的新高度。

生态文明是物质文明、精神文明和制度文明的综合产物。生态文明建设作为关系我国人民福祉、关乎民族未来的长远大计,必须建立在全体国民对生态文明的深切认同基础之上,并全面体现在思想意识和行为举止之中。作用于维护人类身心健康和生命安全的医药领域无疑是其中关键的一环。我们不妨简单地举一例:同样是治病救人的药物,从生产过程到产品应用,人工化学合成物质和天然物质在自然环境条件下的消化降解程度和速度是大不相同的。如果把生态文明作为社会发展的目标模式,那么,此种区别是否也应该有所考虑和取舍呢?作为中华优秀传统文化核心构成部分的中医药从认识本原上强调的就是"天人相应""天人合一",因而无疑是全球医药领域体现生态文明理念的典范之一。

其四,经济学研究,尤其是卫生经济学和经济利益分配机制研究

---

① 《坚定不移沿着中国特色社会主义道路前进　为全面建成小康社会而奋斗——在中国共产党第十八次全国代表大会上的报告》,人民出版社 2012 年版,第 39 页。

直接影响中医药内外生存和发展环境。

无论是计划管理还是市场调节，效率、效益问题都是客观存在的。经济学的研究可以从宏观和微观两个层面，从效率、效益等角度的分析入手对中医药产生多方位的影响。

宏观方面，站在国家立场，首先从产业角度看，中医药具有第一产业、第二产业和第三产业齐全的完整产业链，是典型的民族传统产业，群众认可度较高，市场需求旺盛，构成了我国在世界医药产业中的核心竞争力，在国家产业结构布局、拉动地区经济发展和增加就业机会等多个方面都应该重视中医药问题；其次从社会医疗服务角度看，经济学的研究可应用于从社会福利性质的到商业赢利性质的各类医疗保障制度，应该根据社会制度环境、市场环境、国家财政和民众收支状况、疾病发生率和危害程度等因素来区分不同医疗保障制度针对的人群以及筹资、使用和监管方法，确保广大民众的身体健康和生命安全得到层次清晰、侧重各异、合理可行的医药卫生保障。在覆盖面较大的新农合、城镇职工医保和城镇居民医保中，可以说，甘肃省"用最简单的方法解决最基础的问题，用尽可能少的费用维护人民健康"的医改基本方针，是卫生经济学研究成果最通俗的表达。按照这个思路，难道我们还需要担忧中医药如何在医改中发挥作用的同时争取更大、更公平的生存和发展空间吗？！

微观方面，首先是对医药行业通过合理的利益分配机制设置，明确引导政府资源和民间资源各自定位，使得以国民福利性质为主的公共基本医药卫生服务和以商业盈利性质为主的个性特殊医药需求服务实现边界清晰、分工合作、平行互补；其次是对各类医药企事业机构，通过资金投入和税收等经济杠杆妥当调控各自及相互之间的合理收益区间，使中医药机构和从业人员合理合法地得到应有的经济收益；等等。这些都是经济学及其分支和衍生学科可以发挥作用的领域。

其五，法制规章研究为中医药明确应有的社会地位、制定合理的行为规范和保障必需的生存和发展空间。

　　法律法规的设置依据是法理,法理的基本精神和学理在很大程度上就应该是制定法律法规的方向和尺度。而要讲学理,首先应肯定中医药和西医药是两个不同的知识理论和方法技能体系,以此为基础分别制定能够遵循两者各自的规律、符合各自特点的法律法规。宪法"发展现代医药和我国传统医药"的规定、党和国家"中西医并重"的方针,关系到国计民生,必须在医药卫生有关的法律法规中得到认真、准确的体现。那种中医类别执业医师资格考试要考西医内容、西医类别考试却不用考中医内容,把西医命名为"临床"类别而中医看病不算"临床",等等的法规显然有悖于宪法规定、有悖于党和政府的大政方针。

　　因此,加快国家"中医药法"和相关配套规制的制定进程,使之尽快完善并通过审查进入实施阶段,对于真正把中西医药放在"同等重要的位置",对于明确中医药的合理行为规范,保障中医药健康、自主生存和可持续发展所必需的运作空间,让中医药的特色优势在养生保健、疾病治疗、防疫应急等各个领域都能有合法、公平的施展机会,具有特别重大、非常紧迫的意义和价值。

　　但是,笔者在此也要强调指出:尽管我们现行的法规,至少是《执业医师法》和《中华人民共和国药品管理法》及相关法规,不仅存在明显的"西学为体、中学为用"或曰"以西治中"的问题,而且即便就是这些某种程度上存在违背中西医药应放在"同等重要的位置"原则的法规,在实际执行中还又更进一步地"向西"方向走偏和强化了。也就是说,不但在法规制定过程里中西医药学的学理没有在法规内容中得到合理体现,而且执法主体对法规的理解有偏差、执行力明显不足。《中华人民共和国中医药法》既然是法,而且是我国第一部"中医药法",相关立法、执法机构就必须高度重视此法在学理上的合理性和执行过程的可操作性,要确保该法对中医药的健康、自主生存和可持续发展将产生正面的积极的影响而不是相反。从这个角度讲,笔者更倾向于"宁缺毋滥"的立场,否则勉强地仓促地出台一个对中医药存有偏见，特别是不能准确地把握中医药正确的发展方向的法规，并运用行政管理的力量将之推广应用于社会的医药实践，其结果给中医药造成的负面、消极影响极有可能在一个不短的时期内难以估量，且难以消除！

其六，管理学、市场学研究有助于切实发挥中医药的特色优势，使其成为我国在国际医药业中的核心竞争力。

"科学无国界、利益有主体"，作为与人类生死存亡直接相关的领域，医药市场存在巨大商机。历史和现实都向我们提示了如何在残酷的市场竞争中长盛不衰的规律，那就是建立、培养并努力保持核心竞争力。可以说，核心竞争力是市场竞争中最重要的制胜法宝，而核心竞争力的关键特征就在于其不易被模仿和难以被取代。而今，我们看见绝大多数的产品在飞速地更新换代，企业则前赴后继地创立和死亡，在很大程度上就是因为缺乏不易被模仿和难以被取代的核心竞争力。在世界医药市场中，诞生仅仅三百多年的西药产品，已有70%以上的品种被淘汰，而反观五千年前诞生的中医药却历久弥新，在战胜SARS、H1N1，治疗AIZ等当代重大流行病、传染病中依然能够发挥独特而有效的作用，这就充分证明了中医药完全可以而且应该作为我国在医药和文化领域中的核心竞争力得到政府和社会更多的关注和扶持。

我们不妨引用一些数据来支持以上所作的市场分析结论。当前，现代医药研发，尤其是常见高发病和重大流行性疫病的防治药物方面，已形成高投入、高风险、高回报的格局。一个能够有效应对全球性重大疾病的西药产品，研发资金投入平均超过10亿美元，个别的甚至已经达到20亿美元，按现行汇率折算，相当于63亿到126亿人民币。研发周期也超过了十年。西方国家发明并主导的现代知识产权制度一直是确保创新者获取丰厚创新利润的法宝，但在人工化学合成药物的耐药性、毒副作用难以克服，研发难度不断提高的背景下，这一制度不但进一步强化了医药巨头在创制新药方面的垄断地位，而且成为推高药品价格、增加财政和民众医药费用负担的利器。2011 年世界医药公司前 10 强完全被欧美发达国家占据，其中美国就占了 4 家。而同年我国最大的医药企业年收入仅为世界医药公司第 10 强的 1/10、利润的 7‰！我国最大的医药企业的净利润仅占年收入的 1.66%，而对方是 24.2%！因此，在现代药物领域，在经验积累、人才培养、技术研发、经济投入和创新成果临床应用等多个方面，我国都处在相对劣势的地位，且短期内无法实现根本突破。然而，相比之下，在国际医药领域我国原创的传统中医药的特色和优势却异常突出。

其七，对教育问题进行深入研究才有可能让院校成为培养合格中医药人才的主产地。

从 20 世纪 50 年代开始，全国各省区市陆续开办中医药院校。数十年下来，学生数量不可谓不多，然而前一时期中医药长期萎靡不振的主要表现和重要原因之一却是缺乏真正合格的接班人。不能正视和不敢解决中医药教育问题，尤其是院校批量教育的内容和方式问题，中医药界就难以实现健康、自主生存和可持续发展的目标，也难以担当振兴中医药和弘扬中华文明的历史使命。

近期我国中医药院校教育中有两个方面的问题相当突出：其一，教学内容普遍实行中医药、西医药和外语等公共课程等量齐观的"三三制"。这相当于把大专院校教育的主要任务从培养中医药专业人才变成了培养医药业的"通用人才"。有专业人士认为：现在的中医药大学本科学生，其在校实际所学到的知识和从业后在最好的状态下实际应用的医药知识技能仅仅等同于"半中半西"两个中专学历的初级人才；其二，现代的"科学"一词自从引入中国就被解释为"分科之学"，当代"主流科学"的变化趋势也以不断细分还原为主要特征之一。可是，我们对院校教育方法的原则表达却是"依据学生个性特点为基础，将科学文化知识内化为学生素质、建立起学生认知神经系统及行为技能与习惯、最终形成学生生产生活和科研能力，以满足社会需要"。就这样，固然强调了"因（人）材施教"，却忽视了"因学（科之别）施教"！如前所述，中医药和西医药是两个从哲学基点开始就非常不同的知识理论和方法技能体系,所以只有清醒地认识中西医药学科各自的特点,遵循中西医药人才成长不同的规律,把"读经典、重临床、跟名师"作为合格中医药人才的主要培养路径,我们的院校才有可能成为培养名副其实的中医药人才的摇篮而不是"事与愿违"地扭曲成培养中医药"掘墓人"的现代工厂!

其八,文化学、传播学研究帮助中医药选择走向世界的正确途径和方法。

如前所述,广义的文化是人类历史上所创造的"生存式样系统",在学界中甚至有"文化基因"的说法。不同的哲学信仰和文化理念对人们选择医药服务类别(例如:中医还是西医、激进疗法或是保守疗法)存在重大影响。在远古时期农耕和狩猎两种主要生存式样系统之间就有信仰和理念的区别:农耕必须因应天时地利,和则相生,狩猎则只能是你死我活,以命相搏。工业革命发生之后,东西方文化之间的区别更加明显、巨大,这种区别产生的原因甚至成为不解之谜("李约瑟难题")。因此,要实现中医药服务全人类健康的良好意愿,就必须寻求在不同的文化环境下能够准确诠释和宣介中医药信仰、理念和知识,有效开展中医药方法和技能的服务实践的途径和方法。在此方面,通过文化学和传播学的研究,把中医药的哲学和人文理念整合到中华优秀传统文化的对外宣传和交流的各个方面,如:在孔子学院开设中医学习班、中医药文化课程等,在我国中医药院校吸收国外留学生,在我国境内开展的涉外旅游观光线路中嵌入中医药名胜古迹,在国内中医药服务机构开展对外学术交流和提供收治国外病患的服务,等等,首先经由国外知识阶层对我国传统文化的理解和认可进而达到对中医药理念知识与方法技能的理解和认可,这样的做法更为符合人类的知行规律,从长远和整体而言效果一定比为了急于求成,在各种美妙动人的口号下不惜让中医药削足适履地去和西方医药学"接轨"更好。

在我国,人文社会科学研究涉及中医药问题的,以哲学界为最早、最多。2007年以来，中国社会科学院通过将中医药立为国情调研对象和重大调研项目，极大地促进了人文社会科学研究人员和中医药界的交流和沟通。中医药国情调研组联合国家社科基金重大项目"中医典籍研究和英译工程"，会同各界有识人士提出了制定国家"中医药人文社会科学规划"的政策建议，如若采纳，我国人文社会科学研究为中医药的健康、自主生存和持续发展服务的功能必将有明显的增强。

（原载《战略的中医药：国情分析和国策建议》上册，社会科学文献出版社2018年版）

重塑生存模式的有效途径

——关于中医药的文化定义

中医药的文化性质认定

在开展中医药国情调研的过程中,我们反复了解、探讨各方各派观点,到目前为止,初步形成了这样一种认识,即:中医药是中国人民用数千年的时间和亿万人的生命实践不断创造、积累和完善所形成的,关于如何认识生命、健康和疾病的本质,正确处理人和自然、人和人以及人体自身各个部位之间的关系,从而使得人类及其赖以生存的周边环境能够持续、平和、协调发展的一个独立、完整的理论知识和应用技能体系,是博大的人文精神和系统的知识技能的集合,是我国传统文化与传统科技之中历史最悠久、体系最完整、应用最普及的领域之一。

中医药既具有科学技术属性,也具有人文知识属性,是和近代工业化以后才真正发展起来的西方现代医药完全不同的两个知识技能体系。那种认为不同类型的文化本体和形态之间必然存在高下优劣之分,主张"是一非一,存一去一"的观点无论在哲学界还是在文化界都为多数学者所不赞同。文化多样性非但是历史遗留给我们的宝贵财富,更是当前和今后人类文化进一步发展和繁荣的重要基石和目标!不加区别地把经济领域的"全球化"概念和某些现象轻率地移植到文化相关领域,或认为无论是科学还是文化都只存在唯一的正确和合理,进而得出唯有对中医药进行改造,使之与世界其他医药学理论和应用方法"同化",才能走向世界,实现与国际"接轨"的观点是非常值得商榷的。

这种观点之所以存在,与目前我国学术界、管理界乃至企业界科技与人文的严重分离倾向也有着密切关系。这种分离不但造成了科技和人文在社会发展中的不平衡状态,而且对于我国在新的历史时期和环境下克服物质科学的局限性,实现政治、经济、文化和社会整体和谐协调的自主创新发展存在不利影响。

中医药符合医药卫生事业发展方向

从世界医药卫生事业发展的方向看,世界卫生组织发表的《迎接21世纪挑战》报告中,强调了从疾病医学向健康医学发展,从重治疗向重预防发展,从对病源的对抗治疗向整体治疗发展,从群体治疗向个体治疗发展,总之就是要从以疾病为中心向以病人为中心发展。这些适应新世纪医疗卫生方式的要求,恰恰是中医药的特点和优势。

从混沌初开到当今盛世,绵延数千年的我国历史实践表明:中医药在防御、克服自然灾难和社会动乱对民众身心健康造成的危害,确保中华民族的繁衍昌盛方面作出了卓越贡献。即便在西方当代医药理论和应用技能在我国已经占据主要地位的情况下,在国民养生保健、农村和边远地区中低收入群体日常医疗以及在治疗世界性高危传染病等诸多方面依然发挥着有效的、不可替代的作用。如果没有利益分配等体制、机制设计方面的问题的影响,中医药"简、便、验、廉"的特点和优势一定可以为建设有中国特色的医药卫生体制和国民健康保障体系发挥更大作用。

因此,认为中医药已经不符合人类医药卫生事业的发展方向,已经失去普遍应用的实际价值,必须对其基本原理和应用实践进行解体重构的主张是"一叶障目、不见泰山",不但不合时宜,更是缺乏远见卓识。如果能够首先认真做好全面、系统地理解、辨析中医药基本原理和内在创新发展规律的工作,在继承真谛的基础上开展谨慎创新，我们就完全有可能使中医药文化成为重新塑造人类生存模式的一个有效途径。何况即便单纯从中医药的文化本质和特性而言，也应该奉行"和而不同"的方针，那才是促进文化多样性造福人类的正道。

传播中医药重在文化沟通

关于文化的定义有多种多样，我倾向于认为"文化是历史上所创造的生存式样的系统，既包括显型式样也包含隐型式样；既包括物质要素也包括精神要素；它具有为整个群体共享的倾向，或是在一定时期为群体的特定部分所共享"。这个表述和美国文化人类学家克鲁克洪的概念比较接近。文化包含的领域极其广泛。文化表现在人的一切个体和群体活动过程中，体现着行为主体的宇宙观、人生观和价值观。无论是对人的生命、健康和疾病，还是对人和自然、人和人之间以及人体各个部位之间的相互关系的认识和处置方法，中医药文化的内涵和外延都符合上述对文化的定义。

不久前，中国现代化战略研究课题组、中国科学院现代化研究中心撰写的研究成果——2009 年《中国现代化报告》指出：至 2005 年，我国的文化现代化指数排 131 个国家的第 57 位，达到世界初等发达国家水平，文化竞争力指数排 120 个国家的第 24 位，达到世界中等强国水平，而文化影响力指数排 130 个国家的第 7 位，达到世界强国水平。

这个统计结果表明：我国文化在国际上的"现代化"和"竞争力""影响力"排名相互之间很不相称。因此，我们完全可以这样来解读，那就是：文化，尤其是具有深厚历史积淀的民族文化，在它的"现代化"和"竞争力""影响力"之间至少并不存在显著的密切关系，甚至完全有可能不是正相关的关系！那种认为只有文化"现代化"才是提高"竞争力"和"影响力"的必由之路的观点极有可能是思想认识中的一个重要误区！

那么，相比较而言，在这三个指标里我们需要和应该看重的指标排序应该是什么？第一是影响力，第二是竞争力，第三才是现代化！因为影响完全可能是和平的、互动的、自愿或自发产生的，竞争则多数是以自利为主要目的、具有对抗性质的甚至是借助垄断地位强加的，而现代化则只是一种手段、一个过程。也就是说，我们做好中医药走向世界工作的最重要的途径首先应该是通过中医药文化对其他国家的介绍、交流和沟通，逐步增强其影响力。

（原载《战略的中医药：国情分析和国策建议》下册，社会科学文献出版社 2018 年版）

实施宪法和贯彻党中央、国务院基本方针，应以真正落实"中西医并重"为医药卫生工作中心任务

1949年以来医药卫生统计数据和实际情况表明：中医药在相当长一个时期里并未得到应有的保护、利用和发展，反而呈现停滞甚至萎缩状态。直到进入21世纪，特别是党的十七大以后，在党中央、国务院关注和指导下才出现明显转机。中医药之所以出现上述情况，与有关主管部门、相关业界长期没有认真领会、坚决实施宪法和党中央、国务院"中西医并重"的大政方针，用定性不明确、理解有分歧的"中西医结合"取代了"中西医并重"作为医药卫生工作的主要目标和中心任务有直接且密切的关系。在新的时代环境下，为确保成功建设和持续运行中国特色的医药卫生体系和国民健康保障体系，破解世界医改难题，对我国的医药卫生基本方针加以澄清和切实贯彻已成重大、紧要任务。

一 宪法相关规定和党中央、国务院对医药卫生工作的基本方针都是"中西医并重"，但在实际工作中并未真正落实

中华人民共和国成立初期，党和政府就提出了"预防为主、面向工农兵和团结中西医"的卫生工作三大方针。1982年颁布、2018年修改的《宪法》明确规定要"发展现代医药和我国传统医药"。1985年中央书记处《关于卫生工作的决定》则指出"要把中医和西医摆在

同等重要的地位"。1991年召开的全国人大七届四次会议批准的《第八个五年计划纲要》更是第一次明确"中西医并重"是卫生工作五个基本方针之一。

然而,行业统计表明:在中华人民共和国成立后50余年的时间里中医人数长期徘徊在30万人左右,21世纪初实行的《中华人民共和国执业医师法》,更使中医人数一度跌落到不足24万人,甚至比中华人民共和国成立之初的27万人都明显下降。同时期西医却从8万余人猛增至200余万人。更值得严肃关注的是:前些年"中医院"的医药服务收入中来自所提供的西医药服务费用所占比重在全国平均竟然达到了70%左右!对于前一时期中医药衰败的实际情况,2009年《国务院关于扶持和促进中医药事业发展的若干意见》曾作出精准描述:中医药特色优势逐渐淡化,服务领域趋于萎缩;老中医药专家很多学术思想和经验得不到传承,一些特色诊疗技术、方法濒临失传,中医药理论和技术方法创新不足;中医中药发展不协调,野生中药资源破坏严重;中医药发展基础条件差,人才匮乏。

二 "中西医结合"定性既不清晰、认识也难统一,应该仅仅作为对未来医药技术变革的主观设想之一来对待

"结合"一词可有许多含义:组合、融合、联合、混合、配合等。不同含义间区别甚大。

近年来,国内外越来越多的专业人士认识到:中医药和西医药虽都服务人类健康需要,但从哲学基点(如:自然观、生命观、疾病观)到认识方法论(主要为整体系统论、还原分割论)再到直接目标和方法手段(如:对抗杀灭还是调整平衡、取法自然还是穷尽人工)都存在重大区别甚至某种程度的对立,因此是两个不同的知识理论和方法技能体系,可以说并不存在对错、好坏之分。认为中医药只有能被现代西方科学解释和实验验证才有应用价值的主张,是思想认识偏颇或利益驱使所致。

由于认识到中医药和西医药是"独立地或平行地演变的完整的理论和实践体系"①，所以当今主要发达国家乃至一些邻国都对现代医药和传统医药采用了允许同时合法存在，但严格分业管理的制度。从实际效果看，传统医药从业者在此管理方法下被"置之死地而后生"，潜心专攻传统医药的知识技能以服务民众，取得了不逊于西医药从业人员的社会地位和经济收入。央视中华医药栏目摄制的"中医药在欧洲"即是很好的反思与佐证。

而对我国时下流行的"中西医结合"，业界内外存在重大甚至根本认识分歧。且不说中西医药究竟主观上应不应该、客观上能不能够融合，就连所说的"结合"到底是以下各种"结合"中的哪一种，从法规到实践都无一致的明确认定：究竟是中西医药从理论到实践实现平等的合二为一即"融合"？还是根据治疗疾病需要和患者自愿，中西医药各自发挥特色优势，互相"配合"？抑或是以"西医药为体、中医药为用"，最终用西医药知识、方法把中医药"格式化"——消化、改造掉？

众所周知：即便是非常直观、感性的文化、艺术，真正能做到"中西会通"的人都是凤毛麟角。医药科学是跨接自然科学和人文科学的复杂系统科学。中医药和西医药都有非常深邃、非常广博的知识理论和方法技能体系，绝大多数人即便耗竭毕生心血也极难成为真正"学贯中西"的"精诚大医"。固然，国家可以允许甚至鼓励少数优秀人才把中西医药配合、组合甚至融合作为医药学术研究方向之一来探讨和尝试，但无视中西医药两个体系的根本、重大区别，先验地和普遍地把"中西医结合（实际是'融合'）"当成中医药生存发展的通途大道，当成中国特色，用行政力量推动或名利诱导，作为指导我国医药卫生工作全领域全过程的"基本方针"，就会产生不良后果。

---

① 美国食品药品监管局（FDA）用语。

三 重"中西医结合"轻"中西医并重",对我国中医药和医药卫生体系的健康、自主生存和可持续发展产生了一系列严重不利影响

其一,执业资格分类及考试标准出偏差:《中华人民共和国执业医师法》将西医主体称为"临床"类,而中医则称中医类,等于说内科西医是临床医师,而内科中医不是临床医师!西医、口腔和公共卫生类执业资格考试科目中完全不见中医药或"传统"医药的影子,而中医类执业资格考试却单设"现代诊疗技术及综合"大类,内含西医的内科、诊断学、伦理学、传染病学等科目。这到底是"并重"还是"偏重"显而易见!

其二,技术职称评定标准有偏向:中医药人员提升技术职称尤其高级职称,不管日常从事临床、教学还是科研,都要求"了解国内外本科技术发展情况,并能吸取最新科研成就应用于实际工作"、"有较高(或一定)水平的科学论文或著作",虽对中医药专业也有"通晓或精通中医药理论,对经典医著熟悉或有所研究"的说明,但执行中由于社会环境影响、评审标准制定和把握的结果形成的实际导向,往往临床(或教学)经验分析总结、经典医药著作研究都让位给了现代医学实验方式的科研成果,因为那样才容易被认可为"新"和"高"。千年行之有效的中医方法和药物都不算数不可信,把大量科研经费和人力投在"小白鼠"和科学仪器上。一些资深、权威人士身体力行地推行"中西医结合"(融合),把本来应该只是少数人的科学探索扩大化为对中青年中医药从业者的普遍示范引导,此种偏差亟须纠正。

其三,执业医师考试重学历轻实践,有利于民间中医药人才合法从业的规定遭遇阻碍:西医药是工业化产物,强调共性,便于标准化、规模化,适合院校批量培养、统一考核。中医药由农业文明衍生,强调自然属性和个性差异,历来以师承培养为主渠道。《中华人

民共和国执业医师法》关于考试资格有明确的院校学历要求，虽然卫生部后来也出台了对师承、"确有专长"包括"一技之长"民间人员的医师资格考核政策，但地方卫生部门因顾忌民间中医药发展会影响公立机构利益，或担心管理出错而需承担个人责任，因此采用拖延时间、抬高门槛等种种方法阻碍相关政策落实。个别地区甚至考核、评审都结束了，就是不公布结果，造成大批民间中医药人员转而埋怨国家有法不依、施政不力。

其四，用西药标准管中药，特别是用西式制剂管理方法切断了中药的主要创新通路：中药和中医的哲学基础、方法论一致，疗效是证明中药科学合理性的硬道理。但前些年对中医药"废医存药""废医改药"的主张却很"吃香"。西药以人工化学合成为主，必然成分清楚，结构和性状稳定，中药用天然物加工炮制而成，成分和性状当然不可能完全清楚、更难以稳定。中国科学院的专家曾举例说，红花油由一万多种化合物组成，以人类目前认知手段和能力只知其中一百多种。特别是对经过较长期的医药实践检验、针对小规模适用群体相当有效的丸散膏丹类中药院内制剂，被要求花费数十万元在 GMP 条件下做药毒药理实验，严格审批，并局限于本院内使用，无疑阻碍甚至阻断了从汤药到（院内）制剂再到中成药的中药创新之路。

其五，在"中西医结合"旗号下，听任中西医药违反法规"混业经营"，导致过度医疗和医德败坏，轻则敷衍塞责，重则给民众生命健康和安全造成隐患：现在中医开西药，西医开中成药成为普遍现象，明显违背我国现行《中华人民共和国执业医师法》关于"在注册范围内"进行"医学处置"的规定，形成我国涉及范围最广、持续时期最长的医药从业机构和人员有法不依、执法不严现象。但必须看到：对本专业理论和方法不求甚解，对非本专业理论和方法一知半解甚至一窍不通，却在私利驱使下"跨界开方用药"，直接导致医德医风败坏，轻则"滥竽充数"，敷衍塞责；重则"草菅人命"：过度检查、用药和手术，"索取、非法收受患者财物或者牟取其他不正当利益"①，给民众健康和生命安危造成隐患。但这种种极不负责的行为往往是用"中西医结合"的借口进行的，而且"法不责众"，所以迄今未见有效整改。

其六，中医药院校教育搞"三分法"，中医药老专家说培养出来的不是接班人而是"掘墓人"：学习中医药需有传统文化根底，且专业理论知识学习和应用技能的掌握必须用交叉递进的方式进行，实践积累和个性感悟作用重大。"文化大革命"对我国传统文化的教育摧残严重，现实的医药获利机制又扛着"中西医结合"大旗，因此，近年国内中医药大专院校普遍采取了外语和公共课程、中医药课程、西医药课程时间上"三分法"的设置。有院校领导承认：算上社会实践等，中医药大学本科生真正学习中医药的时间只有一年，还不到三分之一。多数学生专业基础不扎实、知识不系统、理念不坚定。事实上，长期实施这样的教育模式，非但青年学生受影响，就连部分中青年教师都成了"有口无心"，只能"纸上谈兵"的假中医药人！

四 坚决实施宪法，落实党中央、国务院"中西医并重"基本方针，有必要对现行医药卫生管理体制、机制做重大调整

党的十七大、十八大报告都重申了"中西医并重"的基本方针，2009年《国务院关于扶持和促进中医药事业发展的若干意见》也指出要坚持"中西医并重"的方针。前不久，党中央又强调应切实尊重和有效实施《宪法》。因此，我国不但必须保护和利用中医药，而且必须发展中医药。

环顾全球，在对抗性医药的"理、化、生、高科技牵引"和跨国医药垄断集团运作下，医药费用大幅度快速增长，已成为人类健康、和谐生存和发展的重大现实威胁。为切实解决以定性不清晰的"中西

---

① 《中华人民共和国执业医师法》第三章第二十七条之内容。

医结合"取代"中西医并重"作为我国医药卫生日常工作基本方针和中心任务所造成的严重问题,建议对现行医药卫生管理体制、机制进行重大调整。主要措施可以考虑:

(1) 明确"中西医并重"才是我国医药卫生工作基本方针,建设"有中国特色的医药卫生体系和国民健康保障体系"是相关管理部门和业界的中心任务。鼓励中西医药专业人员深入钻研、准确掌握本专业理论知识和方法技能,依据医疗保健工作需要和受众自愿,各自发挥特色和优势,取长补短、相互配合。

(2) 组建真正从体制到机制都能切实体现中西医并重原则的大部委——国家人口和健康管理委员会,下设人口、中医药、西医三个总局以及保健防疫、食品药品器械等机构,将中药技术研发和临床应用管理之责划归中医药管理部门实行行业内专业管理,实现中西医药之间的平等地位、平行运作。

(3) 国家政策和资金支持在近期内要大力向中医药倾斜,尤其是向县及以下的人员素质保障和传统医药手段应用倾斜。财政资金对医疗机构的投入要按医生数量等多个因素而不仅仅是床位数量来确定中西医的比例。

(4) 进一步改进医药费用管理制度。参照甘肃有关成功经验,采取严格考核和对外公开门诊和住院医药费用总量及结构;取消医院药品加成,同时查处对外泄露药品器械统方数据;严控理化检查费用所占比重、硬化转诊制度;等等多种措施,尽最大努力增加医患信息透明和沟通程度,同时,认真深入探讨按病种收费、超支分担等改进方法,以便更好体现中西医平等、并重原则。

(5) 大专院校应尽快停止设置和招考"中西医结合"专业的本科及以下学历的学科专业和学生,只有获得中医或西医助理医师及以上资格者方可申请攻读为期不少于四年且以未获得执业资格的医师类别为主修的硕士及以上学位课程。

(6) 只有同时获得中医类别和西医类别执业(助理)资格者,方可采用中西医药并用的方法为患者治病。除了固定在全科医生岗位工作的医药人员可以采行专门的教育、就业通道外,现有"中西医结合医"应在5年左右的规定期限中分别通过两个类别的执业资格考试,否则将按考试通过类别重新注册。鼓励中西医发挥各自特色优势,根据治疗需要和患者自愿实现中西医配合,但对超越注册类别行医用药者必须依法惩处。

(7)修改、完善《中华人民共和国执业医师法》,在中医执业医师类别中增加"传统中医"(含"传统民族医")类别,并对应增加"传统中药师"(含"传统民族药师")类别,没有公立与民营体制之别皆可报考,大力鼓励地道传统中医药的传承和发扬。

(原载《战略的中医药:国情分析和国策建议》下册,社会科学文献出版社2018年版)

中医药作为国家战略构成的六大特性和价值

进入21世纪，特别是党的十七大、十八大以来，在党和国家有关方针政策指引下，经过业界努力和社会各界支持，中医药事业总体呈现出前所未有的良好局面。然而，要牢牢把握正确方向，增添克服艰难困苦的信心和勇气，全面、深入、持久地做好"扶持和促进中医药事业发展"的工作，使中医药真正实现健康、自主生存和可持续发展，就必须准确、充分地认识中医药的战略特性，使中医药对振兴民族、繁荣国家所具有的重要战略作用得以切实发挥，而不被误认为只是一项阶段性和局部性的任务和使命。

"战略"一词，是当下应用最多同时也是被误用、滥用最多的。由于"战略"通常被理解为和计谋、定位或模式一类概念密切相关，是可以被人类的主观认识和意志赋予客观事物的，所以在不少场合，战略和计划、战略和策划就混淆等同了。然而，为事物内在本质和关联环境因素所共同决定的该事物的战略特性和战略价值，并非人们从主观认识和意志出发赋予事物和行为的计谋、定位或模式一类的外在特性和价值，而是因事物自身所具有的方向性、关键性、典型性和全局性本质而存在的客观内在特性和价值。

正因为中医药具备了此种客观、内在的战略特性，从而对国家、民族的生存和发展而言，就具有了至少以下六个领域的战略价值。

一 医药卫生战略

"求医问药"（以往多用"寻医问药"，一字之差，在某种程度上反映了医药服务供求关系的变化）居然演变成世界性执政难题，首先肯定是因为当代各国在医药卫生领域都存在一些重大的共性问题。但是，现实生活中各国各地医药卫生产业、行业的管理模式、运行的体制和机制却又不尽相同。这种源于多种因素的影响——从主观目标的设定（如：以"福利国家"为立国建国目标）到客观资源、能力的据有（如：经济发展水平、专业人员质量和数量、地理气候等自然环境）等所造成的不同，又说明各国各地的医药卫生产业、行业存在差别。

因为有共性，故此都要通过"医改"来解决这个世界性执政难题，学习他国他人的"医改"成功经验，汲取失败教训，对解决自身"医改"所面临的一些共性问题应该会有所助益。然而，仅向他人学习，而不深刻理解自身存在的独特问题、不充分利用自身的独特资源和优势，就不可能从根本上解决本国"医改"面临的所有问题，尤其是那些个性比较鲜明的问题（如：我国是世界最大的发展中国家，等等）。只有立足国情，切实依靠和充分利用自身所具有的独特资源、能力优势，设定具有个性色彩的目标和手段，才能最有效、最经济和最及时地解决本国"医改"难题。战略目标的设定倘若不以自身的资源能力为依托为基点，实现起来一定会事倍功半。这是我们强调要用"中国式"的方法来解决这个世界性执政难题的缘由。

建设具有鲜明中国特色的医药卫生体系与国民健康保障体系是当前一项极其必要和非常紧迫的国家重大战略任务，直接关系到"健康中国"国家战略能否成功实施，而中医药是建设这个具有鲜明中国特色的医药卫生体系与国民健康保障体系的战略基石。在此，仅侧重从经济和技术两个角度来论证。

(一) 经济角度：承受力约束刚性和效益有利性

当前，国民医疗保障问题之所以成为世界性执政难题，其关键就难在：无论采用何种费用支付方式，只要无法控制被"当代先进、尖端科学技术"所牵引的医药费用吹气泡式的膨胀，现存各类医疗保障体系的各个支付主体都难以长期承受不断增长的医药费用负担，从而迟早引发社会问题。而我国当前以至今后相当长一个时期都无法承受照搬发达国家的所谓"世界现代先进医药模式"造成的巨大支付压力。

数据表明：尽管近年来我国经济增速持续居于世界前列，GDP 已达世界第二，但人均 GDP 排名只位列全球第 75 位左右，不到美国的 15%①。而从医药费用支出来看，即便 2015 年我国卫生总费用占国内生产总值的比例已达 6%，人均年卫生总费用也达到 2900 元左右，创造了历史最高纪录。可是美国仅医疗开支就占 GDP 的 18% 左右，比我国卫生总费用还高 12 个百分点！美国的人均医疗卫生费用已达 9800 美元左右（人民币 66000 元左右）②，是我国的 30 倍左右③！即便如此，这还是我国卫生总费用的增速连续多年超过 GDP 增速、国家财政卫生支出占卫生总费用的比例从 2001 年到 2011 年翻倍的结果④！如果真要把美国的人均医疗开支水平作为"国际先进医药水平的服务"标准的话，仅医疗开支一项 2014 年我国就需要 89.5 万亿元人民币，而该年我国 GDP 只有 63.61 万亿元！随着我国老龄人口比重

---

① http://blog.sina.com.cn/s/blog_416ba4c90102w5oj.html.

② 美国人均医疗卫生费用只找到 2000—2013 年的数据，年度平均增长 3.5% 左右，2013 年为 9145 美元，按照同比例增长假设，2015 年为 9800 美元左右。

③ 我国卫生部没有公布全国人口的人均年医药费用，作者根据《卫生统计年鉴》和卫生部网站数据推算的结果是 2010—2011 年在 1000—1200 元人民币。按照我国卫生总费用近期的年均增长率 19% 同比例来推断，2015 年人均医药费用可能已经超过 2200 元。而美国的人均医疗卫生支出在 2010—2013 年年均增长只有 3.5% 左右。

④ 按照相关年份《中国统计年鉴》数据计算，2006—2010 年，我国卫生费用年均增长 19.19%，若从 2009—2014 年看年均增速又提高到 19.9%。而我国 2001—2014 年的 GDP 年均增速是 9.8%。

的持续扩大，今后可预见时期内医保费用的缴用矛盾将会逐渐加剧，医药费用的绝对增长所带来的支付压力必将更加巨大。

以上数据中有一个现象是非常值得关注的，那就是 2010—2011 年美国的人均医疗费用还是我国的 40 倍左右，但是仅仅过了 3 年，到 2014 年就只有 30 倍了。美国的人均医疗卫生费用在 2011—2013 年年均增长只有 3.5% 左右，而我国超过 10%。照此情况发展下去，20 倍的日子也可能并不遥远！难道我们真的想要过不吃不喝，把钱都用在看病吃药动手术上的日子吗？！

因此，以美国为典型的用"尖端的理化生检查设备、巨资研发的各类新药和层出不穷的医疗手术新方法"作为技术支撑的高成本的所谓"现代先进医药模式"，绝非当前乃至今后相当长的一个时期内我国的经济发展水平和人民的收入水平所能承受的。我国不应该用也不可能有足够的经济能力来追随、抄袭西方发达国家这种将医药垄断企业利益隐身于"高科技"之后的医疗模式。这还只是单纯分析经济数据得出的必然结论。

（二）技术角度：有效性和合理性都是硬道理

（1）中医药不仅在过去而且在当今乃至今后都是养护健康、防治疾病的有效手段。

毫无疑问，尽管中医药和西医药从哲学基点、方法论到直接目标和手段都存在重大区别甚至某种程度的对立，但两者都是人类维护健康、防治疾病的有效手段。必须指出的是：少数人认为，只有用现代西方医药知识理论和方法手段能够解释、验证的中医药理论和方法才是"科学"，否则就是"伪科学"。这种认识从否定在任何历史发展阶段人的认知能力都是有局限的这一基本事实出发，不但否定了真理的实践性和相对性，而且否定了科学的开放性和渐进性，是一种片面和短视的认识。包容于中医药知识理论之中的深邃的中国哲学思想以及广博浩瀚的植物学、动物学、矿物学、物候学、地理学等知识绝不能"依样画葫芦"，简单地搬用西医药学的理论和方法来裁定、套改。

迄今为止，我们不能解释的自然现象乃至人体自身的功能效用还不计其数，但这并不应成为我们彻底否定其存在的理由，更不应成为我们永无止境地探索真理的羁绊。

如同我们关于中医药的基本定义所述，"中医药是中华民族用数千年的时间和亿万人的生命实践不断发现、创造、积累、检验和完善所形成的，关于如何认识生命、健康和疾病的本质和表象，如何把握整体和局部的相互关系，协调运用外部和自身力量来养护健康和防治疾病，正确认识和处理人与自然、人与人以及人体自身各个部分之间的关系，从而使得人类能够与其所赖以生存的周边事物和环境有序、和谐、可持续发展的，一个原创的、独立的、完整的知识理论和方法技能体系"。五千年来中华民族能够生生不息、日渐强盛，中医药的确功不可没，这是任何尊重事实的人都无法辩驳的历史事实。

非但如此，即便是对由于各种化学污染、物理污染造成的生理疾病和由于生活工作节奏加快、人际竞争激烈造成的心理疾病此两大类所谓"现代疾病"而言，如若民众都能理解和把握中医药重视"治未病"，强调"食饮有节、起居有常、不妄作劳""性命双修、形神共养"的特点，从注重食品安全、完善生活规律和重视精神调养等多方面做起，现代疾病的危害就可能在相当程度上被抑制、从而被消除在萌发阶段。传统中医药在当代依然勃勃生机，依然可以祛病强身、保家卫国的事实，不仅从广东运用中医药方法防治SARS、北京引用古方研发中药新药治疗甲流等当代重大流行性疫病的成果中得到明证，甚至在救灾抢险的应急场合运用中医药简易方法而有效防治了部队群体性伤病的事例也绝非仅有。故此，说中医药是当代乃至今后人类防治疾病、养护健康的有效手段言之有据。

（2）应用中医药养身健体、防治疾病是人类合理的上佳选择。

对浩瀚宇宙和广袤自然而言，人类到底是什么角色，又应有何种作为？这是与医药学的哲学基点密切相关的根本问题。中医药学是传统农业文明的产物，信守"天人合一""天人相应"：人不过是自然万物之中的一类生灵,因此应该敬畏天地、顺应自然,与周边环境和其他生灵和谐共生、各得其所。而人自身也是一个各部分间密切关联的"小宇宙",之所以患病,主要是人体功能出现了问题,如阴阳失衡。因此强调养生——防重于治,强调辨证施治——着眼个体差异和整体调整,强调"固本培元""扶正祛邪"——保护和培养患者自身内在的抗病机能。而西医药学是近代工业文化的产物,崇奉人的自主创造力,把人看成是万物主宰,"物我两分",要"人定胜天",擅长线性思维的分析还原思考方法。认为人之所以有病,主要是人体部分物质受外部因素影响出现了问题,而医药学就是以医者为主导,用人造物质和人为手段去"努力找病、除恶务尽"①。

世界卫生组织曾将21世纪的医学发展方向归纳为八个方面的转变,即:从疾病医学向健康医学发展,从重治疗向重预防发展,从对病原的对抗治疗向整体治疗发展,从对病灶的改善向重视生态环境的改善发展,从群体治疗向个体治疗发展,从生物治疗向身心综合治疗发展,从强调医生的作用向重视病人的自我保健作用发展,从以疾病为中心向以病人为中心发展。对照之下,中西两种医药学究竟哪一种更符合今后医学的转变方向,哪一种又是迫切需要转变的,应当不言自明。从更广泛、更长远的角度看,两相比较,究竟哪一种医药学的认识和方法对人类与自然"长相厮守"更为有利,同样应当不言自明。

对于生理上的"弱势群体",中医药的优势更加明显。以我国现实为例,由于前一时期普遍存在"以药养医"的不当市场化行为,过度医疗带来了一些医源性和药源性问题,其中滥用抗生素的现象尤为突出,国家卫生部曾指出:我国患者抗生素的使用率达到70%,是欧美国家的2倍,而真正需要使用的还不到20%。"预防性使用抗生素"成为典型的滥用抗生素行为②。为此我国受到国际医学界的关注

---

① 国医大师陆广莘语。
② 互动百科词条:抗生素,http://www.baike.com/wiki。

和批评。但是，如果我们能够普及应用中医药服务的话，那么婴幼儿就有可能较少受到抗生素、激素的早期危害，有利于其自身免疫系统的正常发育成长，而老年人也能更多地利用生命的"自组织、自演化、自适应、自稳态和自调解"功能，即便是"带病生存"，也总比动辄施行各类外科手术和放化疗更合乎天道人情。对于老年病、慢性病，应用中医药结合中国传统特色食疗、心疗等方法，其优越性更为明显，为有效化解我国老龄化社会的医疗保障重大难题提供了"定海神针"。

在以上所作的分析中，如果说经济承受能力的分析所得到的是一个刚性结论的话，那么对技术有效性和合理性的分析所得到的就是对于刚性结论的刚性支撑。事实上，在技术路线和经济成本之间存在非常直接而且密切的关系，决策选择的普遍结果往往是技术路线的选择决定经济成本。决定我国医药卫生体系和国民健康保障体系的建设方案同样无法回避这一规律。因此，中医药为其自身哲学基础、认知路径和行为规则所决定，从养生保健、疾病预防和治疗多个方面都具备成为我国医药卫生战略基石的特性和价值。

二 经济战略

（一）普及中医药服务可以明显提高医药卫生领域的社会经济效益

现在中医药业界有不少人士反对把"简便验廉"中的"廉"作为中医药特色优势来强调。因为前一时期医药卫生领域过度市场化，在商业贿赂成为医药机构分割市场份额的利器的环境下，中医药这一特色优势反而"南辕北辙"地成为从业人员获取合理经济报酬的障碍，以至于不但打击了他们对传统医药理论和技术的学习热情和进取心，甚至削弱了他们对"医乃仁术"医德的固守意愿。但是，正像甘肃省在决定医改时所强调的现实条件那样：因为和其他省区市相比甘肃是个"穷省"，所以要"用最简单的方法解决最基础的问题，用尽可能少的费用维护居民健康，走中医特色的医改之路"。那么，从国别对比角度来讲完全应该情同此理：我国的多数人均指标和发达国家相比差距甚大，是一个确确实实的"发展中国家"。在此情况下，如果我们还"言必称希腊"，硬要把发达国家已经危象丛生的"现代先进医药模式"作为我国医药卫生体系和国民健康保障体系的"范本"，退一万步讲，也是"未富先奢"的陋习在医药领域的表现！现实和逻辑都告诉我们："最简单的方法"必然是对日益复杂化、高度商业化的"当代先进、尖端"医药硬件技术依赖最少的方法，而"尽可能少的费用"也只有通过努力采用"最简单的方法"才可能实现。

卫生部门的统计表明：近些年来，即便是在需求旺盛而导致中药材价格持续提升的情况下，全国平均而言，和以西医药为主体的综合医院相比，中医院的门诊人均次和出院人次的医药费用仍然要低15%—20%。由于大力推广中医药服务和切实惩处过度医疗并举，甘肃省中、西各类医院合计的此两项费用更是较全国平均水平要低40%—50%。受卫生部门公开数据不足的约束，笔者只能用2010年和2011年两年可获得的数据进行比较保守的推算，结果是：如果全国除甘肃和西藏以外的所有省、自治区、直辖市都能把此两项费用降低到甘肃已经达到的水平，那么全国一年节约的医药费用总数很可能达到甚至超过5500亿元。仅用这笔费用，按照2011年的推算数据，就可以单独满足近5亿户籍人口一年的门诊和住院医药费用！对于一个13亿人口的国家，这样的推算结果无疑是令人惊喜和感叹的。也许有人质疑：相对低廉的医药费用对甘肃民众的健康是否产生了不利影响？国家统计数据是对此的最好回答：在西部十省份中，非但甘肃省的人口出生率和死亡率等指标并不处于落后位置，而且平均预期寿命排列靠前，从2000年到2010年这一指标的增长幅度更为靠前[1]。

---

[1] 据《中国统计年鉴（2012）》有关数据计算，甘肃增长幅度为7.1%，在西部10个省份位列第三。

（二）中医药是我国产业经济的重要组成部分，对"三农"经济、边远和贫困地区经济发展的拉动尤为明显

认定中医药是我国民族传统产业的典型，不仅因其历史悠久、应用普及，具有鲜明人文地域特征，更因其具备跨接三大产业、多个行业的完整产业链，产业的结构丰富、形态齐全、关联紧密、分布广泛。

仅从第一产业的中药材野生采集和人工种植来看，全国公认的道地药材品种就至少有200余种，十几个主产区基本覆盖我国所有省级行政区划。除此之外，各省份的区域性道地药材更是数不胜数。以开展中医药工作颇具特色的山西运城地区为例，调查核实的常用植物、动物和矿物中药就有557种之多，其中地黄等十余种不但在国内有较大影响，还出口他国。前些年就做到了中药材种植面积40万亩，年产值近4亿元，对当地经济有较明显的带动作用。在全国多数省份，尤其是在西部一些欠发达地区、贫困地区，都有用中药材种植和粗加工带动"三农"经济发展的实例。甘肃在"中医特色的医改之路"上不断进取的同时，中药产业也得到省委、省政府的高度重视，持续稳定发展。在第二产业内，不但有一些闻名遐迩的百年老店，还有改革开放后创办的一大批中药加工制造企业，其中不乏独具地区和民族特色的厂家。近年来藏药、蒙药和苗药等兄弟民族传统医药使用范围的扩大就与中药加工制造业的发展有密切关系，彰显了中医药带动民族地区经济发展的潜力。至于在第三产业，从药材药品流通到医疗保健服务再到教育科研文化等领域，中医药相关机构就更如满天繁星了。虽然国家统计部门从未发布过三大产业内与中医药相关的就业人数，但粗略估计近几年中应已远超一千万人，受益人口可能接近三千万左右[1]。

---

[1] 以中药材产量、人工栽培种植面积均居全国前三位的河南为例，十大产区中仅西峡一县从事中药材种植的就曾达到过6万农户，加上粗加工等业受益人数超过20万人。见"西峡县中药材产业巡礼"，http：//www.docin.com/p-1837779550.html。

而今，放眼国内，从平面到立体，几乎所有类别的媒体都"傍上了"中医药，涉及内容由表及里、由浅入深、无所不包；中药产业产值2011年达到4178亿元①，在"十一五"时期年均增长22%。2015年实现了7300亿元，预计2020年很有可能达到2万亿元；中医院诊疗人次从进入21世纪以来也以年均约10%的速度增长；不但直接服务于民众身心健康的中医药需求服务明显旺盛，对食品安全保障具有明显效果的农用传统中医药（中兽医药等）也呼声渐高；尤为可喜的是，在甘肃，我们看到数十年不见的中医药院校招生红火局面重现：非但录取分数线达到了文科第一、理科第二，且所录取学子基本上都是第一志愿报考者，显现了中医药"长征接力有来人"的新时期可持续发展的曙光。眺望寰宇，尽管路途依然遥远而艰辛，但"中医药走向世界"正在迈开坚定扎实的步伐，中医药服务遍及全球180多个国家和地区，而且越是发达国家的民众对中医药的接受程度越高，从针灸合法化到中医药合法化的方向渐趋明朗；可以断定，这般万千气象必将孕育出中医药产业经济发展的更大更好机遇。

（三）中医药是我国在全球医药经济领域的核心竞争力

在市场经济环境下，无论是国家还是企业，保障和拓展生存发展空间的首要战略举措就是培植、巩固和壮大自己的核心竞争力，而核心竞争力的通俗表达是"让竞争对手难以模仿更难以超越因而难以替代的独特竞争优势"。

毋庸置疑，和其他经济领域一样，当今医药经济领域同样存在"全球化"现象。"科学无国界、利益有主体"。在对中医药"科学"和"文化"属性产生争议的背后，是医药领域国家间、企业间的经济利益角逐。正因为中医药和西医药是从哲学基点、方法论到直接目标

---

① 引自《中国中医药报》2013年3月8日第2版王国强同志对记者谈《将中医药发展纳入国家战略》。

和手段都有明显区别甚至某种程度上的对立的不同体系，因此，这些不同在满足疾患防治需求时就会形成可选择、可替代的关系，进而衍生出相互竞争的关系。

然而，不但中医药的知识理论（如：阴阳五行、五运六气）和方法手段（如：理法方药、君臣佐使）是深植于数千年中华传统文明的沃土之中的，而且无论是道地中医药服务的提供者还是索取者都需要一定程度的中华传统文化熏染，这样一个深厚、玄妙的背景就给不同文明、不同文化背景的外国民众尤其是医药从业者带来了极大困惑和不少困难，使得以近代工业文明为起点、以现代物质科学为主要支撑的西医药界难以在短时期内实现对中医药的深入理解和准确运用，更难以对其全面破解和彻底重构。

事实上，暂且不论文化多样性和科学民主性的必要，即便从现实情况来看，哪怕是在极其直观、感性的艺术领域，普天下能够真正做到"中西会通"的人也是凤毛麟角。更何况医药是事关人类身体健康和生命安全的第一要务，在各自都是极其复杂深邃且尚有巨大发展空间的两个医药学体系面前，轻率主张从理论研究到临床实践全线推行以融合为实质的"中西结合"，极有可能产生三重危害：对国家，消解了因有传统中医药特色优势的存在而在世界医药经济领域所具有的核心竞争力；对行业，自惭形秽，妄自菲薄，在西方医药界已经开始认识到自身局限，试图通过向传统医药和其他民族医药寻求出路的关键转折时刻，特别是在党中央、国务院明确重申"中西医并重""扶持和促进中医药事业发展"大政方针的大好形势下，"南辕北辙"地走偏、走错方向，痛失百年不遇的复兴发展时机；对从业者，特别是中青年从业者，可能把"中西会通"这样一个绝大多数人奋斗一生都难以实现的愿望当作自己职业生涯的起点和依靠，在中西两种医药学体系之间"心挂两头、踯躅彷徨"，耽误了有利于"术有专攻""业精于勤"的大好青春年华。

必须引起高度警觉的是：一方面，当前我国优秀中医人才和优质中药资源都处于紧缺状态，而海量优质中药材被作为植物化学药的

"提取物",以原料和半成品形式廉价批量出口,加工附加值严重流失国外,一些传统中医药人才也因行医资格和职业环境方面的困难而流失到国外谋求生存发展;另一方面,在国内市场上,化学合成药物和生物制剂、复杂医疗设备器械中合资和外资企业具有知识产权的产品所占份额已远远超过了半数。如此局面,不容轻描淡写,更不容视若无睹。我们必须深刻理解和切实贯彻党中央、国务院有关方针政策,以"先治疗、后滋补""先国内、后国外"为序,把扶持中医药特色的推广、促进中医药优势的发挥作为中医药工作的中心内容和紧迫任务,认真解决中医药机构"不姓中"的问题,在做好公益性的公共卫生医药服务的同时,广泛动员社会各界力量,从第一、第二、第三产业和各相关行业全面推动中医药产业经济的发展,不断增强我国在国内、国际两个医药市场中的竞争优势。

经济战略特性和战略价值的分析表明:对国民经济整体而言,中医药是一个既有开源之功又有节流之效的领域;对国际医药经济领域的竞争而言,中医药是我国独具特色优势的核心竞争力所在。

三 文化战略

(一)中医药既有科学属性,也有文化属性,是中华优秀传统文化和传统科技的结晶,是中华文明的重要构成部分和"打开中华文明宝库的钥匙"

前些年有关中医药的争议有一现象颇为值得深思:以中医药是文化而不是所谓"科学"为依据,个别人主张将中医药从国家医药卫生体系中开除出去,甚至狂妄声称要废除中医药。而一部分认可中医药的人士也对把中医药说成文化耿耿于怀,认为此说贬低了中医药价值和地位,主张要强调中医药的科学性。虽然在此不宜对"文化"和"科学"的合理定义做深入探讨,但有一点必须强调:无论科学,还是文化,都只是人类认识、应对客观世界的角度和方法,两者间绝无高下对错之分。笔者曾提出:如将政治比喻成把握社会总体的方向舵，经济就是发动机，而科学和文化则是双翼。科学侧重于解决与物质有关的问题，而文化侧重满足精神方面的需求。一旦两翼失衡必然导致重大社会问题产生。

不愿意把中医药说成是文化，根源在于把文化狭义地理解成表象或形式，如文字、图形、色彩、音符等。实际上广义文化最重要的是包括了精神和行为的诸多方面，从世界观、人生观、价值观直至日常的思维方式、行为习俗，不一而足，是人类历史上所创造的"生存式样系统"。而文明含义则更为广泛深远，涉及人与自然、人与社会间、人与人间的关系的认识和处理。

至于医学，国内外有识之士都已提出：因其行为主体与客体都是人类，而人类是应从生物、精神与文化等各个层面的定义结合起来认识的高等生物，因此医学应该属于跨接自然科学和人文科学的第三类科学。同理，中医药体系既有科学属性，又有文化属性。言其科学，因其揭示了生命、健康和疾病的规律，并建立了系统的知识理论体系和有效的应对方法技能体系；而言其文化，则是因其完整体现了中华民族的传统宇宙观、人生观和价值观，存活于中华儿女世代相袭的生活方式与行为规范当中，带有鲜明的人文特色。

我国哲学界有学者提出：非但是"医易同源"，中医药与儒、释、道都有一定的渊源关系，同时中医药又有其综合性、独立性的一面。准确讲，中国哲学和中国传统文化应是儒、释、道、医"四足鼎立"的集大成者。从中医药的知识理论到方法技能再到物质手段，内涵和外延都广泛地涉及诸多精神要素和物质要素，从五千年前绵延不绝地传承至今，深刻影响了我国民众的信念习俗，很大程度上转变为日常起居饮食等行为的规律和规范。从这个角度看，中医药的确是我国古代文化和文明各项成就中历史最悠久、系统最完整、应用最普及的。没有中医药的复兴，就不可能有中华文化的真正复兴，而没有中华文化的真正复兴就不可能有中华民族的全面复兴。

(二) 文化是国家在当代国际社会影响力的决定因素之一，是国家竞争软实力的构成部分

当今国际社会不但存在政治角力、经济竞争和军事较量，而且存在文化交流和竞争。甚至可以说，由于文明程度的普遍提高，国家文化实力在国际竞争中的使用率和影响力有了更多的机会和更大的空间。而"文化多样性"的概念被逐渐推广和接受，必将极大地促进不同文化的交流、沟通和竞争。

如前所述，广义文化是一个"生存式样系统"。因此我们不能仅看到文化对精神生活的影响，而且要看到它对物质生活的影响。医药是人类维系身体健康和生命安全的重要手段，故此医药文化也可以说是人安身立命的文化之一。有什么样的医药文化，就有什么样的医药行为习惯，最终就会有什么样的医药产业。

根据 2009 年发布的《中国现代化报告》，如果偏离中医药的基本原理，违背中医药的内在发展规律，把跟踪模拟西方现代医药的"现代化"作为发展中医药的主要手段，结果必然是"舍本逐末"，丢了中医药的特色优势不说，还极有可能"引狼入室"，不自觉地为国际医药垄断企业打压中华民族传统医药充当了开路先锋。

经历了四百多年发展，意识到过分强调人的自主创造力和过度对自然的索取、改造行为所带来的严重恶果，西方发达国家中"后工业化""后现代化"的思潮和主张在逐渐深化和传播。西方医药界逐步意识到人工化学合成药物和外科创伤手术的局限性，开始在"替代医学""辅助医学""自然疗法"等旗号掩饰下转向其他民族的传统医药寻找出路。众多跨国医药大企业纷纷在我国设立研发中心，就是这一动向的典型表现。

在当前形势下，只有真诚面对党和国家大力"扶持和促进中医药事业发展"、广大民众踊跃学习和应用中医药知识方法的国内大好形势，清醒认识国际医药领域日趋激烈的竞争态势和国外利益集团竭力侵占我国巨大医药市场的用意，才能把中医药文化宣传和建设工作列入优先和重要的工作日程，才能切实培育、大力增强和充分发挥中医药文化作为软实力在国内、国际医药利益竞争中的有效作用，让中医药文化这一民族瑰宝为人类健康事业作出更大贡献。

四 安全战略

（一）民众身体健康和生命安全是立国兴邦之本，中医药为此提供了双重安全保障

"国以民为本""安民保民"是治国第一要务。对民众而言，唯有身体健康和生命安全有了保障，对生活、事业等各方面的追求才有意义和价值。为此，选择及应用涵养身心和防治疾病的方法和手段的重要性凸显。人类行为学的知名分析方法——马斯洛需求层次理论，也将生理需求放在第一位，安全需求放在第二位，其他都被排列其后。据此可见，对身体健康和生命安全的重要性的认识是一种国际共识。

中西医药都是人类防御疾病侵害的有效手段，之所以说中医药是我国民众保障身体健康和生命安全的战略工具，不仅是因为中医药的治疗理念和方法更多地"法于阴阳、合于术数"，由此可能带来在保留药物活性、避免耐药性、控制毒副作用等方面一定的优势，增加了微观、技术层面上的安全性；更重要的是：中医药是我国自主原创，且历经五千年漫长岁月、亿万人世代相传的生命实践检验的一个完整的知识理论和方法技能系统。尽管近代以来中医药多次遭受打击压制，但毕竟是数千年光阴和亿万人心血合力浇铸所成，绝难被轻易扼杀。这样就可以在遭遇灾难病害肆虐的关键时刻，为我国民众提供一个护卫身体健康和生命安全的格外可靠、可信的手段。我们看到：在现代医学因没有确认病毒病菌种类而无从应对之时，中医药已经打响了与SARS的战斗，而且没有给所治疗的患者造成后遗症；当国家为了用昂贵的进口现代化学药物和生物

制剂防治全球性重大流行性疫病，不得不拨付数十亿元资金之时，中医药已经用经典方加减重组，花费不到两千万元就研发出疗效更胜一筹而价格却不到进口药物四分之一的普及用药来了。

"安全"的要义，首先在于对危害的预测和预防，而不在事后处置。备选方案的数量、实施手段的多寡和何种程度的主动可控性是判定"安全"程度的关键。对身体健康，中医药高度重视日常养生保健，主张"上工治未病"、要"未病先防、既病防变"，在预防医学领域从创发年代到体系完整程度等多个方面遥遥领先于国外。这可视为中医药给我国民众提供的一种事前的健康安全保障。同时，在治疗疾病方面，中医药明显区别于现代西方医药的特色优势，又为和病魔斗争、捍卫生命的尊严和权利提供了一种事后的安全保障手段。应进一步说明的是：中医药不仅为我国民众的身体健康和生命安全提供了更多的方法手段，而且至关重要的是：中医药的知识原理为我国原创，所用方法手段和物质资源在我国又拥有极高的自主性和可及性，故此从丰富可选方法手段和确保所选方法手段的自主可控程度两个方面极大地提高了我国民众的生命安全保障程度。

（二）除了民众身体健康和生命安全之外，中医药还为我国民族文化、经济等多个领域提供了安全保障

除了为养生保健和防治疾病提供安全保障之外，中医药作为"安全"战略工具的价值还有很多方面。以下从直接到间接略加陈述。

现在，食品安全已成为热点中的热点问题。在构成"现代疾病"的各类生理疾病中，"食源性疾病"可谓是最普遍、最经常也是危害最大的。一日三餐，无论是植物源性还是动物源性食品，甚至在呼吸、饮水过程中，我们摄入了过多的化学和生物学有害有毒物质。那么，反躬自问，难道没有现代人工化学合成的肥料、药物和五花八门的"添加剂"，没有现代生物学制造的激素、疫苗和抗生素，我们真就生产不出来"放心食品"了吗？！且不说我国农学在古代曾领先于世界，助力了中华民族的生息繁衍，就是现今在我国依然有不用一丁点儿化肥、化学或生物农药、兽药而全面坚持使用传统农用（植物、动物）中医药的生态种植业、养殖业存在。中医药国情调研不但发现了用中医药技术养育的、符合欧洲食品标准的生猪养殖机构，还发现了类似的养鸡、养羊、养鱼机构。事实说明："非不能也，实不为矣。"农用中医药与人用中医药从根本上是同宗同源、同理同法的，如能重视和切实恢复农用中医药在种植业、养殖业中的使用，我们的食品安全程度必将有大幅度的提高。

近年来，由于党中央、国务院的重视和引导，不仅中医药领域又呈现了蓬勃生机，而且带动了"国学"的复兴。民族的复兴离不开民族文化的复兴，而中医药是传承、传播、推广、应用中华民族优秀传统文化最有实效的途径之一。因此，中医药也就成为中华民族传统文化的安全屏障之一。

在经济产业方面，我国是中医药知识理论和方法技能体系的原创者，因而中医药的产业基础、产业竞争力和产业市场是深深植根于中华大地的辽阔疆土之中，和亿万民众的起居饮食、生老病死紧密相连的。从而产生了中医药和其他产业尤其是现代引进产业明显不同的"本土性"或曰"根性"，当我们在"以市场换技术"的认识误区中陆续痛失了一些产业、行业的话语权和主导权的同时，中医药作为一个以中华传统知识理论和方法技能为基础的民族传统产业，让试图全面控制我们医药市场的跨国垄断企业"如鲠在喉"，但却难以轻易攻克、夺占。

以上所述种种，鲜明地表明了我们将中医药作为我国国家安全战略组成部分的缘由。

五 生态文明战略

（一）建设社会主义生态文明是新时期一切工作包括医药工作的战略导向

如果说"生态"只是生存状态的中性表达，而且没有明确的行为主体所指，那么"生态文明社会"则不同：不但明确了社会总体是行为主体，而且为社会总体的生存状态赋予了鲜明丰富的"生态文明"性质。以我国具体情况而言，党的十八大提出生态文明建设。而在当前"资源约束趋紧、环境污染严重、生态系统退化的严峻形势"下，要实现这一目标，举国上下就"必须树立尊重自然、顺应自然、保护自然的生态文明理念"，"把生态文明建设放在突出地位"，作为一种战略目标、战略路径和战略举措，将之"融入经济建设、政治建设、文化建设、社会建设各方面和全过程"，并且"一定要更加自觉地珍爱自然，更加积极地保护生态，努力走向社会主义生态文明新时代"①。

简言之，生态文明作为关系人民福祉、关乎民族未来的长远大计，必须建立在社会总体（包括国民整体和个人）对生态文明的深切认同基础之上，并全面体现在思想意识和行为举止之中。作用于维护人类健康和生命安全的医药领域无疑是其中关键的一环：一方面，生态文明程度的高低对人类健康和生命安全程度有重大影响力；另一方面，医药领域的理念认识和方法行为对生态文明、对生态社会的建设也存在直接的影响。

"尊重自然、顺应自然和保护自然"是生态文明理念的三大基本构成要素，而作为中华传统文化核心构成部分的中医药无疑是全球医药领域内体现这三大要素最为全面的"典型范例"。

在理念方面，中华优秀传统文化和中医药的生命观的基点"天人合一""天地者，万物之父母也"，认清了人是大自然的产儿而不是造物主，对天地应有敬畏、尊重之心；健康观、疾病观和方法论的"天人相应""道法自然""法于阴阳、合于术数"，意识到人和自然是互相感应的，应该采用符合自然规律的方法来护卫健康和防治疾病；在医药物质手段的运用中有"相生相克""生克制化"的关系学认识，

---

① 参见《十八大以来重要文献选编》（上），中央文献出版社2014年版，第30—32页。

提示人们：虽然每个物种都有其独特之处，但在生态系统中是和其他物种互相依赖、彼此制约的，"天地之大德曰生""和则相生"，主张人类应该珍爱生命，和自然界的各种生灵协调共处。

在实践方面，养生保健，中医因应"春生、夏长、秋收、冬藏"的四季变化规律来指导民众顺势而为。并指出"恬淡虚无、真气从之，精神内守、病安从来"，主张从日常注重自身心境行为与自然环境转换、人际环境改变之间的关系调适来缓解精神压力等方面做起。防治疾病，首先是因时、因地、因人而异，充分顾及时空环境因素和人体个性差异，辨证论治；其次，中药取材于天然植物、动物和矿物，讲求道地和取用有法有度，以"四气五味"分其药性，又以多种炮制方法使其减毒增效，得以更好发挥"升降沉浮""归经"等作用机理；最后遵循"理法方药""君臣佐使"等由宏入微、主从有序的逻辑和规律灵活变通行医用药。可谓是事事、时时、处处都体现了人与自然的和谐、协调关系。现代生物学的研究证实，人类在进化过程中用了数百万年时间来接触、了解、辨别和应对各种自然环境和自然物质，使人体具备了对自然环境和自然物质"天然正确"的反应功能。消化酶的高度催化功能和专一性就是其中的重要表现。而人为制造的环境往往不利于人体的正常发育和健康成长，人为制造的物质非但不容易被人体消化吸收，更不能被自然环境所降解转化，极易产生难以治愈的人体和环境危害。因此，纠正前一时期对中药资源过度开发和不当扩大使用范围的错误行为，真正按照中药的天然物属性和生长规律，严格制定采集、种养和炮制的方法，合理控制药材生产规模和使用方向，把中药资源作为战略资源来管理，对于修复生态、保护生物多样性和实现中药产业的生态战略价值至关重要。

（二）精神文明也是生态文明构成要素，"大医精诚"是构建新时期人际生态和谐切入点之一

必须强调指出的是：仅从物质层面来理解生态文明的含义和建设

生态文明社会的目标是不够的。"生态"并不局限于人和自然的关系，而且涵盖了人与社会、人与人的关系，所以生态的和谐不仅是物质层面的和谐，而且是决定人类行为的思想意识、精神境界层面的和谐。因此，生态文明必定是自然生态文明和社会生态文明叠加的文明形态。某种意义上我们甚至可以说，离开精神文明就不可能有真正的物质文明，更不可能有真正的生态文明。单纯用金钱和生活资料的丰歉程度来评价物质文明的程度，必然导致"资源约束趋紧、环境污染严重、生态系统退化"。

认真学习和领会党中央、国务院"努力走向社会主义生态文明新时代"的党纲国策，就要把生态文明建设贯穿于日常的生活和工作之中，包括医药卫生工作之中，而其中尤应重视的是当代医药领域内精神层面的生态文明建设。中医药历来强调对行医用药者的精神境界和职业操守的要求，从《黄帝内经》的"天覆地载，万物备悉，莫贵于人"，到唐代孙思邈的《大医精诚》："凡大医治病，必当安神定志，无欲无求，先发大慈恻隐之心，誓愿普救含灵之苦，若有疾厄来求救者，不得问其贵贱贫富……皆如至亲之想，亦不得瞻前顾后，自虑凶吉，护惜身命，见彼苦恼，若己有之……一心赴救，无作功夫形迹之心"，再到明代李时珍的"夫医之为道，君子用之于卫生，而推之以济世"，中医药"医乃仁术"的核心医德观念一以贯之，是医药领域生态文明建设的正确导向。前一时期医患关系紧张局面的产生，既有医疗领域不当市场化的外部影响，也有从业人员对自身精神文明、医德医风要求不严的内在因素。配合医改有关政策措施的落实，在合理制定和实现医药从业人员应有待遇的同时，大力加强继承和弘扬中医药良好医德医风的工作，必将对医患关系的改进产生有益的影响，不仅为医药领域生态文明建设，而且为我国生态文明建设在人际关系领域的推进发挥极具示范意义的作用。

以上所述表明：从理念到实践，从人与自然间的关系到人与社会、医者与患者之间的关系，中医药都符合生态产业和生态文明社会构建者的特质，对我国生态战略的实施具有不可忽视的价值。

六 科技创新战略

（一）中医药是新时期我国实现自主原始创新最具潜力的领域

有专业人士强调：中医药和西医药在 16 世纪以前并无重大区别，而当代的中医药和西医药之所以存在明显区别，是近代以来西医药在跟随时代进步，而中医药因循守旧，落后了。把以物质为关注中心的自然科学的发展当成时代进步的唯一或首要标志，这样的观点虽有失偏颇，但的确陈述了一个历史事实，那就是：当代西医药学实质是以近代自然科学，尤其是实验科学的诞生为起点、以现代自然科学的发展为主要依托形成发展而来的。这也是那些认为只有西方现代自然科学才是唯一科学的人士坚决否认中医药是科学的最根本缘由。而一旦我们回归到科学的一些最基本定义，如："科学是如实反映客观事物规律的分科知识体系""科学就是整理事实，从中发现规律，作出结论"[①] 等等的时候，又有谁能否认有五千年历史的中医药学不也"揭示了生命、健康和疾病的规律，并建立了系统的知识理论体系和有效的应对方法技能体系"这一事实?！

党的十六大以来，党和国家把增强自主创新能力、建设创新型国家作为面向未来的重大战略选择。不久前召开的党的十八大又提出："要坚持走中国特色自主创新道路，以全球视野谋划和推动创新，提高原始创新、集成创新和引进消化吸收再创新能力，更加注重协同创新。"强调了科技领域"中国特色自主创新"对提高社会生产力和综合国力的战略支撑作用。

相当数量的科学家认为：21 世纪科学技术的主要发展将体现在信息、生命、航天和新材料等领域。医药学与生命科学直接关联，因此极有可能成为热点之一。而西方发达国家医药界的最新研发动向同样表明：在经历了二百年的深度研发和高速发展后，以医者为中心、以

---

① "进化论"奠基人、英国生物学家达尔文语。

病灶为靶点的对抗医学连同以人工合成为主的化学药物和外科创伤性手术的局限性已经暴露得比较充分，寻找新的医药理念和方法迫在眉睫。世界卫生组织关于21世纪医学发展方向的归纳准确表达了有关认识，即：应该从疾病医学向健康医学发展，从重治疗向重预防发展，从对病原的对抗治疗向整体治疗发展，从对病灶的改善向重视生态环境的改善发展，从群体治疗向个体治疗发展，从生物治疗向身心综合治疗发展，从强调医生的作用向重视病人的自我保健作用发展，从以疾病为中心向以病人为中心发展。任何对中医药有所了解的人士都不难据此判断：传承千年如今依然活跃的中医药从理论到实践都已经是当今世界各个医药学体系中最为符合上述八个发展方向的。以中医药基本原理和自身发展规律为立足点和出发点，针对我国和全球医药学的发展需求，坚持在继承基础上的自主原始创新，是我国中医药界和科技界落实国家科技创新战略亟待准确认识和妥当把握的一项重要课题。

事实无可辩驳地证明：尽管由于受过度追求物质财富积累所产生的"多因素生态、生活方式"影响，人类的疾病谱系发生了明显的变化，尤其是产生了一些具有较强传染性和较大危害性的甚至是人畜共患的新型流行性疫病，同时，精神心理疾病也因利益竞争加剧、人际关系紧张而呈现异样高发趋势，但中医药依然大有作为：从介入"非典"治疗获得"零感染、零转院、零死亡和零后遗症"的优异疗效，到用经典方加减重组、低成本研发防治"甲流"的有效、低毒副作用的中药组方"金花清感"方；从将砒霜成功运用于治疗白血病获癌症研究创新成就奖，到发明"青蒿素"为数百万患者解除疾患痛苦荣获"小诺贝尔"拉斯克奖直至诺贝尔医学和生理学奖；在最尖端的航天医学内中医药也得到了应用，这些具有突出应用价值的科技成就，每一个从根本上都离不开对传统中医药知识理论和方法技能的深入理解、准确把握，是我国医药科技领域正确处理继承和创新关系，实现自主原始创新的典型范例，为我国今后在临床治疗和药物研发方面更好地坚持自主创新指明了正确方向。

（二）中医药哲学观和方法论对科技创新基本方向独具重大指导意义

对科学技术基本属性的认识必然是建立在一定的哲学观之上的，而为实现科学技术的创新发展所采行的方法路径则必然是从上述基本哲学观衍生而来。在近代以前漫长历史时期中，种植业和养殖业是人类赖以生存的主要手段，经年累月与自然界万事万物的日常交往实践使人类意识到自身能力相对于自然力量的微不足道，因此更多地把接触、理解和适应自然作为奠定认识基础和寻求能力发展的目的与途径，"尊重自然、顺应自然和保护自然"成为人类通过切身体验所领悟到的根本生存之道——"天下大道"。然而，以蒸汽机和电气技术的发明为代表的近代工业革命，在让人感觉自身创造力似乎具有无穷发挥空间的同时，又带来了物质财富的迅猛增加，于是人类的想象空间和物质欲望急速攀升，"人应胜天""人能胜天""人定胜天"的信念逐渐在科学技术和社会生活的各个领域传播蔓延，对自然的崇拜逐渐被对科技创造力的崇拜所取代，人类开始以自然界乃至宇宙的主宰自居，在极个别科技研发领域甚至出现了违背自然规律、突破基本人伦道德底线的"创新"尝试。

无论是发达国家已有的经验教训，还是我国经济建设和社会建设的实践都告诉我们：面对无边无际的宇宙和气象万千的自然界，在迄今为止乃至今后相当长时期内的任何历史发展阶段，即便是借助于日新月异的科技手段，人类对宇宙和自然界的认识能力都是有相当局限的。我们已经完全理解了的自然物质、自然现象——特别是自然规律——远比我们还没有理解的要少得多，就连对人类自身的认识可能也还更多地处在理解物质构成的初级阶段。这既是坚持科学的开放性和民主性之所以必要的根本理由，也是真理相对性和渐进性之所以存在的根本理由，而科学和真理的实际魅力也就在于此。那种认为人可以对自然为所欲为、予取予求、贪得无厌的主张和行为，正是造成全球性"资源约束趋紧、环境污染严重、生态系统退化的严峻形势"的罪魁祸首。

党的十八大把科技创新放在"提高社会生产力和综合国力的战略支撑"的高度，提出必须将其"摆在国家发展全局的核心位置"。明确了科技创新的作用和地位，随之需要明确的就是科技创新的基本方向和基本方法。直观地说，在真切感受到大气污染对"吐故纳新"的威胁、食品安全对身心健康的危害的情况下，我们应该而且必须达成一个社会共识，那就是：新时期的科技创新必须以人民群众的整体和长远利益为出发点，必须尊重和顺应自然规律、符合环境友好和资源节约的原则，必须服务于建设"社会主义生态文明新时代"的"美丽中国"的目标。在此，我们又看到了中医药"天人合一"的哲学观以及由此生发的"天人相应""道法自然"等方法论和"尊重自然、顺应自然、保护自然"的人类永续生存法则之间的高度一致。中医药的基本哲学观和方法论对于新时期科技创新发展的战略价值不仅在于对具体方法和技术的指导，更重要的在于对把握基本方向和根本原则的指引作用。

思想没有深度，视野就没有广度；认识没有高度，行动就没有力度。当我们为在建设中国特色的社会主义道路上已经取得的成就而欢欣鼓舞，为实现党和国家领导所描绘的"富强、民主、文明、和谐"的"美丽中国"蓝图而踊跃争先的时候，准确而充分地认识作为中华民族优秀传统的瑰宝的中医药知识理论和方法技能在当今乃至未来我国医药、经济、文化、安全、生态和科技等诸多领域所具有的战略特性和战略价值，就要认真落实宪法"发展现代医药和我国传统医药"的规定，切实贯彻党中央、国务院"中西医并重"的方针，把"扶持和促进中医药事业发展"作为推进医改和建设具有中国特色的国民健康保障体系和医药卫生体系的关键工作之一，广泛调动和合理运用一切积极因素，克服历史遗留下来的困难，解决新环境下所产生的问题，这样去做，我们就不但能够开创中医药全面深入持久复兴的新局面，而且让中医药的复兴作为国家战略的重要目标、重要手段,为实现全民族的"中国梦"作出实实在在的巨大持久贡献。

(原载《战略的中医药:国情分析和国策建议》上册,)
社会科学文献出版社 2018 年版

编选者手记

经济研究所喜庆建所 90 周年之际，所学术委员会决定为"经济所历史的创造者、亲历者和见证者"① 出版《经济所人文库》，真是喜上加喜。我反复对比自省，总觉得对应以上所列三者的称谓，还是把自己视为上述三者的跟随者、助力者和同行者也许更为合适。

我不知道所内著作等身、论文丰盈的师长和同侪在编选文集时是什么心情，又是如何拣选割爱的，只知道获悉要出这个似有意为所内学者"树碑立传"的文库时，自己确实是感动了：自 1982 年考入中国社会科学院研究生院经济系（经济所）学习经济史至今，"弹指一挥间"已 38 年，其间陆续写了一些论文、译了一点外著、呈了若干要报，还出了两本专著（我称之为"砖头"），但可能是觉得为时尚早，便还没有想过要系统地回顾、整理和总结一下自己在学术领域内是如何耕耘又有何收获的。可是所里给想到了，而且正好是在我应该"从心所欲，不逾矩"的七十周岁这一年。

想到要为自己做一个小结，不免有些惶恐：38 年中我虽也可算笔耕不辍，然而，且不谈有几百万字是不应归入学术类严肃的文章和报告的，也不说完成的学术专著、科研论文、译著和专题对策研究报告数量、质量如何，从细分学科角度来比照，我的学术成果堆里，确似俗语所谓，很有一点"东一榔头西一棒槌"的色彩。如若说"术业有专攻"方为道地学者应有作为，那么，得到这个能把自己多年在学术方面的努力汇入经济所集体的学术大成的机遇，我应该怎样编选名下

---

① 《致经济所离退休老同志的一封信》，中国社会科学网，2018 年 1 月 24 日。

的这本文选才有可能不负经济所期望、不拉师友的后腿？翻来覆去地看，思前想后地比，总算还有了一点聊以自慰的发现：觉得自己在从事学术研究工作的理念指引方面，在研究课题的选择和研究方法的取舍方面，客观、斗胆地说，还真并非随性而为、杂乱无章的，说成"原则"可能夸大其词了，但还是有一定规矩和"套路"的。这个理念就是言谈行文要真实真诚、要尽可能严谨、要经得起时间和事实的检验。理念源自我从十五岁开始、十余年在农村和工矿的"职业生涯"，每每想到：自己能从黄土高原、崇山峻岭艰苦的劳作一线一步一步地进入国家最高学术机构工作，都是那些朴实的工农民众和基层干部的关心帮助，都是经济所先生、老师和同事的教诲启发，都是国家和社会培育的结果，感恩、答谢应是本分。而最现实的具体路径就是"学以致用""知行合一"，在学术研究领域尽可能选择与社会现实、与有助于社会进步和发展密切相关的课题。在研究方法上，同样是受考入大学前的工作经历的影响，对于经济学、管理学和统计学的兴趣更多一些，在大学本科兼及历史和经济两个学科学习，以经济发展史为方向。进入硕士阶段后，对熊彼特主张综合运用历史知识（史实和时代背景）、经济理论（归纳、提炼和规律的认识）和统计方法（可靠数据的分析和验证）"三合一"的经济问题研究方法极为推崇。

这条思路理清后，在具体选择方面的困惑和压力就少了许多：只要按照时间顺序，把基本上符合这个理念、这套选题倾向和研究方法的学术成果相互比较，把几个能较好体现方向性、代表性和阶段性的拣选出来，就不会有大错。

从目前所选论文和著作章节来看，初入经济所工作，跟随聂宝璋先生以经济史为主要研究方向，在轰轰烈烈的改革开放大背景下，所选课题多与涉外有关。1985年考录为吴承明先生的博士生。入学之初先生就提出一些方向供我选择，因上述理念和选题倾向之故，三年之中许多夜晚是在所内地下室的书库里度过的。1988年底得到博士学位，未及联系出版博士论文，1989年初即获赴英研修机会。

在英的四年多，主要以中国经济改革尤其是"三农"问题为主，但此期间所有论文包括作为琼·罗宾逊纪念讲师（研究）的成果均用英文写作。因所引数据和资料的原始出处中英文皆有，而离开了当时的图书资源，要准确区分、还原引文出处殊为不易。故此无法适应文库只录中文成果的要求，割舍了。这样就形成了文选中从1989年到1994年之间成果的空缺。1995年一个偶然的机会让我实际负责承担了科技管理部门科技成果转化的调研项目，在北京市科委项目圆满完成的影响力作用下又承担了国家科委的类似项目。这两个项目是我第一次运用学术知识和方法对协助国家管理部门决策和推进社会现实发展做出直接贡献。在自主承担一些横向的科研课题的同时，我也参与了所内，尤其是所在微观室的一些集体课题，大多和公有制企业改革有关，我在多数情况下都是配角。坦率地说，在文选各篇论文和各专著章节中，我比较得意的是"中国百年工农产品交换比价变化的产生原因"和"中医药作为国家战略构成的六大特性和价值"，两篇分别节选自我以博士学位论文为基础的专著《百年工农产品比价与农村经济》和"中医药国情调研总报告（2007—2017）"的学术版著作《战略的中医药：国情分析和国策建议》。此两部专著是我难得可以引以为荣的"砖头级"成果：一部以统计方法为主、有理有据地研究了中国近代整整一百年里工农业相互关系中的一个问题。为此，我曾大言不惭地声称这书应该是当之无愧地可以获奖的。另一部则是我和调研组同人花费不止十年的时间和精力调研了全国29个省、自治区、直辖市的80个市县区旗，我单独又花一年半的时间来写作的多学科并用对策研究成果。作为一个社会科学研究人员，以"位卑未敢忘忧国"的信念和"板凳要坐十年冷，文章不写一句空"的意愿，通过脚踏实地、周到深入的国情调研，在中医药有关的人文社会科学和管理决策领域对我国中医药事业和产业的重大原则问题和主要管理决策做出了清晰、全面的评价和建议，且产生了明显的社会影响。

然而，不管怎么说，现在真正能够心平气和地抚慰自己的，只有"廉颇老矣，幸而尚能饭、尚能言、尚能行也"。殷切期望经济所"后浪推前浪",一代更比一代强,无愧于我们在经济所所受的教育和熏陶,无愧于经济所的历史,无愧于这个巨浪奔涌的新时代!

陈其广
2020 年 5 月 19 日

《经济所人文库》第二辑总目(25种)

(按作者出生年月排序)

《汤象龙集》　　《李伯重集》
《张培刚集》　　《陈其广集》
《彭泽益集》　　《朱荫贵集》
《方　行集》　　《徐建青集》
《朱家桢集》　　《陈争平集》
《唐宗焜集》　　《左大培集》
《李成勋集》　　《刘小玄集》
《刘克祥集》　　《王　诚集》
《张曙光集》　　《魏明孔集》
《江太新集》　　《叶　坦集》
《李根蟠集》　　《胡家勇集》
《林　刚集》　　《杨春学集》
《史志宏集》